Nicolaus Klein

Das Arbeitsbuch zur Astrologie

Diederichs

Mit 37 Abbildungen und 6 Beispielhoroskopen zum Ausklappen.

CIP-Titelaufnahme der Deutschen Bibliothek

Klein, Nicolaus:
Das Arbeitsbuch zur Astrologie / Nicolaus Klein. – München :
Diederichs, 1990
ISBN 3-424-01017-0

© Eugen Diederichs Verlag, München 1990

Umschlaggestaltung: Peter Strauss, Traunreut
Produktion: Tillmann Roeder, München
Satz: Fotosatz Otto Gutfreund, Darmstadt
Druck und Bindung: Huber, Diessen

ISBN 3-424-01017-0

Printed in Germany

Inhalt

	EINLEITUNG	7
Erster Teil	DIE WICHTIGSTEN DEUTUNGSELEMENTE DER ASTROLOGIE	9
	DIE SYMBOLBEDEUTUNGEN	10
	Die Tierkreiszeichen	10
	Die Häuser	15
	Die Planeten	16
Zweiter Teil	DIE STRUKTURDEUTUNG	19

Bausteine der Grundstruktur — 19
Die Elemente — 19
Die Verteilung der Planeten in den vier Quadranten — 36
Der Aszendent (AC) — 39
Die Sonne — 43
Der Mond — 43
Das Medium Coeli (MC) — 45

Bausteine der Feinstruktur — 47
Die Aspekte — 47
Die Konjunktion — 48
Die Opposition — 49
Das Trigon — 51
Das Quadrat — 53
Das Sextil — 55
Das Halbquadrat und das Anderthalbquadrat — 56
Das Quincunx — 58
Das Halbsextil — 59
Sonstige Aspekte — 59
Applikation und Separation — 60
Impulsion und Repulsion — 61
Die Halbsummen oder Planetenbilder — 64
Die Mondphase — 69
Die Bedeutung der Mondphasenastrologie — 69
Die vier Kardinalpunkte des Mondkreislaufs — 70
Der Neumond — 70
Der Vollmond — 72
Das zunehmende Viertel — 74
Das abnehmende Viertel — 75
Die Mondphasentypen — 76
Mondphase und Tierkreis — 79
Der Glückspunkt — 81
Die Bedeutung des Glückspunktes — 81
Die Berechnung des Glückspunktes — 81

Die Mondknotenachse 83

    Die Mondknotenachse im 1. und 7. Haus 87

    Die Mondknotenachse im 2. und 8. Haus 87

    Die Mondknotenachse im 3. und 9. Haus 87

    Die Mondknotenachse im 4. und 10. Haus 88

    Die Mondknotenachse im 5. und 11. Haus 88

    Die Mondknotenachse im 6. und 12. Haus 89

Die Planetenrückläufigkeit 90

Dritter Teil DIE DEUTUNG VON BEISPIELHOROSKOPEN 95

    Beispielhoroskop 1 96

    Beispielhoroskop 2 112

    Beispielhoroskop 3 123

    Beispielhoroskop 4 133

    Beispielhoroskop 5 147

    Beispielhoroskop 6 152

Anhang ANMERKUNGEN 156

    Beispielhoroskope zum Ausklappen 162

Einleitung

Wie der Begriff »Arbeitsbuch« zeigt, handelt es sich bei dem vorliegenden Buch nicht um eines der vielen Astrologiebücher, in denen man »rezeptbuchartig« bestimmte Konstellationen nachschlagen kann, sondern um eine Anleitung zur methodischen Interpretation von Horoskopen.

Dabei werden im ersten Teil die Deutungselemente der Astrologie zusammenfassend dargestellt, sodann im zweiten Teil diejenigen Komponenten besonders herausgearbeitet, die für eine systematische Deutung vorrangig von Bedeutung sind und der ihnen im Gesamthoroskop zukommende Stellenwert dabei angesprochen.

Im folgenden wird dargelegt, wie diese Einzelbausteine sinnvollerweise miteinander verknüpft werden, so daß sich eine strukturierte Analyse entwickelt.

Viele astrologische Interpretationen kranken nämlich daran, daß sie eher einer beliebigen Aneinanderreihung von Einzelaussagen gleichen, die keine organischen Zusammenhänge erkennen lassen, als deutlich zu machen, daß jedes Horoskop eine organische Einheit darstellt.

Die Kunst einer astrologischen Analyse liegt aber gerade darin, die inneren Zusammenhänge des Horoskopes in den entsprechenden hierarchischen Gewichtungen herauszuarbeiten, so daß sich in der Interpretation Grundsätzliches von Ergänzendem und Erläuterndem unterscheiden läßt und Hauptthemen nicht in der Fülle differenzierender Zusätze untergehen.

Zwar wurde der Schwerpunkt der Interpretationen auf den Bereich der Persönlichkeitsanalyse gelegt, doch können die Grundbausteine analog auch auf Ereignishoroskope Anwendung finden.

Schließlich möchte ich im dritten Teil anhand einer Reihe ausgewählter Beispielhoroskope den systematischen Aufbau von Horoskopen zeigen.

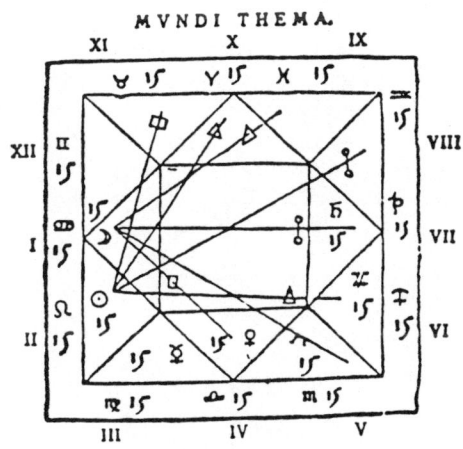

Erster Teil Die wichtigsten Deutungselemente der Astrologie

Die wichtigsten Deutungselemente der Astrologie sind:

– die vier Elemente Feuer, Luft, Wasser und Erde;

– die zwölf Tierkreiszeichen Widder, Stier, Zwillinge, Krebs, Löwe, Jungfrau, Waage, Skorpion, Schütze, Steinbock, Wassermann, Fische, die letztlich nur besondere Differenzierungen der vier Elemente verkörpern, nämlich jedes der Elemente nochmals in die drei Zustandsformen kardinal, fix und labil auffächern;

– die zwölf Häuser (oft auch Erdraumfelder oder kurz Felder genannt), die von ihrer symbolischen Qualität den zwölf Tierkreiszeichen entsprechen, und die sich vor allem aus der exakten Geburtszeit und dem Geburtsort errechnen (im Gegensatz zu den Tierkreiszeichen, die mundanen Charakter haben);

– die Planeten, von denen wir hier nur die zehn gebräuchlichsten besprechen und deuten werden, nämlich Sonne, Mond, Merkur, Venus, Mars, Jupiter, Saturn, Uranus, Neptun und Pluto. Die anderen Faktoren, die in Spezialgebieten der Astrologie noch zusätzlich ähnlich wie Planeten behandelt werden, wie Transpluto, der Planetoid Vesta, die sogen. »Transneptunier« der Hamburger Schule u. a. werden hier aus Gründen der Übersichtlichkeit nicht besprochen. Insofern weise ich bei Interesse auf die entsprechende Fachliteratur hin.

Die Planeten (Planeten meint in der Übersetzung aus dem Altgriechischen: Wanderer) werden einzelnen Tierkreiszeichen zugeordnet, deren Qualität sie repräsentieren und gleichsam als deren ausführende Organe die Energie der Tierkreiszeichen im Horoskop verteilen;

– die Aspekte Konjunktion, Opposition, Trigon, Quadrat, Sextil, Halb- und Anderthalbquadrat, Quinkunx und Halbsextil, welche in ihrer Bedeutung definierte Verbindungen oder Beziehungen zwischen einzelnen Horoskopfaktoren darstellen, und damit quasi die »Vernetzung« einzelner Kräfte im Horoskop abbilden;

– die Planetenbilder oder Halbsummen, die wie die Aspekte eine Technik darstellen, mehrere Horoskopfaktoren miteinander zu verbinden, wobei der die Verbindung tragende Gesichtspunkt die Anordnung der einzelnen Faktoren zu einer symmetrischen Figur ist. Zum Bereich der Halbsummen gehören auch die sogenannten »sensiblen Punkte« im Horoskop, womit man Tierkreisgrade bezeichnet, die zwar nicht von einem üblichen Deutungsfaktor (wie etwa einem Planeten) besetzt sind, sondern auf die eine Halbsumme fällt, die also eine Mischung aus mehreren Horoskopfaktoren abbilden;

– die Mondphasen, bei welchen das Verhältnis von Sonne und Mond (den Winkel, oder anders ausgedrückt, den Gradabstand beider zueinander) als Deutungsgrundlage Verwendung findet;

– der Mondknoten, und

– die Planetenrückläufigkeit.

Die Symbolbedeutungen

Obwohl dieses Buch gewisse Grundkenntnisse in der Astrologie voraussetzt, möchte ich Ihnen im folgenden eine sehr verkürzte Zusammenfassung der symbolischen Bedeutung derjenigen Deutungselemente geben, welche bei der Strukturdeutung im zweiten Teil nicht ausführlicher besprochen werden, nämlich der einzelnen Tierkreiszeichen, Häuser und Planeten.

Wer sich ausführlicher mit der entsprechenden Symbolik auseinandersetzen möchte, sei auf das Buch *Das senkrechte Weltbild* verwiesen, wo ich insbesondere auch die analogen Entsprechungen der astrologischen Grundprinzipien auf den verschiedensten Wirklichkeitsebenen behandelt habe.

Die Tierkreiszeichen

Widder

Das Zeichen des Uranfangs. Als kardinales Feuerzeichen symbolisiert die Widderenergie frühlingshaft-stürmische Energie, triebhaft-explosives sich durchs Leben Kämpfen. Direktheit, Spontaneität, Unmittelbarkeit und archaisch-drängende Tatkraft kennzeichnen dieses Prinzip. Es ist das Zeichen der Entscheidung, des kompromißlosen Einsatzes von Tatkraft und Aktion für das im Augenblick sichtbare Ziel, getragen von ungebändigtem Willen. Bildlich liegt hier die Qualität des »Urknalls«, eines sich aus der unendlichen Energie des Nichts (Alls) in einem Augenblick zusammenballenden, wie ein Funke sich entzündenden Urenergie, vor. Begriffe wie Intensität, Schärfe, Beschleunigung, Entscheidung, Durchsetzung, Aktivität, Impuls, Antrieb, Spitze, Hitze, Penetration, Kampf, (Sieges-)Wille, Beginn, Leistung und Rivalität sind Umschreibungen dieser Tierkreiszeichenqualität.

Je nach Entwicklungsniveau des Horoskopeigners kann sich die Widdercharakteristik entweder mehr in Richtung auf Direktheit, Ritterlichkeit, Courage, Ehrlichkeit, Entscheidungskraft, Initiativkraft und Motivation entwickeln oder sich auf unerlöstere Weise in Wut, Zorn, Hektik, Grobheiten, Aggression, Ungeduld, Egoismus und Raserei zeigen.

Stier

Dieses fixe Erdzeichen ist charakterisiert durch das Bedürfnis nach Verwurzelung im Leben. Ein Überschaubares, abgrenzbares Revier zu finden, sich zu einem Wärme und Schutz bietenden »Rudel« zusammenzufinden, für diese Gruppe Sicherheit gewährende Substanz anzuhäufen, sind hier vordringliche Aspekte.

Sammlung und Depotbildung, ein orales Grundbedürfnis nach »Nahrung« (im weitesten Sinn des Wortes), nach Vermögensbildung zeigt das hohe Konkretheitsbedürfnis dieses Erdzeichens. Körperliche (An-)Faßbarkeit gibt die ersehnte Sicherheit.

Als Gegenausschlag zu der jäger- und nomadenhaften Unruhe des Widders möchte hier Ruhe, Gemütlichket, sich setzende Stabilität einkehren. An entwickelteren Eigenschaften des Stierprinzips könnte man nennen: Gruppengefühl, Zusammengehörigkeitsgefühl, Sinnlichkeit, (bodenständiger) Geschmack, Solidarität, Ausdauer, Fruchtbarkeit, Gemütlichkeitssinn, an unerlösteren: Gier, Plumpheit, Hartnäckigkeit, Materialismus, Trägheit, Besitzdenken (»Hast du was, dann bist du was«), Unbeweglichkeit, mangelnde geistige wie körperliche Flexibilität.

Zwillinge

♊ Die elementare Grundqualität der labilen Luft weist uns bereits hin auf die Beweglichkeit als Eigenschaft dieses Zeichens. Verständlich aus der Gegenbewegung zum vorhergehenden ruhig und unbeweglich stabilen Stier verläßt der Zwilling Reviergrenzen, die ihm ganz fremd sind, und macht sich auf neugierig erkundende Wanderschaft. Interesse (besonders auch in seiner Grundbedeutung: lat. inter esse = dazwischen sein) ist das vorrangige Motiv. Das von verschiedensten Seiten luftig zur Kenntnis Genommene wird als Neuigkeit nach allen Seiten hin weitervermittelt, quasi mit journalistischer Wendigkeit. Der Handel mit Information oder Ware steht hier im Vordergrund.

Der besondere Bezug zu Kommunikation, Wort, Sprache, Vermittlung, neugierigem Erkunden, und die Fähigkeit, Relationen herstellen zu können, Bezüglichkeiten zu sehen, führt auf entwickelterer Ebene zu Kameradschaft, Kontaktbereitschaft, Offenheit, Flexibilität, Heiterkeit, Interessiertheit, auf unerlöster Ebene dagegen zu Oberflächlichkeit, Geschwätzigkeit, Schläue und Listigkeit, Zerstreutheit, Rastlosigkeit und Pseudowissen(Regenbogenpresse).

Krebs

♋ Natürlicherweise folgt in dem Entwicklungskreis, den der Tierkreis darstellt, auf das äußere Erkunden des Luftzeichens Zwillinge nun wieder Verinnerlichung im kardinalen Wasserzeichen Krebs. Die im Vorzeichen technisch-funktionell und neutral zur Kenntnis genommene Information möchte im Krebs »verdaut« und sprichwörtlich (Mond!) reflektiert werden.

Hier entsteht Eindruck, Stimmung, Atmosphäre, ein »Schwanger-Gehen«, ein seelisches Mitschwingen, Erfühlen, Erspüren. Interesse kann hier sprichwörtlich erst zur Information werden, wenn man gleichnishaft daran denkt, was das Urweibliche, das hier im Krebs zu Hause ist, aus der Information im männlichen Samen macht. Dieses im Schwangersein formende, biologisch wachsende Moment kann als Quelle, als Mutterschoß, als biologische Basis des Lebens verstanden werden. Hierzu passen Begriffe wie Milieu, Ursprung, Wiege, Schoß, Höhle, Urmeer.

Je nach Entwicklungsebene zeigt sich das Krebsprinzip im zwischenmenschlichen Bereich in Hingabefähigkeit, Einfühlungsvermögen, Beeindruckbarkeit, Aufnahmefähigkeit, Mutterliebe, Fruchtbarkeit, Augenblicksnähe und positiver Naivität (schlicht-kindlicher Offenheit), oder aber in Launenhaftigkeit, Unselbständigkeit, Abhängigkeit, Rührseligkeit, Unordnung und Naivität im negativen Sinn (Dümmlichkeit, »Arztroman-Romantik«).

Löwe

♌ Das im Krebs angesammelte Gefühl, der verinnerlichte Eindruck, wird nun im fixen Feuerzeichen Löwe als Ausdruck, als Emotion (von lat. emovere = herausbewegen) abgestrahlt. Dieses Sonnenzeichen ist ein Symbol für Präsentation, für Schöpfung, Macht, Pracht und Farbigkeit, für leuchtende oder (je nach Entwicklungsniveau) auch nur »scheinende« Autorität, Souveränität und Kraft. Ähnlich wie im vorangegangenen Zeichen Krebs ist hier eine kindlich-verspielte Mentalität gegeben, die sich von der passiven Erwartungshaltung des Krebses (der möchte, daß man mit ihm spielt) dadurch unterscheidet, daß hier eher die eigene Kreativität und Produktivität präsentiert werde soll (»Schaut her, was ich alles kann«). Das Grundgefühl »ein Sonnenkind« zu sein führt auf höherer Entwicklungsebene zu Selbstbewußtsein, Ausstrahlung, Experimentierfreude, Kreativität, Vitalität, Lebendigkeit, Herzlichkeit, Wärme, Großmut, Souveränität und Führungsqualitäten, auf niederer zu Selbstüberschätzung, Überheblichkeit, Dominanzgehabe, Theatralik, Stolz und Eigenliebe (im negativen Sinn), Herrschsucht und Faulheit (nach dem Motto »Mamis Liebling läßt sich verwöhnen«).

Jungfrau

♍ Im Gegensatz zum katzenhaften Raubtiercharakter des Löwen ist das labile Erdzeichen Jungfrau eher mit den besonderen Fähigkeiten eines »Beutetieres« ausgestattet: vorsichtige, zur Warnung bereite Wachsamkeit, kritisch-ängstliche Beobachtung des Umraumes, um sich unauffällig anpassen zu können. Das Wissen um die geringere Vitalkraft führt in der Jungfrau zur Spezialisierung (Beschränkung der vitalen Energien auf Einzelbereiche, Rationalisierung zur Energieersparnis, kluges Zweckmäßigkeitsdenken), zu vernünftig durchdachter Vorsorge als Ausdruck der hier sehr ausgeprägten Existenzangst. Letztere gibt auch das Motiv für die kopfbetonte, kritische Forschung in Wissenschaft und Technik und die sozialkritische Warnfunktion dieses Zeichens ab. Sparsame Verwertung der eher erdienten als eroberten Mittel sowie die Beschränkung auf das technisch so probate kausale Denkmodell sind hier charakteristisch.

Diese Akzente führen auf erlösterem Niveau zu Eigenschaften wie Genauigkeit, Präzision, Sorgsamkeit, Vernünftigkeit, Liebe fürs Detail, Differenziertheit, Pflichtbewußtsein, Achtsamkeit, Dienstbarkeit, Situationsadäquatheit und Klugheit, unentwickelt dagegen zu Pedanterie, Bürokratismus, Schulmeisterei, Besserwisserei, Opportunismus, Unterwürfigkeit, berechnender Kriecherei und wissenschaftshörigem Skeptizismus.

Waage

♎ Das kardinale Luftzeichen Waage leitet die zweite Hälfte des Tierkreises ein, ist damit das erste Zeichen, welches ein Gegenüber (Widder als Anfang des Kreises) hat, und eben durch die damit erstmals entstehende Waagesituation gekennzeichnet. Es geht hier um den Ausgleich, die Ergänzung, die Partnerschaft, Herausforderung und Anziehung zweier gegenüberliegender Pole, und damit um den kardinalen Versuch, sprichwörtlich »objektiv« (von lat. objectum = das einem Entgegengeworfene) zu sein. So steht hier das Abwägen von Alternativen, Anziehung, Herausforderung und Verführung durch ein DU sowie durch die bildhaft begegnende Umwelt im Vordergrund. Die durch diese Gegensätzlichkeit angelegte Spannung fordert zur Erlösung auf im Sinne von Harmonisierung, Befriedung und Ausgleich und findet bei entwickelteren Individuen Ausdruck in Eigenschaften wie Freundlichkeit, Höflichkeit, Kompromißbereitschaft, Charme, Eleganz, ästhetischem und künstlerischem Empfinden, Diplomatie, Ausgeglichenheit, Friedfertigkeit und Schöngeistigkeit. Auf unerlöster Ebene dagegen entstehen Unentschlossenheit, Handlungsschwäche, Unehrlichkeit, Schmeichelei, Geziertheit, Koketterie, Parfümiertheit, aggressive Geistigkeit und Delegationstätertum (die »schmutzige« Arbeit anderen überlassen) als Kompensation für die eigene Handlungsschwäche.

Skorpion

♏ Im fixen Wasserzeichen Skorpion sammelt und verdichtet sich das in der Waage Abgewogene und wird so zur fixen Idee, zur Modellvorstellung. Andererseits wird als Gegenpol zum Antipodenzeichen Stier (orale Stoffansammlung) Materie ausgeschieden. So wird quasi Körperlichkeit zugunsten von leitbildhaften Ideen aufgeopfert, und es kommt zu Maximen wie »der größte Sieg ist der Sieg über sich selbst«. Eine ideelle »Kamikaze-Mentalität« mit der Neigung, in Extremsituationen über sich hinauszuwachsen, stellen so ein Hinauswollen über die »vage« Ausgleichshaltung der Waage dar. Kompromißstreben ist passé, das Heil wird im Absoluten gesucht. Das fanatische Moment kommt allerdings wegen der wäßrigen Grundqualität des Skorpionzeichens nicht offen zum Ausdruck, sondern zeigt sich eher verborgen (»stille Wasser gründen tief«) in Zähigkeit und seelischer Anspannung. Der ideelle Perfektionismus »gärt« gleichsam im Unterbauch, läßt »schwanger gehen« mit Idealen und führt oft genug zum subjektiven Gefühl der Unzulänglichkeit wegen der übermenschlichen Maßstäbe.

Je nach Entwicklungsniveau können aus dieser Grundhaltung Opferbereitschaft, Wandlungsfähigkeit, Regenerationskraft, Idealismus, Streben nach Höherem, Vorstellungs- und Identifikationskraft (ein »Riecher« für das im Extrem Mögliche), aber auch Extremismus, Fanatismus, Vampyrismus, Sado-Masochismus, Selbstzerstörung, Eifer- und Rachsucht, Abhängigkeit bis zur Hörigkeit, Besessenheit und abergläubischer »Okkultismus« werden.

Schütze

♐ Ging der Skorpion noch durch die Hölle, um zum Himmel zu kommen, um ein Phönix aus der Asche zu werden, so wählt sich das labile Feuerzeichen Schütze als Kontrast dazu den leichtesten aller Wege. Auf entflammter Suche nach dem »Duft der großen weiten Welt« ist hier dynamische Entwicklung angesagt.

Optimistisch aus der Fülle des Lebens schöpfen, es sich im Vertrauen auf die Sinnhaftigkeit des Daseins gutgehen lassen, von anderen, vor allem aber von sich selbst begeistert sein, sind hier die tragenden Gesichtspunkte. Freilich finden wir hier nicht nur die dynamische Expansion nach außen, die sich – unerlöst – in neureicher Selbstgefälligkeit (Jet-Set-Flair) und auf Pauschalwissen (»Lexikonbildung«) gestützter Arro-

ganz, – erlöst – in weltoffener Lebensfreude und tolerantem Humanismus darstellt, sondern auch die Expansion nach innen, die sich in einer gläubigen, überkonfessionell religiösen Geisteshaltung und einem entsprechenden Weitblick für die Zusammenhänge der Existenz ausdrücken kann.

Humor und Enthusiasmus, Optimismus und Toleranz, Großzügigkeit und Organisationsgabe, Weitblick und salomonischer Gerechtigkeitssinn stehen als entwickelte Analogien des Schützeprinzips den unerlösten Eigenschaften geistiger Arroganz, Pathetik, Großspurigkeit, Undifferenziertheit, neureicher Hochstapelei und Problemblindheit gegenüber.

Steinbock

♑ Wo der Schütze es versäumte, Grenzen zu setzen, besorgt dies das kardinale Erdzeichen Steinbock mit massiver Nachdrücklichkeit. Es ist das Zeichen mit dem am stärksten ausgeprägten Ordnungsbedürfnis (neben Jungfrau, die allerdings die penible, differenzierte Ordnung im Kleinen meint, während Steinbock die grundsätzliche, übergreifende Ordnung anstrebt), ein Zeichen, welches durch Begriffe umschrieben werden kann wie Form, Grenze, Struktur, Stütze, Standpunkt, Halt, Haltung, Achtung, Regel, Norm, Gesetz, Ziel, Profil, Hierarchie, Verantwortung, Beschränkung, Kategorisierung. Wie die genannten Begriffe deutlich werden lassen, handelt es sich um einen Typus, der eine gewisse Kantigkeit und straffe Geradlinigkeit, Strenge und Grundsätzlichkeit aufweist, und so eher dem Bild eines ernsten, über den harten Erfahrungen des Lebens alt und reif gewordenen Erwachsenen gleicht, als dem flexibler kindlich-unbefangener Offenheit.

Erlöst zeigt sich dieses Prinzip in Bescheidenheit, Treue, Klarheit, Reinheit, Stabilität, Verläßlichkeit, Ehrlichkeit, Durchhaltevermögen, Ehrgefühl, Verantwortlichkeit, Gründlichkeit, Diszipliniertheit und Reife, unerlöst dagegen in Geiz, Unbeweglichkeit, Schematismus, Gefühlskälte, ehrgeizigem Machtstreben, »Radfahrermentalität«, Rechthaberei, Formalismus, Engstirnigkeit, Starre, Angst, Minderwertigkeitsempfinden und mechanisch-monotonen, augenblicksfreien Lebensabläufen, die das für das Zeichen oft typische Gefangensein in Zeitzwängen offenbaren.

Wassermann

〰〰 Der Tendenz zur Monotonie und strenger Gleichförmigkeit des vorangegangenen Zeichens versucht das fixe Luftzeichen Wassermann durch erfindungsreich-ideenflüchtige Sprunghaftigkeit zu entgehen. Normatives wird hier durch Originalität, Exzentrizität, quasi durch Narrenfreiheit aufzuheben versucht. Dies verleiht dem Wassermann etwas Bizarr-Außergewöhnliches, was in der Skala von schrulliger Absonderlichkeit über witziges Außenseitertum bis hin zu einzelgängerischem Nonkonformismus reicht. Sein Bedürfnis nach Freiheit und Extravaganz verleiht dem Wassermann oft etwas Zauberhaft-Surreales, seinem Lebensweg durch die vielen überraschenden Kurswechsel etwas Unkonventionelles und Unberechenbares.

Es bleibt eine Frage des Entwicklungsniveaus, ob sich diese Akzente eher in Form von Einfallsreichtum, Erfindungsgabe, geistiger Kreativität, Genie, Intuition (im Sinne von Geistesblitzen), Freiheitlichkeit, Brüderlichkeit (besonders mit Außenseitern) und reformerischem Mut zum Neuen zeigen, oder aber als Zerrissenheit, Zerfahrenheit, Sprunghaftigkeit, Nervosität, Unberechenbarkeit, Verantwortungslosigkeit und Exzentrikertum erschöpfen.

Fische

)(Am Ende des Tierkreises, als Ausklingen nach dem letzten explosiven Aufbäumen des Wassermanns, liegt das labile Wasserzeichen Fische. Hier schwindet der vorangegangene Kreisverlauf, wenngleich in den Fischen auch alle Potenzen für eine neue Kreisumrundung – gleichsam still, wie in der Ruhe vor dem Sturm, dem stürmischen Neubeginn im Widder – liegen. Die Fischequalität meint demnach schweigende Rückschau auf das Gewesene und Vorschau auf das noch nicht Existente. Es ist zugleich das innehaltende Gewahrwerden des Schwundes eines Daseinszyklus und einer lähmenden Scheu vor dem Neubeginn. Der vorangangene Zyklus vermittelt das Gefühl, alles irgendwie – zumindest schemenhaft – schon zu ekennen, durchlebt und durchlitten zu haben, und führt so zu Mitgefühl mit der leidenden Kreatur; das kann auch unterbewußt zu einem fast ungläubigen Staunen über die motivationsgeladene Betriebsamkeit anderer führen, da die Vordergründigkeit der Ambitionen und ihrer Resultate am eigenen Weg erlebt wurde. So bleibt hier nur meditative Schau der Existenz, ein zeitloses Aufgehen in ihr und die damit verbundene Erfüllung (»Ich bin in allem und alles ist in mir«) oder die Flucht in Illusionen, Selbsttäuschung und Täuschung anderer.

Je nach Niveau kann in der Fischequalität mystisches All-Eins-Sein, Mitgefühl, Ahnungsvermögen, humanitär-aufopferndes Wirken, Selbstlosigkeit, Demut, Rücksichtsnahme, Phantasie, Kontemplation, Zugang zum »Namenlosen«, Fähigkeit zu Beten und meditatives Leben entstehen, auf unentwickelterer Ebene jedoch Einsamkeit, Täuschung, Wahn, Betäubung, Lähmung, Unehrlichkeit, Sucht, Haltlosigkeit und vordergründiger Mystizismus.

Die Häuser

Die zwölf Häuser hier ausführlich zu behandeln würde den Rahmen und die Intention dieses Buches sprengen, weshalb ich diesbezüglich auf mein Buch *Der wunderbare Kreis* verweisen möchte, wo ich mich ausführlich mit den Häusern beschäftigt habe.

An dieser Stelle erscheint es allerdings wichtig, auf die Unterschiede der Häuser zu den Tierkreiszeichen etwas näher einzugehen. Grundsätzlich ist nämlich die symbolische Qualität der Häuser zunächst einmal identisch mit den entsprechenden Tierkreiszeichen, so daß Sie die Charakteristik der Tierkreiszeichen entsprechend auch für die Häuser verwenden können.

Danach besteht eine Verwandtschaft zwischen:

Widder	und	1. Haus,
Stier	und	2. Haus,
Zwillinge	und	3. Haus,
Krebs	und	4. Haus,
Löwe	und	5. Haus,
Jungfrau	und	6. Haus,
Waage	und	7. Haus,
Skorpion	und	8. Haus,
Schütze	und	9. Haus,
Steinbock	und	10. Haus,
Wassermann	und	11. Haus,
Fische	und	12. Haus.

Doch gibt es vor allem zwei Aspekte, die eine Unterscheidung zwischen Zeichen und Häusern bei der Deutung als angebracht erscheinen lassen.

Einer dieser Aspekte ist der relativ schnellere Wechsel der Häusercharakteristik im Verhältnis zur Zeichencharakteristik, denn die Positionen der Planeten in den Häusern sind von der jeweiligen *Tageszeit* der Geburt abhängig, die Positionen in den Zeichen dagegen von der jeweiligen *Jahreszeit*. Konkret heißt das beispielsweise, daß zwei Menschen, die an zwei aufeinanderfolgenden Tagen um dieselbe Stunde geboren sind, größere Ähnlichkeiten aufweisen als zwei Menschen, die am selben Tag nur wenige Stunden voneinander entfernt auf die Welt kamen. Das bedeutet, daß die Häuserpositionen das individuellere Moment bei der Deutung beinhalten, die Zeichenpositionen dagegen das kollektivere. Bildlich gesprochen würden die Häuserpositionen eher mit dem Vornamen eines Menschen gleichzusetzen sein, die Zeichenpositionen dagegen mit seinem Familiennamen.

Daraus läßt sich für die Deutung der Ansatz gewinnen, daß man die durch die Häuser vorgegebenen Konstellationen eher als Aufgabenstellungen interpretiert, die dem Individuum für sich selbst gestellt sind, die Zeichenkonstellationen dagegen eher die Aufgabenstellung des Individuums in seiner Stellung gegenüber dem Kollektiv umschreibt.

Nach diesem Unterscheidungskriterium würde beispielsweise eine Widdersonne im 9. Haus für den Horoskopeigner die Aufgabenstellungen beinhalten, individuell für sich selbst vertrauensvolles, durch Ethik und Religion bestimmtes Verhalten zu lernen (individuell = Sonne im 9. Haus), dem Kollektiv gegenüber aber vor allem impulssetzend, entscheidungsfreudig, und tatkräftig aufzutreten (Sonne in Widder = Akzent auf der Kollektivaufgabe).

Der andere Aspekt ist der stärkere räumliche Bezug der Häuser gegenüber den Zeichen. Die Gestirnkonstellation in den Tierkreiszeichen ist am selben Tag nämlich mundan (d. h. auf der ganzen Welt) gleich, während sie sich je nach *Geburtsort* in den Häusern sehr verschieden spiegelt.

Auch das wäre noch ein zusätzliches Argument für die erste These, daß die Häuserebene die *individuellere* Aussage ergibt, da der persönliche Geburtsort sicherlich eine solche Individualisierung darstellt.

Darüber hinaus sollte der starke *Ortsbezug* der Häuser bei der Interpretation auch dergestalt Berücksichtigung finden, daß die

Häuserebene vorwiegend das *Wo* eines Geschehens beschreibt, während die Zeichenebene weniger auf die räumliche Dimension als auf das *Wie* des Geschehensablaufes Bezug nimmt.

Die Häuser weisen uns also mehr auf die *Lebensbereiche* hin, in denen etwas abläuft, während die Zeichenbesetzungen die *Art* und Weise von Vorgängen beschreibt, eine Unterscheidung, die bei der unten näher behandelten Strukturdeutung eines Horoskopes wichtig werden wird.

Die Planeten

Wie schon die Häuser, so bergen auch die Planeten eigentlich keine wesentlich andere Symbolik in sich, welche über die Grundsymbolik der zwölf Tierkreiszeichen hinausreichen würde, sondern können ihrer Qualität nach den einzelnen Tierkreiszeichen zugeordnet werden. So entsprechen die Planeten der Symbolik des Zeichens, dem sie zugehören oder – wie es auch oft bezeichnet wird – welches sie beherrschen.

Dabei gilt folgende Zuordnung:

Widder	♈	wird	vom Mars	♂	beherrscht
Stier	♉	wird	von Venus	♀	beherrscht
Zwillinge	♊	wird	von Merkur	☿	beherrscht
Krebs	♋	wird	vom Mond	☽	beherrscht
Löwe	♌	wird	von Sonne	☉	beherrscht
Jungfrau	♍	wird	von Merkur	☿	beherrscht
Waage	♎	wird	von Venus	♀	beherrscht
Skorpion	♏	wird	von Pluto	♇	beherrscht
Schütze	♐	wird	von Jupiter	♃	beherrscht
Steinbock	♑	wird	von Saturn	♄	beherrscht
Wassermann	♒	wird	von Uranus	♅	beherrscht
Fische	♓	wird	von Neptun	♆	beherrscht

Grundsätzlich wissen Sie also aufgrund Ihrer Symbolkenntnis der Tierkreiszeichen damit auch schon um die Qualität der Planeten, die in ihrer Eigenart als sogenannte »Wandersterne« (dazu gehören hier auch Sonne und Mond, die aus der geozentrischen Sicht der Astrologie auch »Wanderer« sind) die Tierkreiszeichenqualität »ihres« Zeichens gleichsam nur an bestimmten Orten austragen.

Dennoch möchte ich an dieser Stelle die Grundqualität der hier benutzten Planeten stichwortartig zusammenfassen:

Mond

Die Funktion der Erwartung, der Reflexion, des Mütterlichen, Gebärenden, Periodischen, Weichen, Weiblichen, Wiederspiegelnden, kindlich Aufnahmebereiten.

Merkur

Die Funktion der Vermittlung, Bezüglichkeit, Relativität, des Denkens, der Vernunft, des Zwecks, der Verwertung.

Venus

Die Funktion der Anziehung, Ergänzung, Harmonie, des Ausgleichs, der Erotik, Schönheit, Ästhetik, des Friedens.

Sonne

Die Funktion der Zentrierung, Mitte, Vitalität, Energie, Ausstrahlung, Schöpfung, des Verhaltens, der Macht, Männlichkeit, des Spiels.

Mars

Die Funktion der Tat, Entscheidung, Aktion, Durchsetzung, Aggression, des Kampfes, der Leistung, des Impulses.

Jupiter

Die Funktion der Synthese, Entwicklung, Wertung, Expansion, Fülle, Toleranz, der Religio, des Sinns.

Saturn

Die Funktion der Begrenzung, Konzentration, Ordnung, Verneinung, des Prinzips, Strebens, Klarheit, Härte, Verantwortung, Pflicht, Arbeit und Aufgabe.

Uranus

Die Funktion der Nivellierung, der Exzentrizität, der Veränderung, Freiheit, Paradoxie, Kreativität.

Neptun

Die Funktion der (Grenz-)Auflösung, Transzendenz, des Namenlosen, des All-Eins-Seins der Phantasie, der Meditation und des Gebets.

Pluto

Die Funktion der Metamorphose, Wandlung, Regeneration, Zerstörung, »Stirb und Werde«, Suggestion, Zwang, Opfer.

Nach diesem ersten Überblick über wichtige Bausteine der Astrologie wollen wir uns an die Aufgabe machen, ein Horoskop methodisch zu deuten.

Zweiter Teil Die Strukturdeutung

Bausteine der Grundstruktur

Hier ist zunächst eine kurze Zusammenfassung derjenigen Grundbausteine, die das wesentliche Gerüst eines Horoskopes ausmachen, um uns so einen Überblick über die Gesamtstruktur zu verschaffen.

1. Die Elemente
Aus ihrer Gewichtung, die wir durch ein Auszählverfahren ermitteln können, ergibt sich die Temperamentsgrundlage des Menschen oder Ereignisses, welches wir untersuchen.

2. Die vier Quadranten des Horoskopes
Aus der spezifischen Verteilung der Planeten in den jeweiligen Quadranten lassen sich die Erlebnisschwerpunkte bestimmen, oder anders ausgedrückt, die Lebensbereiche ermitteln, die für den Horoskopeigner besondere Bedeutung entfalten.

3. Der Aszendent
Er zeigt uns das grundsätzliche Anliegen, mit dem der, die oder das Untersuchte in dieses Leben startet.

4. Die Sonne
Sie verkörpert symbolisch die Lebensenergie, mit der der Horoskopeigner das Anliegen (Aszendent) zu verwirklichen trachtet.

5. Der Mond
Er bedeutet uns, mit welcher Stimmungslage oder innerseelischer Haltung das Leben erfahren wird.

6. Das Medium coeli (MC)
Am MC können wir ablesen, auf welches Ergebnis sich das Horoskop hinentwickeln möchte, wie die Zielsetzung bzw. die Absichtserklärung an das Leben aussieht.

Neben diesen Grundfaktoren gibt es noch einige andere Komponenten, quasi »das Fleisch am Skelett« des Horoskopes, wie etwa Aspekte, Halbsummen und die im Bereich der sogenannten »Karma-Astrologie« besonders bedeutsamen Faktoren wie Mondphase, Glückspunkt oder Mondknoten, auf die ich bei der Besprechung der sogenannten Feinstruktur später noch näher eingehen möchte.

Wenden wir uns nun ausführlicher den oben angeführten Grundbausteinen zu.

Die Elemente

Die Astrologie unterscheidet die vier Grundelemente *Feuer*, *Luft*, *Wasser* und *Erde*.

Jedes dieser vier Elemente wird noch einmal differenziert in die drei Zustandsformen kardinal, fix und labil (oder veränderlich), wodurch letztlich die zwölf Tierkreiszeichen entstehen.

So wird das Feuerelement vertreten durch die Feuerzeichen Widder (kardinal), Löwe (fix) und Schütze (labil),

das Luftelement durch die Luftzeichen Waage (kardinal), Wassermann (fix) und Zwillinge (labil),

das Wasserelement durch die Wasserzeichen Krebs (kardinal), Skorpion (fix) und Fische (labil) und schließlich

das Erdelement durch die Erdzeichen Steinbock (kardinal), Stier (fix) und Jungfrau (labil).

Eine Grundthese der Astrologie ist (übrigens sehr ähnlich der Anschauung der Alchemie), daß sich die ganze Welt aus diesen vier Grundstoffen, den vier Elementen, zusammensetzt, ein Gedanke, den wir auch in anderen Kulturen in vergleichbarer Form wiederfinden, wie zum Beispiel die vier Elemente + das »Element« Akasha im indischen Kulturbereich.

Bei der Deutung der Elemente dürfen wir diese nicht zu konkret gegenständlich verstehen, auch wenn wir – wie wir später sehen werden – aus der Beobachtung der konkreten Elemente viel über ihr Wesen erfahren können.

Vielmehr sind die Elemente im archetypischen Sinn zu verstehen. So entspricht Feuer, physikalisch gesehen dem energetischen, Luft dem gasförmigen, Wasser dem flüssigen und Erde dem festen Aggregatzustand.

Sehr plastisch repräsentiert finden wir die Elemente etwa im Bild einer brennenden Kerze wieder, bei der die Flamme dem Feuerelement, das vergasende Wachs dem Luftelement, die sich verflüssigenden Bestandteile der Kerze dem Wasserelement und die festen Wachsbestandteile dem Erdelement entsprechen.

Das Wesen, die Qualität der vier Elemente können wir zunächst aus der Beobachtung der konkreten Elemente bzw. der Aggregatzustände gewinnen.

Feuer

Wir können bei der Beobachtung einer Kerzenflamme als Charakteristikum erkennen, daß Feuer sich senkrecht nach oben ausrichtet, quasi wie ein Heißluftballon nach oben strebt, und daraus etwa die psychologische Qualität des (seelischen) »Auftriebs« oder aber auch das gemessen an anderen Elementen besonders stark ausgeprägte Bedürfnis »nach oben zu kommen« ableiten.

Eine weitere Eigenart des Feuerelementes liegt ganz offensichtlich darin, daß es leuchtet, scheint und Wärme abgibt.

So ist Horoskopen (von Menschen oder auch Ereignissen), die eine deutliche Betonung des Feuerelements aufweisen, eben auch zu eigen, daß sie durch ihr »Leuchten« oder »Scheinen«, kurz durch ihre »Ausstrahlung« besonders auffallen.

Wie Sie bereits an dieser Stelle sehen können, liegt die Kunst astrologischer Interpretation vor allem in einer sehr unmit-

telbaren Übersetzung der Horoskopfaktoren. Je weniger analytisch-zergliedernd und sprachlich umständlich formuliert wird, und je mehr Sie die Bildhaftigkeit der Horoskopbausteine nutzen, sie oft sogar »unübersetzt« in ihrer unmittelbaren Aussagekraft stehenlassen, desto plastischer wird Ihre Interpretation.

Davon abgesehen ist bei dieser Vorgehensweise die Gefahr am geringsten, daß Sie durch Ihre Interpretation die eigentliche Aussage verfälschen.

Merke: Je direkter das (Horoskop-)Bild in die Interpretation eingeht, desto besser.

Doch kommen wir zurück zur Besprechung des Feuerelementes. Die Qualität des »Leuchtens« kann auch im übertragenen Sinne als »erleuchtend« und »erhellend« angesehen werden, was ein Hinweis auf die inspirativen Qualitäten des Feuerelementes ist. Bei unerlösten[1] Feuertypen wirkt sich das »Leuchten« mehr als ein »Scheinen wollen« (mehr Schein als Sein) und ein erhöhtes Bedürfnis zur Kenntnis genommen zu werden (»sich in Szene setzen«) aus.

Die Grundqualität der Wärme als typisch für das Feuerelement kann sich beispielsweise als »menschliche Wärme« oder als »Hitzigkeit« oder »Heißblütigkeit« zeigen. Wärme hat auch etwas Belebendes, Dynamisierendes, wie sich bei physikalischer Betrachtungsweise gut erkennen läßt. So steigert sich die Molekularbewegung unter dem Einfluß von Wärme, was uns zur Expansion – einem weiteren für das Feuerelement typischen Merkmal – führt.

Bezeichnend ist auch die Charakteristik der Leichtigkeit und Flüchtigkeit des Feuers. Es läßt sich nicht fassen und ist aus sich selbst heraus nicht ausdauernd.

Die Wärme des Feuers ist auch ein Symbol für das Leben, setzen wir doch spontan Kälte eher mit Tod, Wärme dagegen mit (z. B.: sonnenhafter) Lebensspendung gleich. Feuer meint also Lebendigkeit und Vitalität.

Das Feuerelement

Bildhafte Betrachtung	Abstraktion	psychologische Entsprechung
Feuer richtet sich nach oben aus	Polbezug oben Hierarchie	Führung, Leitung +: Autorität, Auftrieb, »Streben nach oben« −: Dominanzgelüste, Machtstreben, Selbstherrlichkeit
Feuer leuchtet, bringt Licht	Licht, Helligkeit	+: wirkt erhellend, schöpferisch klug (»hell«) −: evtl. Beachtungsanspruch, Anerkennungsanspruch
Feuer ist heiß (warm)	Wärme, Hitze, Abgabe, Leben	Lebendigkeit, Beschleunigung +: Wärme, Ausstrahlung, Geben −: Hitzigkeit, Agression (Verbrennung)
Feuer (Wärme) dehnt aus	Ausdehnung, Expansion, Dynamik, Entwicklung (Evolution)	+: Dynamik, Schnelligkeit, Organisationsfähigkeit (Überblick) −: Übergriff, Wucherung, Prunk, Maßlosigkeit
Feuer ist unwägbar	Flüchtigkeit, Leichtigkeit, Zeitlosigkeit	+: Leichtigkeit −: Flüchtigkeit (ohne Ausdauer)
Feuer (Wärme) ist (präsente) Energie	Energie, Leben	+: Energie (»energisch«), Willenskraft, Begeisterung −: ichbetonte Durchsetzung, Egoismus
Feuer bedarf eines Stoffes, um hier existieren zu können. (»Brennmaterial«) Dem wendet es sich zu	Abhängigkeit, Zuwendung	+: Zuwendung (aktiv) −: Abhängigkeit
Feuer »verzehrt« das Brennmaterial	Verbrauch, Austrocknung	+: Verwertung, Benutzung −: Ausnützung anderer
Feuer verwandelt, z. B. wird aus Eis (fest) Wasser (flüssig) Dampf (gasförmig)	aktive Wandlung, Sublimation, Überführung in Feinstoffliches	+: »Läuterung«, Initiative, Impuls, Anregung zur Änderung −: Vergewaltigung zur Änderung
Feuer ist »feurig« und kommt z. B. vor als Funke, Glut, Flamme	»Feurigkeit«	+: Begeisterungsfreude, Bewegungslust, −: Vorschnelligkeit, Hektik

Freilich liegt im Feuer nicht nur das Aufbauende und Lebensfördernde, sondern auch eine zerstörerische Komponente. Feuer kann ohne den Stoff, der ihm seine Existenz ermöglicht, nicht leben und begegnet diesem Stoff, indem es ihn verzehrt. Feuer zerfrißt damit quasi seinen Mutterboden. Freilich wäre es einseitig, in diesem Zerfressen nur eine zerstörerische Komponente zu erblicken, denn bei genauem Hinsehen zeigt sich, daß das Feuer im Verzehren den Brennstoff verwandelt, ihn in andere, leichtere, feinstofflichere Daseinsformen (Rauch) transformiert.

Bei stark feuerbetonten Menschen kann man diese intensive, auf den ersten Blick zerstörerische Auseinandersetzung mit der Umwelt ebenso feststellen wie die Tatsache, daß sie der so »traktierten« Umwelt eine Verwandlung gleichsam aufzwingen. Vieles wird durch Feuer geläutert, quasi durch Erhitzung desinfiziert, und so kann die durchdringende Hitze feuerbetonter Menschen besonders dort reinigend wirken, wo Heimlichkeit vergiftend wirkt.

Schließlich finden wir eine ganze Reihe von Sprachbegriffen, die umschreiben, was die Qualität des Feuerelementes ausmacht. So sprechen wir etwa von einem feurigen Temperament, von Menschen, die sich für etwas entflammen lassen oder Feuer und Flamme für etwas sind. Solche bildhaften Begriffe sagen uns viel darüber, wie man natürlicherweise die Zusammenhänge zwischen den Urelementen und psychologischen Entsprechungen empfindet.

Die Genialität des astrologischen Weltbildes liegt nur darin, daß wir allein aus der Geburtsminute und dem Ort, wo ein Mensch geboren wird, ermitteln können, wie die Urelemente in ihm verteilt sind.

Wenn wir die obigen bildhaften Begriffe betrachten, so verwundert uns auch nicht, daß von alters her das Feuerelement mit der Willensregion im Menschen in Verbindung gebracht wurde, denn der feurige Auftrieb, die Entflammbarkeit sind nicht nur Kennzeichnungen für die Begeisterungsfähigkeit eines Menschen, sondern in Verbindung mit der Zielgerichtetheit des Feuerelementes (nach oben in einen »Brennpunkt« konvergierend) eine gute bildliche Umschreibung für das, was Willen meint.

Häufig wird das Feuerelement auch mit dem cholerischen Temperament in Verbindung gebracht. Dies ist sicherlich richtig, doch erscheint es mir aussagekräftiger, bei dem einfachen Bild des Feuers, des Feurigen zu bleiben, da die sich mit dem Bild des Cholerikers verbindenden Assoziationen nur einen Teilaspekt des Feurigen umschreiben, und zudem oft mit Klischeevorstellungen verbunden sind.

Das Feuerelement ist, archetypisch gesehen, ein männliches Element, das seinen differenzierten Ausdruck in den drei Feuerzeichen des Tierkreises findet: kardinales Feuer = Widder (= Funke); fixes Feuer = Löwe (= Glut); labiles Feuer = Schütze (= Flamme).

Luft

Auch das Luftelement können wir durch Beobachtung des Verhaltens und der Eigenarten der Luft bzw. der gasförmigen Aggregatszustände verstehen lernen.

Luft kennt im Gegensatz zu allen anderen Elementen keinen Ort oder Raum, zu dem es sich besonders hingezogen fühlt. Im Gegensatz zum Feuer, das intensiv nach oben strebt, oder zu Wasser oder Erde, die sich durch die Schwerkraft nach unten ziehen lassen (streben), steht Luft zunächst gleichsam unverbindlich verbindend zwischen den Polen Oben/Unten.

Aus diesem Verhalten kann man die Eigenschaften Heimatlosigkeit (»In der Luft hängen«), Vielseitigkeit, Offenheit oder Vermittlungsgabe entnehmen. Darin liegt jedoch auch eine gewisse Unentschlossenheit.

Luft ist auch ein guter »Isolator«, wie man an der Isolationsfunktion der Lufträume in einer Daunendecke oder dem schützenden Mantel der Erdatmosphäre gegenüber den Temperaturschwankungen von Tag und Nacht ablesen kann.

Sie hat demnach die »diplomatische« Gabe des Ausgleichs von Extremen, obwohl sie doch so durchlässig und verbindend wirkt.

Eine weitere Eigenschaft der Luft ist ihre Elastizität, die sich physikalisch in der Komprimierbarkeit von Gasen zeigt, eine Eigenart, die wir weder im Wasser- noch im Erdelement wiederfinden. So zeigen sich beispielsweise auch Menschen mit starker Luftbetonung in ihrem Horoskop als »komprimierbarer«, d. h. elastisch nachgiebiger als ihre wasser- oder erdbetonteren »Tierkreiskollegen«.

Das Luftelement

Bildhafte Betrachtung	Abstraktion	psychologische Entsprechung
Luft richtet sich von selbst nach keiner Richtung aus	Entpolarisierung, kein Polbezug	+: Vielseitigkeit −: Zerstreutheit
Luft hält sich in der Mitte (zwischen Feuer: oben; Wasser, Erde: unten)	Vermittlung, Neutralität, Relativität, Austausch	+: Vermittlung, Austausch, Ausgleich, Harmonie −: Unentschlossenheit, Unverbindlichkeit
Luft ist elastisch (läßt sich komprimieren, dehnt sich, wenn Kompression nachläßt, von selbst aus. (physikalisch: gasförmiger Zustand)	Elastizität, Flexibilität	+: Elastizität, Flexibilität −: Grundsatzlosigkeit
Luft ist sehr beweglich	Beweglichkeit	+: Beweglichkeit, Agilität −: Instabilität
Luft ist leicht	Leichtigkeit	+: Leichtigkeit, Beschwingtheit −: Oberflächlichkeit »Hansdampf in allen Gassen«
Luft ist nicht faßbar, greifbar, fest	Flüchtigkeit, Feinstofflichkeit	+: Feinheit −: Flüchtigkeit, keine Ausdauer
Luft bietet wenig Widerstand	Widerstandslosigkeit	+: Nachgiebigkeit −: Opportunismus
Luft ist »zwischen den Dingen«	Interesse (lat.: inter = zwischen, esse = sein)	+: Wissensdrang, Interesse −: Neugier (ohne Verbindlichkeit, vgl. oben)
Luft ist (relativ) durchsichtig, durchlässig, hell	Durchsichtigkeit, Durchlässigkeit, Helligkeit	+: Klarheit −: Kontrastarmut, Konturlosigkeit
Luft ist »luftig«	»Luftigkeit«	+: Beschwingtheit −: »Luftikus«

Die Qualitäten der Beweglichkeit, Leichtigkeit und Instabilität sind Eigenschaften, die gar keiner weiteren sprachlichen Interpretation bedürfen, sie können, wie schon beim Feuerelement und den Begriffen »feurig«, »hitzig« u. a. gesehen wurde, in ihrer Bildhaftigkeit unmittelbar bei der Deutung verwendet werden. Dies gilt natürlich auch für so plastische Begriffe wie »Luftikus«, »Hansdampf in allen Gassen« oder »einer, der sein Fähnchen nach dem Wind hängt«. Besonders in der letzten Kennzeichnung kommt die Qualität der »Relativität der Dinge« als Spezifikum des Luftelementaren deutlich zum Ausdruck.

Das Luftelement ist das relativste aller Elemente. Die Tatsache, daß Luft zwischen den Dingen ist, bringt sie mit dem Begriff des »Interesses« (lat. inter-esse = dazwischen sein) in Zusammenhang. So kann es nicht verwundern, daß Luft klassisch als »das Gedankenelement« bezeichnet wird. Diesen Aspekt finden wir ja auch in dem Begriff »Luftschlösser bauen«, der auf Denkmodelle gemünzt ist. So gilt Luft als das Gedankenelement.

Die Leichtigkeit des Luftelementes hat dazu geführt, daß der Luft von den klassischen Temperamentstypen der Sanguiniker zugeordnet wurde, der als der leichtlebigste der Temperamentstypen galt. Als ein Helligkeit wenig filterndes, sehr durchlässiges Medium trägt auch Luft – zwar nicht so aktiv wie Feuer – besonders in seiner Vermittlungseigenart zur »Erhellung« von Zusammenhängen bei.

Das Luftelement ist archetypisch ein männliches Element und findet seinen differenzierten Ausdruck in den drei Luftzeichen des Tierkreises: kardinale Luft = Waage (= »Herbstluft«, voll von buntem Herbstlaub, das malerisch zu Boden tanzt); fixe Luft = Wassermann (= klirrend kalte Winterluft voller Eiskristalle, in denen sich das Sonnenlicht bricht); labile Luft – Zwillinge (= Spätfrühlingslüftchen voller Blütenpollen und summender Insekten).

Wasser

Beobachten wir zunächst das Verhalten von Wasser oder anderen Flüssigkeiten, so fällt uns auf, daß Wasserläufe dem Gefälle der Landschaft nach unten folgen und sich dabei den vorgegebenen Landschaftsformen anpassen.

Darin kommt das Bedürfnis des Wassers zum Ausdruck, sich anzuschmiegen, sich der Umgebung hinzugeben. So flüchtig und leicht wie Luft paßt sich Wasser freilich nicht an. Sich ihm entgegenstellende Hin-

dernisse reißt es – je nach deren Widerstandskraft – entweder mit sich (»Sogwirkung«) oder – falls sie sich im Moment als zu widerstandskräftig erweisen – unterminiert es diese, um ihnen langfristig gesehen den »Standpunkt« zu nehmen.

Analog dazu lassen sich wasserbetonte Menschen nicht auf einen aussichtslos erscheinenden Kampf etwa mit erdbetonten Menschen ein, »unterminieren« aber deren Position so lange, bis diese letzten Endes weichen müssen.

So erscheint das Wasserelement auf den ersten Blick schwächer, als es eigentlich ist (als archetypisch weibliches Element teilt es insofern die Beurteilung des weiblichen Geschlechts als des »schwachen Geschlechts«), setzt sich jedoch langfristig auch gegen hartnäckigen Widerstand durch (»steter Tropfen höhlt den Stein«). Die Drift nach unten ist ein Hinweis auf das Unterordnungsbedürfnis, welches sich positiv in Demut, unerlöst in Duckmäuserei äußern kann.

Die Tatsache, daß Wasser eine horizontale Ruheposition einzunehmen versucht, zeigt sein Bedürfnis nach Passivität und Ruhe. Eine wesentliche Eigenschaft des Wassers ist auch seine osmotische Fähigkeit, in die Umgebung einzudringen, sie zu lösen und in sich aufzunehmen. Diese sublime Art in andere einzudringen, sie zu erweichen und in sich aufnehmend mitzunehmen, kann auch in der Entsprechung im psychologischen Verhalten gefunden werden. Besonders erwähnenswert ist dabei die seelische Aufnahmefähigkeit, die den entsprechenden Individuen allerdings ebenso zum Problem werden kann, wie dem Wasserelement seine fast unbegrenzte Toleranz gegenüber Stoffen, die in es eingebracht werden (Umweltverschmutzung durch Gewässerverunreinigung – entspricht im Mikrokosmos einem Menschen der Innenweltverschmutzung durch Seelenverunreinigung erfährt).

Zu den Eigenarten des Wassers gehört es, adhäsiv an der Umgebung zu hängen. So sprechen wir etwa davon, daß Wasser

Das Wasserelement

Bildhafte Betrachtung	Abstraktion	psychologische Entsprechung
Wasser folgt Gefällen nach unten	Polbezug unten	+: Unterordnung, Demut −: »Kriecherei« Duckmäuserei
Wasser versucht eine horizontale Ruheposition einzunehmen	Ruhe, Horizontalbezug	+: Ruhe, Passivität −: Trägheit, Faulheit
Wasser paßt sich vorgegebenen Formen an, schmiegt sich an sie an	Anpassung, Hingabe	+: Hingabe, Anpassung −: Unselbständigkeit
Wasser dringt in andere Stoffe ein (Prinzip der Osmose)	Eindringen, Osmose	+: Einfühlung −: Einschleichen
Wasser löst feste Stoffe, weicht sie, quillt sie auf	Lösung »Erweiterung«, »Quellung«	Intuition, Ahnungsvermögen +: Lösungskraft (passiv) −: Verweichlichung, Auflösung
Wasser nimmt Stoffe auf	Aufnahme	+: Aufnahmefähigkeit (z. B. »kann zuhören«) −: Vereinnahmung, Aussaugen
Wasser »netzt« an Dingen	Haftungsbestreben	+: Bindungsfähigkeit −: »Verhaftetsein«, Abhängigkeit
Wasser löscht Feuer	Löschung	+: Dämpfung überstarker Energie −: Willenlosigkeit
Wasser ist kalt, relativ undurchsichtig (im Vergleich zu Luft beispielsweise)	Kälte, Trübung	+: Agressionslosigkeit −: Kälte, Dummheit (be-trübt, »trübe Tasse«)
Wasser ist »wässrig«, physikalisch: flüssiger Zustand; kommt z. B. vor als Meer (See), Tümpel, Quelle, Fluß,	»Wässrigkeit« Flüssigkeit	»nahe ans Wasser gebaut« instabil (fließend)

»netzt« und können daraus das Haftungsbestreben des Wassers, seine »Anhänglichkeit«, ablesen. Die Tatsache, daß Wasser löscht, zeigt seine Initiativkraft und Willen (Feuer) eindämmende Wirkung, die ihm in der alten Temperamentslehre die Charakteristik des Phlegmatischen (altgriech. phlegma = Schleim) verliehen hat.

Die im Verhältnis zu Luft und Feuer geringere Lichtdurchlässigkeit läßt Wasser auch im übertragenen Sinn als »undurchsichtiger«, »geheimnisvoller«, und im intellektuellen Sinne als weniger »helle« erscheinen.

Im Wasser ist man mehr auf das Fühlen als auf das Sehen angewiesen, und durch das entsprechende Training darin auch versierter.

Die Dominanz des Fühlens, auf welche wir auch sprachlich anspielen, wenn wir von jemandem sagen, er sei »nahe ans Wasser gebaut«, macht Wasser zum »Gefühlselement«. Es findet seinen differenzierten Ausdruck in den drei Wasserzeichen des Tierkreises: kardinales Wasser = Krebs (= das Urmeer, die Quelle); fixes Wasser = Skorpion (= der unergründlich tiefe Kratersee, Moorwasser, Sumpfloch); labiles Wasser = Fische (= der Strom, dessen Ufer ins Unendliche zurückweisen, bis da nur noch Strömen ist, die Weite des Ozeanischen).

Erde

Das Erdelement zeigt sich in seinem äußeren Erscheinungsbild als fest und greifbar, in sich beständiger als die anderen Elemente, und hat einen deutlichen Polbezug nach unten.

In dem Nach-unten-Streben kommt das Bedürfnis festen Boden unter den Füßen haben zu wollen ebenso zum Ausdruck, wie Bodenständigkeit, Gründlichkeit oder Grundsätzlichkeit. Das Erdelement ist behäbiger, unbeweglicher, aber auch stabiler als die anderen Elemente. Auch bei diesen Begriffen gibt es nicht viel zu übersetzen, um sie als psychologische Eigenarten verwenden zu können.

Wie schon oben erwähnt, ist bei der Interpretation von Geburtsbildern die unmittelbarste Übersetzung auch die beste. So zeigt sich die Festigkeit in Verläßlichkeit, aber auch in Unnachgiebigkeit, Härte oder Dogmatismus.

Die Konturiertheit des Erdelements zeigt sein Bedürfnis nach Form oder Format, nach Struktur und Ordnung. Je stärker die erdelementare Betonung in einem Horoskop, desto größer ist beispielsweise das Bedürfnis, festen Boden unter den Füßen zu haben, sich quasi auf gesichertem Terrain zu bewegen, und auf dem Boden der greifbaren Tatsachen zu bleiben. Konkret-

heit ist ein Wunsch, Abstraktion fällt schwer.

Das Erdelement ist – wie der feste physikalische Aggregatzustand – primär durch das Moment der Kohäsion (am deutlichsten beim fixen Erdzeichen Stier), d. h. das Bedürfnis nach Zusammenhalt gekennzeichnet, anders als beim Wasserelement, wo die Adhäsion (»Anhänglichkeit«) im Vordergrund steht.

Kohäsion führt zur Gruppenbildung nach innen und zur Abgrenzung nach außen hin. Und so ist der Erdtypus auch eher abgeschlossen gegenüber dem, was außerhalb seines Gesichtskreises liegt. Nach innen dagegen ergibt sich Konzentrationsfähigkeit bis hin zur Kristallisation zum Wesentlichen.

Die Dauerhaftigkeit des festen Elementes zeigt sich in Ausdauer und Zeitgefühl, die Verbindung mit dem Grund in Grundsätzlichkeit und Prinzipientreue.

Erde ist das materiellste aller Elemente, und so verwundert es nicht, daß wir hier Materialismus und Realitätssinn in der Beschränkung auf die greifbare und sichtbare Welt als Eigenart finden. Erde vermittelt, wie Menschen mit starker Erdbetonung, Sicherheit und Beständigkeit, aber auch »Trockenheit« und Uneinsichtigkeit für Dinge, die bodenständigen Realitätssinn übersteigen.

Dieses schwerste aller Elemente wirkt sich manchmal auch in Schwerfälligkeit und Deprimiertheit (lat. deprimere = hinunterdrücken) aus, was die Zuordnung zum Typus des Melancholikers erklärt.

Die Gesetze, die hier für das greifbare Erdelement gelten, sind am deutlichsten von allen vier Elementen von mechanischer Art. Man könnte sie mit der relativ widerspruchsfreien Newtonschen Physik gleichsetzen, im Gegensatz zu den Gesetzen, die wir im Bereich physikalischer Chemie in der Thermodynamik (man beachte den plastischen Begriff!) vorfinden. Die Unwägbarkeiten und Widersprüchlichkeiten, die wir dort erleben, haben viel gemein mit den archetypischen männlichen Elementen

Das Erdelement

Bildhafte Betrachtung	Abstraktion	psychologische Entsprechung
Erde fällt nach unten	Polbezug unten	+: Unterordnung, Bescheidenheit −: schwaches Selbstvertrauen, Duckmäuserei
Erde ≙ Mineral ≙ Stein ≙ Sand ist fest (physikalisch: fester Zustand)	Festigkeit, Härte	+: Festigkeit, Verläßlichkeit −: Unnachgiebigkeit, Härte, Dogmatismus, Steifheit, mangelnde Flexibilität
Erde zeigt von den Elementen am deutlichsten Form	Form, Struktur, Ordnung	+: Sinn für (körperl.) Form, Sinn für Struktur, Ordnung −: Zwang durch Ordnung, Form etc.
Erde ist das dauerhafteste der vier Elemente	Dauer, Zeit	+: Ausdauer, Geduld, Zeitgefühl −: Zeitdruck, Langsamkeit, Trägheit
Erde grenzt sich am deutlichsten gegenüber der Umgebung ab	Abgrenzung, Distanz, Isolation	Distanz, Geradlinigkeit +: Sicherungsbestreben, Klarheit (durch Abgrenzung) −: Abweisung, Widerstand, Isolation
Erde hat Bezug zum Grund	Grund	+: Gründlichkeit, Tiefgründigkeit, Bodenständigkeit, Solidität (lat.: Solus — Boden) −: Pedanterie
Erde (der feste Zustand) hält zusammen	Zusammenhalt, Bindung	+: Zusammenhalt, Verläßlichkeit, Treue −: Resistenz gegen Lösung (z. B.: Hartnäckigkeit)
Erde ist schwer	Schwere	+: Gewichtigkeit, Bedeutung −: Schwermütigkeit (Melancholie, Pessimismus (nimmt Dinge zu schwer)
Erde ist greifbar, materiell, »real«, meßbar	Greifbarkeit, Materialismus, »Realität«, Meßbarkeit	+: »Realismus«, Wirklichkeitssinn, Verwertung −: »Materialismus«, Berechnung Zweckdenken
Erde ist »erdig«, kalt, kommt z. B. vor als Kristall, Lehm, Sand	»Erdigkeit«, Kälte, Undurchsichtigkeit, Dunkelheit	Greifbarkeit, aber Undurchsichtigkeit +: Sachlichkeit −: Trockenheit, Kälte

Feuer und Luft, während die weiblichen Elemente Wasser und besonders Erde den verläßlicheren Gesetzen der Newtonschen Physik entsprechen.

So verwundert es nicht, daß Menschen mit starker Erdbetonung sich mehr auf die »Zuverlässigkeit« der gegenständlichen Welt verlassen, aber auch von deren Gesetzmäßigkeiten bedrückt werden, als auf die »Unlogik«, des Feuerelements, die wir physikalisch in der Optik bei der Betrachtung der Natur des Lichts (= analog Feuer) erleben.[2]

Das Erdelement findet seine Differenzierung in den drei Erdzeichen des Tierkreises: kardinale Erde = Steinbock (= der Quader, der Kristall); fixe Erde = Stier (= feucht-satte, fruchtbare Erde, die Lehmscholle); labile Erde = Jungfrau (= Sand, aus Abermillionen von einzelnen Körnchen sich zusammensetzend, trocken).

Nachdem wir bisher die Qualität der einzelnen Elemente kennengelernt haben, müssen wir noch eine Methode entwickeln, die es möglich macht, die Stärke des einzelnen Elements im individuellen Horoskop quantitativ zu bestimmen.

Ein Element ist um so stärker ausgeprägt, je mehr es durch Horoskopfaktoren, die bei der Interpretation eine Rolle spielen, besetzt ist.

Stehen beispielsweise fünf der zehn üblicherweise verwendeten Planeten in einem der vier Elemente, so kommt darin natürlich eine besondere Betonung dieses Elements zum Ausdruck.

Andererseits erscheint es gerechtfertigt, nicht alle Horoskopfaktoren, die wir bei einer solchen Gewichtung berücksichtigen, gleich zu behandeln, da jedem einsichtig sein wird, daß etwa die Sonne in ihrer Bedeutung (und damit ihrem Gewicht) schwerer wiegt, als z. B. Merkur.

Um zu einer differenzierten Gewichtung zu gelangen, müssen wir dieser Tatsache bei dem *Auszählverfahren zur Ermittlung der Elementestärke* Rechnung tragen.

Im Laufe meiner langjährigen astrologischen Praxis hat sich dabei folgendes, von mir entwickeltes Auszählverfahren bewährt:

Sonne	=	10 Punkte
Aszedent	=	10 Punkte
Mond	=	8 Punkte
Medium coeli (MC)	=	7 Punkte
Merkur	=	5 Punkte
Venus	=	5 Punkte
Mars	=	5 Punkte
Jupiter	=	5 Punkte
Saturn	=	5 Punkte
Uranus	=	4 Punkte
Neptun	=	4 Punkte
Pluto	=	4 Punkte
Mondknoten		*4 "*

Weitere Faktoren des Geburtsbildes bleiben bei der Elementauszählung unberücksichtigt.

Wir erhalten so eine Gesamtpunktezahl von 72 Punkten, die auf die vier Elemente verteilt sind.[3] Bei gleichmäßiger Verteilung ergibt sich also ein Profil von je 18 Punkten in jedem Element.

Bei dem von mir verwendeten Horoskopformular finden Sie die Elementauszählung in dem rechteckigen Kästchen im rechten unteren Formularbereich (vgl. Abb. S. 96), wobei hinter der entsprechenden Summe, die Faktoren, aus denen sich die Summe ergibt, angeführt sind.

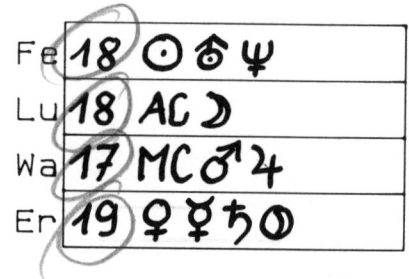

Beispiel

Für die Berechnung eines Horoskopes mit folgenden Daten ergibt sich die nachfolgende Elementverteilung (vgl. Tabelle S. 29).

Bei einer solchen Verteilung können wir von einer sehr ausgeglichenen Temperamentslage (Sie erinnern sich: Die Elemente

Das Elementauszählverfahren (Beispiel)

Sonne	im Schützen	=	10 Punkte für Feuerelement
Uranus	im Löwen	=	4 Punkte für Feuerelement
Neptun	im Widder	=	4 Punkte für Feuerelement
insgesamt		=	18 Punkte für Feuerelement
Aszedent	im Wassermann	=	10 Punkte für Luftelement
Mond	in Zwillinge	=	8 Punkte für Luftelement
insgesamt		=	18 Punkte für Luftelement
Mars	im Skorpion	=	5 Punkte für Wasserelement
Jupiter	in Fische	=	5 Punkte für Wasserelement
MC	im Skorpion	=	7 Punkte für Wasserelement
insgesamt		=	17 Punkte für Wasserelement
Venus	im Steinbock	=	5 Punkte für Erdelement
Merkur	im Steinbock	=	5 Punkte für Erdelement
Saturn	in Jungfrau	=	5 Punkte für Erdelement
Pluto	im Stier	=	4 Punkte für Erdelement
insgesamt		=	19 Punkte für Erdelement

stehen für die Temperamentsgrundlage im Horoskop) sprechen.

Die klassische altgriechische Astrologie (etwa Ptolemaios) ging davon aus, daß das anzustrebende Ideal eine ausgeglichene Temperamentslage und damit auch Elementenverteilung sei. Dadurch entstand bei ungleichen Elementenverteilungen die Wertung, daß gewisse Elemente »zu stark« und gewisse Elemente »zu schwach« seien, mit dem Ratschlag, die Qualität »zu schwacher« Elemente integrieren zu lernen und »zu starke« Elemente eher zu unterdrücken.

Dieser logisch erscheinende Denkansatz nimmt aber das Individuum nicht so an wie es ist, sondern versucht es zu einer »Idealnorm« hinzuvergewaltigen und erscheint mir aus diesem Grunde fraglich. Er gleicht dem Versuch, alle Pflanzen dieser Welt in ihrem Höhenwachstum zu messen, und – nachdem sich eine Durchschnittsgröße von 65 Zentimetern ergeben hat – eine Sonnenblume wegen ihrer Größe zu tadeln oder aber ein Gänseblümchen aufzufordern, es möge sich kräftig anstrengen, doch auch 65 Zentimeter hoch zu wachsen. Ganz abgesehen davon widerstrebt es nach meiner psychotherapeutischen Erfahrung der Seele, auf derart mechanische Vorschläge einzugehen. Sie verdrängt dann lediglich, ohne sich wirklich zu entwickeln.

Vielmehr liegt der erste Sinn einer Horoskopanalyse nicht darin zu belehren oder anhand irgendwelcher Ideale verbessern zu wollen, sondern zuallererst in der Erkenntnis dessen, was tatsächlich ist, und der Akzeptanz dieser Situation.

So paradox dies erscheinen mag, verändert sich nämlich durch die Erkenntnis und Akzeptanz des Lebens im wesentlichen mehr und auf organischere Weise, als durch den Versuch, daran herumzuverbessern. Dies gilt ganz besonders für seelische

Belange. Daraus ergibt sich, daß die Elementverteilung – wie übrigens auch andere Horoskopfaktoren – nicht zur Bewertung, sondern zuallererst zur Beschreibung und wertfreier Erkenntnis führen sollten.

Die Betonung eines Elementes mit z. B. 45 Punkten (Durchschnitt: 18 Punkte!) bedeutet also nicht, daß dieses Element *zu* stark ausgeprägt ist (ebensowenig wie die Sonnenblume im obigen Beispiel zu groß ist), sondern nur, daß es *sehr* stark ausgeprägt ist.

Wie wir später bei der Besprechung der Beispielhoroskope erkennen können, kann die starke oder geringere Betonung eines Elementes beispielsweise Eignung für bestimmte Lebensbereiche anzeigen, in denen etwa besonders auf »Feurigkeit und Initiativkraft« (Feuerelement), »Vielseitigkeit und Vermittlungsgabe« (Luftelement), »Hingabe und Aufnahmefähigkeit« (Wasserelement) oder »Gründlichkeit und Zuverlässigkeit« (Erdelement) Wert gelegt wird.

Bereits aus dieser so einfach zu ermittelnden Elementverteilung können wir – besonders wenn das Elementgefüge deutlich von der Durchschnittsverteilung von 18 Punkten pro Element abweicht – recht ergiebige Aussagen über das Horoskop machen.

Zur Übung einige Beispiele dazu:

Beispiel 1: Feuer : 34 Punkte
Luft : 10 Punkte
Wasser : 24 Punkte
Erde : 4 Punkte

Auffällig an dieser Elementverteilung ist die deutliche Dominanz des Feuerelementes, gefolgt von Wasser, was auch noch spürbar über der 18-Punkte-Marke liegt, während Luft, vor allem aber Erde eher schwach ausgeprägt sind.

Wollen wir das Horoskop – dem Schwerpunkt dieses Buches entsprechend – als Horoskop einer Person interpretieren, so wäre das Vorherrschen der Willensregion, der »Entflammbarkeit« (Begeisterungsfreude) und die aktiv-initiativkräftige Temperamentsausprägung an erster Stelle zu nennen.

Freilich zeigt uns die Tatsache, daß Feuer und Wasser sehr gegensätzliche Elemente sind, daß es hier im Temperament zu Spannungen zwischen diesen beiden hier überdurchschnittlich betonten Elementen kommen wird. Denn so, wie Feuer senkrecht nach oben strebt, so möchte Wasser in die horizontale Ruheposition, und so finden wir hier sich durchkreuzende Entwicklungsrichtungen.

Willen und Durchsetzung (Feuer) verlangen eben etwas anderes als Hingabe und seelische Anpassung (Wasser), so daß man davon sprechen könnte, daß sich der Horoskopeigner zwischen Eigenwillen und Anpassung hin- und hergerissen fühlen wird.

Sehr bildlich können wir das »Zusammenspiel« von Feuer und Wasser auch in dem konkreten Bild eines Wassertopfes auf einer Herdflamme ablesen.

Hier sorgt das Feuer – besonders wenn es nach dem Auszählverfahren noch stärker als Wasser ist – quasi als »Willensflamme« zu einem »Aufwallen« des Gefühlselementes Wasser, so daß man gleichsam von einer affektbetonten Persönlichkeit sprechen könnte. Die Gefühlswelt kann hier »überkochen« und damit emotionale (Wasser) Erregbarkeit (Feuer) zeigen.

Andererseits kann Wasser (Gefühlsbeteiligung) auch Feuer (Durchsetzungswillen) »löschen« oder zu einem »Schwelbrand« unter der Oberfläche verdrängen. Die feurige Begeisterungsfreude wird dann nicht mehr ungebremst auflodern können, sondern sich als ein zähes »Schwangergehen« mit einem Willenswunsch zeigen.

Trotz der Gegensätzlichkeit dieser beiden Elemente haben sie aber doch wesentliche Gemeinsamkeiten, die die von den beiden anderen Elementen Luft und Erde sehr unterscheiden. Denn sowohl Feuer als auch Wasser lassen sich unmittelbar und intensiv auf ihre Umgebung ein, setzen sich mit dieser geradezu »leidenschaftlich« auseinander.

Dem Feuerelement hat diese Eigenschaft im chinesischen Weisheitsbuch »I Ging«, wo es als Hexagramm »Li« (das Feuer) existiert, die Begleitbezeichnung »Das Haftende« eingebracht, was darauf hinweist, daß Feuer ohne den ihn ernährenden Brennstoff nicht existieren kann (vgl. auch oben zur Feuercharakteristik) und sich mit ihm »brennend« auseinandersetzt. Das Wasser zeigt ähnliche Qualitäten in seiner Fähigkeit, in die Umgebung »osmotisch« einzudringen, diese aufzuquellen und zu lösen sowie an ihr zu »netzen« (haften). Demgegenüber verhalten sich Luft und Erde ihrer Umgebung gegenüber sehr viel neutraler, Luft, indem sie unverbindlich verbindend und quasi »oberflächlich« zwischen den Dingen ist, Erde, indem sie sich nach außen abgrenzt und damit auch nicht auf die Umgebung einläßt, es sei denn nach unten hin (!).

Horoskope, die vornehmlich Feuer- und Wasserbetonung haben, kann man demnach als besonders »leidenschaftliche« Horoskope bezeichnen, im Gegensatz zu Luft/Erdbetonungen, die eher »neutralen« Charakter haben.

In unserem Beispiel können wir also auf einen Menschen schließen, der durch sein willentliches Engagement und seine überdurchschnittliche Gefühlsbeteiligung sehr subjektiv mit seiner Umweltsituation verbunden ist.

Die »nur« zehn Luftpunkte weisen darauf hin, daß er seine Aufgabenstellung im Leben nicht primär in Ausgleichs- und Vermittlungsaufgaben suchen sollte, da ihm Neutralität und diplomatische Interaktionen (Luft) nicht sonderlich liegen dürften.

Noch weniger kann man sein Temperament als eines mit sehr praktischem Realitätssinn (Erde) bezeichnen. Seine Fähigkeit zu speichern, zu horten und hauszuhalten ist bei fünf Erdpunkten eher unbedeutend. Er wird sich daher schwer abgrenzen oder aus den Dingen »heraushalten« können.

Summiert man die »Aktivelemente« Feuer und Luft und stellt sie quantitativ

den »Passivelementen« Wasser und Erde gegenüber, so erhalten wir ein Verhältnis von 44 Aktiv- zu 28 Passivpunkten. Dies ist ein Hinweis dafür, daß das Bedürfnis, aus sich selbst heraus gestaltend auf das Leben einzuwirken, sehr viel stärker ausgeprägt ist, als das Leben auf sich einwirken zu lassen und dann als Reaktion darauf zu antworten.

In wenigen Worten zusammenfassend könnte man einen Menschen mit obiger Elementverteilung also als vorwiegend aktiv-gestalterischen Menschen mit leidenschaftlicher Beteiligung am Leben charakterisieren, der es manchmal nicht einfach haben dürfte, seine Ansprüche auf willensmäßige Durchsetzung einerseits und seelische Anpassung andererseits zu vereinigen, der keinen besonderen Hang zu diplomatisch-neutralem Verhalten hat und dessen Interessen nicht primär auf materiellem Gebiet liegen.

Beispiel 2:

Feuer	:	5 Punkte
Luft	:	27 Punkte
Wasser	:	24 Punkte
Erde	:	16 Punkte

In diesem Beispiel stehen das »Gedankenelement« Luft und das »Gefühlselement« Wasser im Vordergrund.

Obwohl sich hier augenscheinlich nicht so große Gegensätze wie bei der Kombination Feuer/Wasser ergeben, zeigen doch auch Luft und Wasser Unterschiede, die sich als Spannungen im Temperamentsgefüge auswirken können, denn das Luftelement ist seiner Eigenart nach flüchtig und unverbindlich, möchte sich dem Leben gegenüber eher aus luftiger Distanz (»Vogelflugperspektive«) verhalten, sich in der Relativität von »Luftschlössern« bewegen, während das Wasserelement danach trachtet, sich anpassend hinzugeben und teilhabend an der Umgebung zu haften.

Die Freiheit der Gedankenwelt, die ohne große Konsequenzen verändert werden kann, sieht sich in dieser Kombination durch emotionale Affinitäten beeinträchtigt, während andererseits das Bedürfnis sich gefühlsmäßig einzulassen an Unverbindlichkeit zu scheitern droht.

Der »Hansdampf in allen Gassen« (Luft) ringt mit der seelischen Verbindlichkeit (Wasser), und je nach der Stärke der beiden hier vorherrschenden Elemente wird sich das eine oder andere eher durchsetzen können.

In unserem Beispiel wird sich demnach eine leichte Neigung ergeben, sich zugunsten der unverbindlicheren Lösung zu entscheiden, da das Luftelement mit 27 Punkten etwas stärker ausgeprägt ist als Wasser mit 24 Punkten.

Beide Elemente haben aber auch wieder Ähnlichkeiten, die sie von den anderen beiden Elementen Feuer und Erde abgrenzen, denn sowohl Luft als auch Wasser sind Elemente, die sich durch ihre Anpassungsfähigkeit an ihre Umgebung auszeichnen, wobei bei Luft die intellektuelle Anpassung, bei Wasser die gefühlsbetonte Anpassung im Vordergrund steht.

Feuer und Erde haben dagegen eher Durchsetzungscharakter, wie man an der Kerzenflamme, die sich nach oben durchsertzt, ebenso plastisch ablesen kann wie an einer Erdlawine, die alles, was sich ihr in den Weg stellt, beiseite räumt.

Mit 51 »Anpassungspunkten« (Luft + Wasser), verglichen mit 21 »Durchsetzungspunkten« (Feuer + Erde), haben wir es in unserem Beispiel also eher mit einem sehr reagiblen, anpassungsfähigen Typus zu tun als mit jemandem, der »mit dem Flammenschwert in der Hand« (Feuer) und Grundsätzen und Prinzipien (Erde) seinen Weg durchs Leben bahnt.

Der Bezug zur greifbaren Realität (Erde) ist im Beispiel 2 allerdings stärker (fast Durchschnitt) ausgeprägt als im ersten Beispiel.

Zusammenfassung

Die Elementeverteilung zeigt einen nicht sehr eigeninitiativkräftigen (fünf Punkte Feuer), geistig wie seelisch überdurchschnittlich anpassungsfähigen Menschen, der zwischen der Priorität seiner Gedankenwelt (Luft) und seiner Gefühlswelt (Wasser), zwischen luftiger Vielseitigkeit und Unverbindlichkeit einerseits und dem Bedürfnis nach seelischer Anteilnahme andererseits hin- und hergerissen ist und bei aller Beweglichkeit einer rezeptiv-reagierenden Lebensweise den Vorzug vor einer zielgerichtet-aktiven Lebensweise gibt (mehr Passiv- als Aktivpunkte, mehr Anpassungs- als Durchsetzungspunkte).

Beispiel 3:

Feuer	:	36 Punkte
Luft	:	5 Punkte
Wasser	:	4 Punkte
Erde	:	27 Punkte

Das Vorherrschen der Elemente Feuer und Erde weist auf einen durchsetzungskräftigen Menschen hin, der viel Eigeninitiative und Willensenergie (Feuer) einbringt und sich dabei von sehr konkreten und praktischen Gesichtspunkten (Erde) leiten läßt. Das Ungestüme des Feuerelements wird hier allerdings stark von der Erdbetonung gedämpft (Feuer ist das »schnellste« aller Elemente, Erde das »langsamste«), was sich für den Betreffenden manchmal subjektiv so anfühlen mag, als wollte er »mit angezogener Handbremse Vollgas fahren«. Die Konkretisierung und praktische Ausreifung, wie sie durch das Erdelement repräsentiert wird, verlangt eben seine Zeit, und mit 36 Feuerpunkten und einem entsprechend »feurigen« Temperament fällt Abwarten in der Regel sehr schwer.

So gesehen haben wir es hier mit einer recht »verschleißträchtigen« Elementenkombination zu tun. Dennoch können wir auch bei dieser Kombination Gemeinsames finden, denn beide Elemente haben im Gegensatz zu den Elementen Wasser und Luft einen deutlichen Bezug zur Idee des Senkrechten. So, wie Feuer senkrecht nach oben strebt, quasi wie ein Heißluftballon in der Vertikalen nach oben zieht, so weist das Erdelement, wie vom Senkblei nach unten gezogen, ebenfalls eine senkrechte Linie auf.

Der Unterschied der beiden Elemente ist dabei, daß Feuer *unmittelbar* nach oben strebt, während Erde sich *von Grund auf* nach oben *arbeitet*.

Wasser zeigt dagegen – deutlich an der Wasserwaage ablesbar – eine Neigung zur Horizontalen, die wir nicht ganz so deutlich, aber ansatzweise auch beim Luftelement vorfinden, wenn wir an den atmosphärischen »Gürtel« um die Erde denken.

Die Vertikale (oder Senkrechte) der Elemente Feuer/Erde hat natürlich auch ihre Bedeutung (in der Deutung), denn »Aufrecht-Sein« meint etwas anderes als beispielsweise »Sich-Hingeben«, und während letzteres stimmiger in der Horizontalen erfolgt, hat das aufrechte Stehen symbolisch mehr mit Kontrolliertheit, Dominanz und Beherrschung zu tun.

Aufrecht-Sein verlangt die Energie, sich gegen die Schwerkraft in die Senkrechte zu bringen und sich dort so zu stabilisieren, daß man nicht so schnell »zu Fall kommt«.

Der vorwiegend feuerelementare Typus muß dabei die Gefahr zu Fall zu kommen nicht so ernst nehmen, da ihm seine naturgegebene Improvisationsgabe das Talent verleiht, sich immer wieder den schnellsten Weg nach oben zu suchen.

Je stärker die Erdbetonung, desto wichtiger wird es, erreichte Positionen auf dem Weg senkrecht nach oben durch Stützen und Streben abzusichern, da sonst das Eigengewicht wieder nach unten zieht.

Das Empfinden für hierarchische Verhältnisse, und der Versuch innerhalb dieser nach oben zu kommen, ist aber für beide »Senkrechtelemente« gleichermaßen bedeutsam.

Zusammenfassung

Die Elementverteilung zeigt einen durchsetzungskräftigen, willensbetonten Menschen, der mit viel Sinn für das Konkrete seine Inspirationen möglichst schnell praktisch verwerten möchte. Sein cholerisches Temperament macht ihm das Abwarten der Realisierung seiner Wünsche manchmal etwas schwer. Seine Stärken liegen weniger

in Anpassungs- und Hingabefähigkeit als vielmehr in einem ausgeprägten Gespür für hierarchische Verhältnisse im Leben und der sich daraus ergebenden Konsequenz, ehrgeizig nach oben zu streben.

Luftschlösser und Gedankenspiele sind nicht sosehr seine Welt, ebensowenig verträumte Hingabe an das Leben. Praktische Ergebnisse zählen.

Beispiel 4:	Feuer	: 30 Punkte
	Luft	: 26 Punkte
	Wasser	: 9 Punkte
	Erde	: 7 Punkte

56 Aktivpunkte (Feuer + Luft) zeigen, daß es sich um einen Menschen handeln wird, dessen Temperamentsbedürfnis es ist, sich wendig, aktiv und aus sich selbst heraus gestaltend mit dem Leben auseinanderzusetzen.

Wir haben hier in Feuer und Luft zweierlei Arten von Aktivität vor uns. Feurige Aktivität meint zielgerichtete Aktivität, gleichsam auf einen »Willensbrennpunkt« hin, luftige Aktivität weist dagegen eher auf Vielseitigkeit von Aktivitäten hin. Feuer ist sehr stark durch Eigenengagement und Motivation gekennzeichnet, während Luft das relativierende Bedürfnis hat, von der Festlegung auf eine bestimmte Richtung freizubleiben.

Ist die Feuerbetonung wie in diesem Beispiel stärker, so wird sich der Betreffende leichter damit tun, seine Aktivität in eine bestimmte Richtung zu lenken, ist die Luftbetonung ausgeprägter, so weist das mehr auf interdisziplinäre Aktivitäten hin.

Die Kombination Feuer/Luft ist auch ein Hinweis darauf, daß viel Begeisterungsfähigkeit in gedankliche Gebilde (»Luftschlösser«) geleitet wird und im Gegensatz zu dem vorigen Beispiel (Feuer/Erde) nicht sosehr von dem Bedürfnis nach konkreter Nachweisbarkeit oder praktischer Anwendbarkeit getragen wird.

Aufnahmefähigkeit und Speicherung (Merkmale der archetypisch weiblichen Elemente Wasser und Erde) sind bei dieser Elementverteilung nur unwesentlich ausgeprägt. Auch ist weder für Feuer noch für Luft die Qualität des Zur-Ruhe-Kommens typisch.

Häufig finden wir übrigens – etwa in dem Bereich Partnerschaftsastrologie – den Versuch eines Partners, eine in ihm selbst gegebene Einseitigkeit in der Elementverteilung durch den Partner auszugleichen, was im vorliegenden Beispiel dazu führen könnte, daß sich unser Feuer/Luft-Typus einen eher Erd/Wasser-betonten Partner sucht, um »über den anderen« zur Ruhe zu kommen.

Zusammenfassung

Die Elementverteilung zeigt einen aktiven bis hyperaktiven Menschen, der durch Spontaneität und Improvisationsgabe besticht. Seine Fähigkeit, sich für etwas zu begeistern, ist allerdings nicht von großer Ausdauer und Konzentrationsfähigkeit (wenig Erde) begleitet, sondern sucht immer wieder nach neuen Reizen. Ideenreichtum und willensmäßige Einsatzfreude sind so ausgeprägt, daß es nicht einfach ist, dabei zur Ruhe zu kommen oder die Umwelt in Ruhe auf sich einwirken zu lassen.

So verlangt die Temperamentslage nach einem bewegten und von vielseitigen Interessen gekennzeichnetes Leben. Die Hyperaktivität kann sich dabei als Raubbau an den Speicherenergien erweisen, andererseits kann gerade hier ein abwechslungsreiches und sehr aktives Leben vitalisierend wirken.

Beispiel 5:

Feuer	: 8 Punkte
Luft	: 30 Punkte
Wasser	: 4 Punkte
Erde	: 30 Punkte

Hier haben wir den klassischen Fall einer »neutralen« leidenschaftslosen Elementkombination. Die Elemente nämlich, die intensive persönliche Motivation – sei es willensmäßiger (Feuer) oder emotionaler Art (Wasser) – andeuten, sind hier unterdurchschnittlich vertreten.

Dagegen zeigt sich in der Luftbetonung das Bedürfnis, die Dinge des Lebens relativierend (quasi geistig freibleibend) zu betrachten und damit eine Beobachterposition aus luftiger Distanz einzunehmen, in der Erdbetonung andererseits der Wunsch, *sachlich-distanziert,* nüchtern auf dem Boden der Tatsachen bleibend, das Leben zu erfahren.

Ist die Feuer/Wasser-Betonung eher das Kennzeichen einer »leidenschaftlich-künstlerischen« Persönlichkeit, so könnten wir hier gegebene Luft/Erde-Betonung als die eines sachlich-objektivierenden Wissenschaftlers verstehen.

Luft tangiert die Umgebung nur »peripher« an der Oberfläche, Erde grenzt sich, indem sie sich auf ihre Form, ihr »Format« zurückzieht, dagegen ab. So macht diese Kombination weitgehend »unberührtes«, objektiveres Betrachten der Umwelt möglich. Die schwächere Beteiligung an der Umwelt kann freilich manchmal auch ein Gefühl des Ausgeschlossenseins (besonders bei viel Erde) vermitteln.

Luft zeigt das Interesse, das Bedürfnis, das Leben »zur Kenntnis zu nehmen«, und ist – so gesehen – das klassische »Journalistenelement«, ein Element, welches ohne Eigenfärbung Informationen entgegennimmt, um sie dann neutral weiterzuvermitteln.

Erde dagegen überprüft die eingegangene Information gründlich auf ihre »Tragfähigkeit« hin, unterwirft sie Versuchen, die ihre praktische Relevanz erweisen sollen, und verwirft, was nicht den Anforderungen an *objektiver* Greifbarkeit genügt.

Sosehr sich diese beiden Elemente im Versuch, das Leben objektiv und neutral zu erfassen, ergänzen und unterstützen, so gegensätzlich können sie in ihrer Vorgehensweise sein. Die Temperamentsunterschiedlichkeit klingt schon an in den Begriffen Sanguiniker (Luft) und Melancholiker (Erde). Die luftig-leichte, eher oberflächlich-vielseitige Eigenart des Luftelementes kann bisweilen der ernsthaft in sich gezogenen, seriösen Qualität der Erde widersprechen. Sich für alles zu interessieren (Luft), andererseits aber einen überdurchschnittlichen Anspruch an Gründlichkeit und »fachspezifische« Beschränkung auf das Wesentliche (Erde) in sich zu tragen, beschreibt den Konflikt, ohne daß es weiterer Worte bedürfte.

Zusammenfassung

Die vorliegende Elementverteilung zeigt uns ein Temperamentsprofil, in dem der sachlich-neutrale Umgang mit dem Leben im Vordergrund steht.

Das Bedürfnis, Informationen zur Kenntnis zu nehmen, ohne sich damit festlegen zu wollen (Luft) und der Anspruch, den Dingen sachlich-skeptisch auf den Grund zu gehen (Erde), sind wichtiger, als willensmäßiges oder seelisches Engagement. Die Leidenschaftslosigkeit ermöglicht so ein hohes Maß an Objektivität, kann aber auch durch die mit ihr verbundene Distanziertheit vereinsamend wirken.

Vielseitigkeit und Bedürfnis nach Konzentration können sich, je nach dem Entwicklungsniveau des Horoskopeigners, ergänzend oder auch erschwerend auswirken.

Beispiel 6:	Feuer	:	5 Punkte
	Luft	:	4 Punkte
	Wasser	:	31 Punkte
	Erde	:	32 Punkte

An diesem Beispiel ist die Dominanz der rezeptiv-reagierenden Elemente das Besondere. Die Temperamentslage weist demnach auf einen Menschen hin, der das Leben vorwiegend aus einer Abwarteposition heraus erlebt, bei dem die Erwartungshaltung an die Umwelt besonders ausgeprägt ist.

Es wird hier schwerfallen, eigeninitiativ an das Leben heranzugehen, sich aus sich selbst heraus gestaltend oder kreativ einzubringen. Vielmehr steht die seelische Aufnahmefähigkeit (Wasser) so stark im Vordergrund, daß man sie mit der Empfänglichkeit eines Schwammes gleichsetzen könnte. Die aus der Umwelt aufgesogenen Eindrücke wollen dann der Erdbetonung

entsprechend gesammelt und gespeichert werden. Diese Tendenz zu »horten« macht es eher schwer, Dinge wieder herzugeben, von ihnen loszulassen.

Die Trägheit dieser Kombination macht ängstlich und unbeweglich gegenüber Veränderungen im Leben, kann aber andererseits auch viel Ruhe und Gemütlichkeit ins Leben hineintragen.

Feuchtigkeit und Erde symbolisieren die Bereitschaft zur Fruchtbarkeit (»lehmige Scholle«), die allerdings von außen herangetragen werden muß. Die Grundhaltung ist hier: »Bitte macht etwas mit mir.«

Obwohl Wasser und Erde keine im Widerspruch zueinander stehenden Elemente sind, gibt es doch wesentliche Abgrenzungen. Kann man das Wasserelement als das Element der Träume, des Sich-gefühlsmäßig-fließen-Lassens betrachten, so ist demgegenüber das Erdelement das »der harten Realität«. So treffen bei dieser Elementkombination Traum und Wirklichkeit aufeinander.

Die Erde verlangt auf dem Boden der Tatsachen zu bleiben, während Wasser sehnsüchtig verträumt dahinfließen möchte. So kann der eigene Konkretheitsanspruch bisweilen der Gefühlswelt im Wege stehen, andererseits die Tatsachenwelt durch Phantasie und Illusion »unterminiert« werden.

Das im Erdelement am stärksten ausgeprägte Sicherheitsbedürfnis setzt der Gefühlswelt teils sinnvolle, teils als Zwangsjacke empfundene Grenzen.

»Gut Ding will Weile haben« ist bei dieser Elementenmischung ein wichtiger Leitsatz, da das subjektive Gefühl von Langsamkeit und der Schwierigkeit, sein Leben aktiv in die Hand zu nehmen, sonst zu einer depressiven Grundstimmung führt. Das Empfinden, daß organisches Wachstum und Reifung eben seine Zeit braucht, um wirklich »solide« (lat. solus = Boden, Erde) zu werden, wirkt da geradezu heilend.

So wie für Feuer der Willen, für Luft das Denken, so sind hier Fühlen (Wasser) und Empfinden (Erde) charakteristisch.

Den Körper als sensorisches Instrument zu verstehen, die Welt mittels der eigenen Körperlichkeit verstehen zu lernen, liegt bei dieser Elementkombination als Aufgabenstellung besonders nahe. So werden nicht nur Außenreize am besten über die Körperlichkeit verstanden, sondern auch Zuwendungen auf materieller Ebene als besonderer Liebesbeweis eingeordnet, denn ein wesentliches Ziel dieser Elementkombination ist der Aufbau von Dingen, die in *dieser* Welt Bestand haben, und dazu sind »wertvoll«-beständige Zuwendungen besonders geeignet.

Zusammenfassung

Wir haben es hier mit einem Typus zu tun, der das Leben vorwiegend passiv rezipiert und aus den von außen kommenden Eindrücken dauerhaftes formen möchte.

Der Temperamentsausdruck ist ruhig-sinnlich bis behäbig-verträumt. Ein ausgeprägtes Sicherheitsbedürfnis führt zum Horten materiell-wertvoller Dinge, in denen eine Bestandsgarantie gesehen wird.

So kann dieser Typus, ohne dabei viel Eigenaktivität oder -initiative einzusetzen, Gemütlichkeit und stoffliche Sicherheit vermitteln; er ist trotz seiner materiellen Abhängigkeit verträumt und gefühlsbetont.

Wie wir an den vorangegangenen Beispielen sehen konnten, läßt sich bereits mittels dieses einfachen Element-Auszählverfahrens bereits eine recht aussagekräftige Charakterisierung erarbeiten, insbesondere wenn wir deutlichere Abweichungen von der Durchschnittsverteilung von je 18 Punkten pro Element vorfinden.

Die Verteilung der Planeten in den vier Quadranten

Die vier Quadranten werden durch die beiden Hauptachsen des Häusersystems, nämlich die horizontal verlaufende Aszendent/Deszendent-Linie und die vertikal verlaufende Medium coeli/Immun coeli-Linie definiert.[4]

Durch diese beiden Linien wird das Horoskop in vier Quadranten zerteilt. Dabei scheidet die AC/DC-Linie das Horoskop in eine über dieser Linie liegende »Kopfhälfte« und einen unter ihr liegenden »Bauchanteil« des Horoskopes.

Die so entstehende obere Horoskophälfte, nämlich die *Taghälfte* (von Sonnenaufgang AC bis Sonnenuntergang DC) beschreibt dabei die bewußten Persönlichkeitsanteile, theoretische Lebensansätze und die eher kopfgesteuerte Sphäre des Lebens, während die untere Horoskophälfte, die *Nachthälfte* (von Sonnenuntergang DC bis Sonnenaufgang AC) die unterbewußten, eher vegetativ verlaufenden, instinktiveren Komponenten der Gesamtpersönlichkeit abbildet.

Daher können wir beispielsweise bei einem Horoskop, welches deutliche Schwerpunkte in der oberen Horoskophälfte aufweist, von einem mehr *kopfbetonten, theoretisch-orientierten* Menschen sprechen, während ein Vorherrschen der unteren Horoskophälfte die Schlußfolgerung auf einen *instinktiveren, emotionaleren, »bauchgesteuerten«* Menschen zuläßt.

Die vertikal verlaufende MC/IC-Linie teilt dagegen das Horoskop in eine linke Hälfte, die auf eine *Ichbetonung* der Persönlichkeit hinweist, und eine rechte Hälfte, die die *Dubezogenheit* oder *Umweltbezogenheit* beschreibt.

Je stärker die Ansammlung von Planeten in der linken Horoskophälfte ist (ganz besonders dann, wenn sie sich um den Aszendenten herum gruppiert), desto mehr wird der Betreffende auf sich selbst zurückgezogen sein oder sich zurückgeworfen fühlen, je deutlicher dagegen die rechte Hälfte betont ist, desto größer wird das Bedürfnis sein, sich in der Begegnung, im Kontakt mit der Umwelt zu erfahren.

Die Linksbetonung meint also eine egozentriertere (ohne die Wertung »egoistisch«), die Rechtsbetonung eine Du-zentriertere Lebensweise.

Es erscheint mir wichtig, darauf hinzuweisen, daß alle Betrachtungsweisen unse-

Die vier Quadranten

rer Deutung keine Werturteile über das betreffende Horoskop sein sollten.

So wie es nicht besser oder schlechter ist, viel Feuer- oder viel Erdanteile zu haben, sondern lediglich die Eigenart des Betreffenden umschreibt (eine Sonnenblume ist auch nicht besser als eine Kastanie, nur anders), so ist es nicht nötig, stolz oder traurig über eine Ich- oder Du-Betonung im Horoskop zu sein. Wertung ergibt sich im-

mer nur im Zusammenhang mit dem Blickwinkel des interpretierenden Astrologen und läßt daher oft mehr Schlußfolgerungen über diesen als über das von ihm gewertete Horoskop zu. Fassen wir die Aussagen aus der Kopf-Bauch-Teilung einerseits und der Ich/Du-Teilung andererseits zusammen, so erhalten wir die vier Quadranten mit den Bedeutungen:

I. Quadrant:	Ich und Bauch (körperliche Ich-Bezogenheit),
II. Quadrant:	Du und Bauch (körperliche Du-Bezogenheit),
III. Quadrant:	Du und Kopf (kopfbetonte Du-Bezogenheit),
IV. Quadrant:	Ich und Kopf (kopfbetonte Ich-Bezogenheit).

So werden wir bei einem Menschen mit Schwerpunkten im I. Quadranten eine starke Beschäftigung mit der eigenen Körperlichkeit finden, das ausgeprägte Bedürfnis, Erfahrungen über den eigenen Körper zu sammeln (z. B. Bioenergetik) oder auch sich selbst viel Zeit für eigene praktische Erfahrungen nehmen zu wollen.

Eine Betonung im II. Quadranten dagegen weist darauf hin, daß auf körperlicher Ebene eine Begegnung mit anderen gesucht wird. Hier läge also etwa die Suche nach körperlicher Nähe in Zärtlichkeit und Sexualität (Nachthälfte und Begegnung) oder andere *konkrete* Arten des Zusammenseins, aber auch das in der Körperlichkeit nach draußen Auftreten.

Der III. Quadrant beschreibt eine kopfbetontere Begegnungsfläche mit der Außenwelt, die wir in bildhaften Beispielen mit dem Erleben eines Flirts, gegenseitiger gedanklicher Anregung, luftig-theoretischer Auseinandersetzung mit dem anderen (unverbindlicherer Art als im II. Quadranten) umschreiben können.

Im IV. Quadranten schließlich liegt die theoretische Beschäftigung mit sich selbst, philosophisches Auf-Sich-Geworfensein, Gedanken über die Einordnung des Ich in die überpersönliche Welt.

Eine schlagwortartige Zusammenfassung der vier Quadranten könnte auch lauten:

I. Quadrant:	»Ich«
II. Quadrant:	»Wir« (familiäre Nähe umschreibend)
III. Quadrant:	»Du« (Auseinandersetzung, Partnerschaft mit anderen kennzeichnend)
IV. Quadrant:	»Man« oder »Überich«.

Wenn wir entgegen dem Uhrzeigersinn durch die vier Quadranten wandern, so können wir feststellen, daß wir von sehr persönlichen in immer unpersönlichere Sphären gelangen.

Beginnend mit dem I. Quadranten, in dem sich das Persönliche in der eigenen Körperlichkeit am deutlichsten zeigt, kommen wir so über den II. Quadranten zu einer Sphäre, in der Intimität durch den körperlichen Kontakt zu anderen beschrieben wird, also einer intimen, familiären Begegnungsfläche, während die Begegnung im III. Quadranten eine zwar freundschaftliche, aber kopfbetonte sein kann, aber doch schon unpersönlicher als im II. Quadranten. Der IV. Quadrant schließlich beschreibt eine körperlich sehr ferne, distanzierte Sphäre.

Im 10. Haus, dem kardinalen Beginn des IV. Quadranten, kommt es demnach – wenn überhaupt – zu einer Begegnung (eigentlich sind wir hier ja schon auf der »Ichhälfte« des Horoskopes), auf eine gesellschaftlich-kühle Art und Weise.

Wollte man den IV. Quadranten dadurch beschreiben, daß man ihn gegen den ihm gegenüberliegenden II. Quadranten durch bildhafte Umschreibung abgrenzt, so könnte man sagen, daß im II. Quadranten als bildhafter Ausdruck der dort herrschenden familiären Intimität die italienische Großfamilie zu Hause ist. Der IV. Quadrant könnte dagegen durch die gesellschaftliche Begegnung auf dem »Wiener Opernball« beschrieben werden, wo jeder um die Wahrung von Form und Format bemüht, mit dem Cocktailglas in der Hand (schwarzweißgekleidet) dem anderen gegenübersteht.

Persönliches oder gar »Intimes« wäre in dieser Sphäre des IV. Quadranten (wo jeder eigentlich für sich allein – linke Horoskophälfte – ist und sich in einer Form zu zeigen bemüht, die er für überpersönlich wichtig hält) ein »fauxpas«, während umgekehrt die etwas steife, für den IV. Quadranten typische kühl-unpersönliche Art im II. Quadranten fehl am Platze wäre.

So kann uns die Verteilung der Planeten im Horoskop zunächst einen Überblick darüber geben, ob wir es mit einer vielseitigen (unerlöst: in die Vielheit gespaltenen, zerrissenen) Persönlichkeit zu tun haben, etwa bei sehr gleichmäßiger Verteilung der Planeten über alle vier Quadranten, oder bei Massierung von Planeten in einem Quadranten eine Konzentration (unerlöst: Beschränktheit) auf einen bestimmten Lebensbereich (= Quadrant) antreffen.

Eine weitere Möglichkeit, die Quadranten zu interpretieren, ist die, den I. Quadranten als »die Sache an sich, in ihrer stofflichen Beschaffenheit« zu betrachten, den gegenüberliegenden III. Quadranten als »die Herausforderung durch die Begegnung oder durch die Welt der Idee«, als das, was von außen als Umwelt entgegentritt. Der II. Quadrant ist dann die »Gestaltung«, der »Schöpfungsakt«, als Vermittler zwischen »dem Stoff an sich« (I. Quadrant) und der ihn herausfordernden Idee (III. Quadrant) und schließlich der IV. Quadrant, »das Ergebnis, das Produkt« oder das »Erwirkte«, wie der Begründer dieses Verständnisses der Quadranten, Wolfgang Döbereiner, es nennt.

Der Aszendent (AC)

Der Aszendent (siehe Abb. S. 37) beschreibt das Grundbedürfnis des Horoskopeigners, das er in seinem Leben verwirklichen möchte.

Bildlich können wir uns das vor Augen führen, wenn wir uns vergegenwärtigen, daß der Aszendent der Osthorizont bei Sonnenaufgang ist. Er ist die Trennschwelle zwischen Bewußtsein (Taghälfte des Horoskopes) und dem Unterbewußten (Nachthälfte des Horoskopes).

So wir wie morgens aus dem Schlaf erwachend aufstehen und die Anliegen des Unterbewußten damit in den Tag hineintragen, so möchte der Aszendent all das, was an unterbewußten Wünschen existiert, in die Sichtbarkeit des Lebens tragen.

So wie wir am Morgen instinktiv spüren, was der Tag an Aufgabenstellungen bringen wird, aber dies alles noch ein wenig in der Verschwommenheit »morgendlicher Schläfrigkeit« verborgen liegen mag, so symbolisiert der Aszendent das oft nicht klar bewußte Anliegen des Menschen an sein Leben, welches sich während seines Lebens erst nach und nach in die Klarheit und Bewußtheit hinein entwickelt, so wie das am Morgen als Tagesthema instinktiv Erspürte sich im Laufe des Tages erst in aller Klarheit zeigt. (Das sich im Laufe des Tages oder analog, des Lebens, in Klarheit Zeigende, läßt sich dagegen, wie Sie vielleicht jetzt schon vermuten werden, am MC, dem Punkt, der den Höchststand der Sonne am Himmel markiert, ablesen.)

Eine sehr schöne Formulierung zu dem Aszendententhema stammt von Wolfgang Döbereiner, der ihn sinngemäß einmal als »das Verwunschene im Märchen« bezeichnet hat, als das, »was durch die Heldenreise des Menschen durch sein Leben aus seiner Verzauberung erlöst werden möchte«.

Im Thema des Aszendenten liegt also unser »Dornröschenschlaf«, der »Froschkönig« in uns, der im Laufe unseres Lebens »wachgeküßt« werden möchte.

Aus dem bisher Gesagten geht schon hervor, daß der Aszendent nicht der bewußteste Anteil unserer Persönlichkeit ist, sondern eher etwas, was in »den Schatten« der Persönlichkeit geraten ist.

Wenn wir den Aszendenten zudem in seiner Eigenart als körperbezogensten Punkt im Horoskop betrachten, so können wir darin ein weiteres Indiz für seine Unbewußtheit entdecken, denn von einem philosophischen Blickwinkel aus betrachtet, den ich hier gerne einnehmen möchte, ist »Verkörperung« Ausdruck von Unbewußtheit. Aus dieser Sicht ist der Weg durch die Körperlichkeit (Inkarnation) so lange nötig, bis letzte Bewußtheit (Erleuchtung) erlangt ist. Wessen sich der Mensch nicht bewußt ist, das wird ihm so lange in der Welt der Verkörperung vor Augen geführt und durch körperliche Erfahrung nahe gebracht, bis es bewußt ist und damit einer Verstofflichung nicht mehr bedarf.

So gesehen ist es klar, daß der die Körperlichkeit am stärksten repräsentierende Punkt des Horoskopes, nämlich der Aszendent, auch die höchste Unbewußtheit (»Schläfrigkeit«, »Verwunschenheit«) abbildet, und damit auch das intensivste Bedürfnis nach Erlösung.

Der Aszendent ist also das unbewußte Anliegen des Menschen an sein Leben, was durch Bewußtmachung erlöst werden möchte.

Zu diesem Anliegen gehört aber nicht nur die Tierkreiszeichenqualität, in der der Aszendent steht, sondern, da er ja die »Spitze« des 1. Hauses ist und damit für das gesamte 1. Haus steht, auch noch all das, was das 1. Haus mitfärbt. Unter Färbung verstehe ich hier sowohl die Wirkung der Planeten, die sich im 1. Haus befinden und daher auch als in die Körperlichkeit gestürzt und somit als unbewußt betrachtet werden können, als auch die des Aszendenten durch ein im 1. Haus eingeschlossenes Tierkreiszeichen.

Von einem solchen eingeschlossenen Tierkreiszeichen würden wir beispielsweise dann sprechen, wenn wir den Aszendenten im Tierkreiszeichen Steinbock vorfinden, und die Spitze des 2. Hauses bereits durch das übernächste Zeichen, nämlich Fische, läuft. In diesem Fall wäre das Tierkreiszeichen Wassermann ein eingeschlossenes Zeichen im 1. Haus (vgl. Abb. S. 41). Die Qualität von Tierkreiszeichen kann nur dann ohne Probleme entfaltet oder freigesetzt werden, wenn durch das Zeichen eine Häuserspitze (auch Häuserachse genannt) läuft. Somit gelten Tierkreiszeichen, durch die keine Achsen laufen, als »eingeschlossene Zeichen«.

Da sich der Wirkungsbereich des Aszendenten aber über das gesamte 1. Haus erstreckt, gehört damit auch ein im 1. Haus eingeschlossenes Zeichen mit zur Aszendentenqualität.

Das Zeichen, durch welches der Aszendent läuft, kann sich nach dem oben erwähnten Grundsatz freilich eindeutiger äußern, weshalb man ein im 1. Haus mit eingeschlossenes Zeichen nur als *mit*-beherrschend ansehen kann.

Zusammenfassend kann damit gesagt werden, daß das Aszendententhema und damit das unbewußte Anliegen des Horoskopeigners zunächst durch drei Komponenten beschrieben wird:

1. durch das Tierkreiszeichen, durch das der Aszendent läuft,
2. durch die Planeten, die im 1. Haus stehen,
3. durch ein im 1. Haus eingeschlossenes Tierkreiszeichen.

Wir können aber nicht nur die Art und Weise der Anlage durch die eben geschilderten Komponenten beschreiben, sondern auch noch die Zielrichtung, auf die sich das Anliegen ausrichtet.

Zu diesem Zweck müssen wir gemäß der Dominationslehre der Astrologie abklären, welches Planetenprinzip den Aszendenten beherrscht, d. h. den *Aszendentenherrscher* oder den sogenannten *Herrscher von 1* (gemeint das 1. Haus).

Die Dominationslehre besagt, daß jedes Tierkreiszeichen von einem bestimmten Planetenprinzip, nämlich dem ihm symbolisch verwandten beherrscht (dominiert) wird. Der das Tierkreiszeichen dominierende Planet (z. B. Mars bei Widder) *trägt* die Energie seines Zeichens dann an den Tierkreisort (in das Zeichen und das Haus), an dem er im Horoskop steht. Er *bezieht* seine Energie aus dem Zeichen und dem Haus, welches er dominiert.

Man spricht dann davon, daß der entsprechende Planet »als Herrscher von...« (z. B. Haus 9) »... nach... (z. B. Haus 7)

Die »Anlage«, hier:
Steinbockaszendent mit eingeschlossenem Wassermann

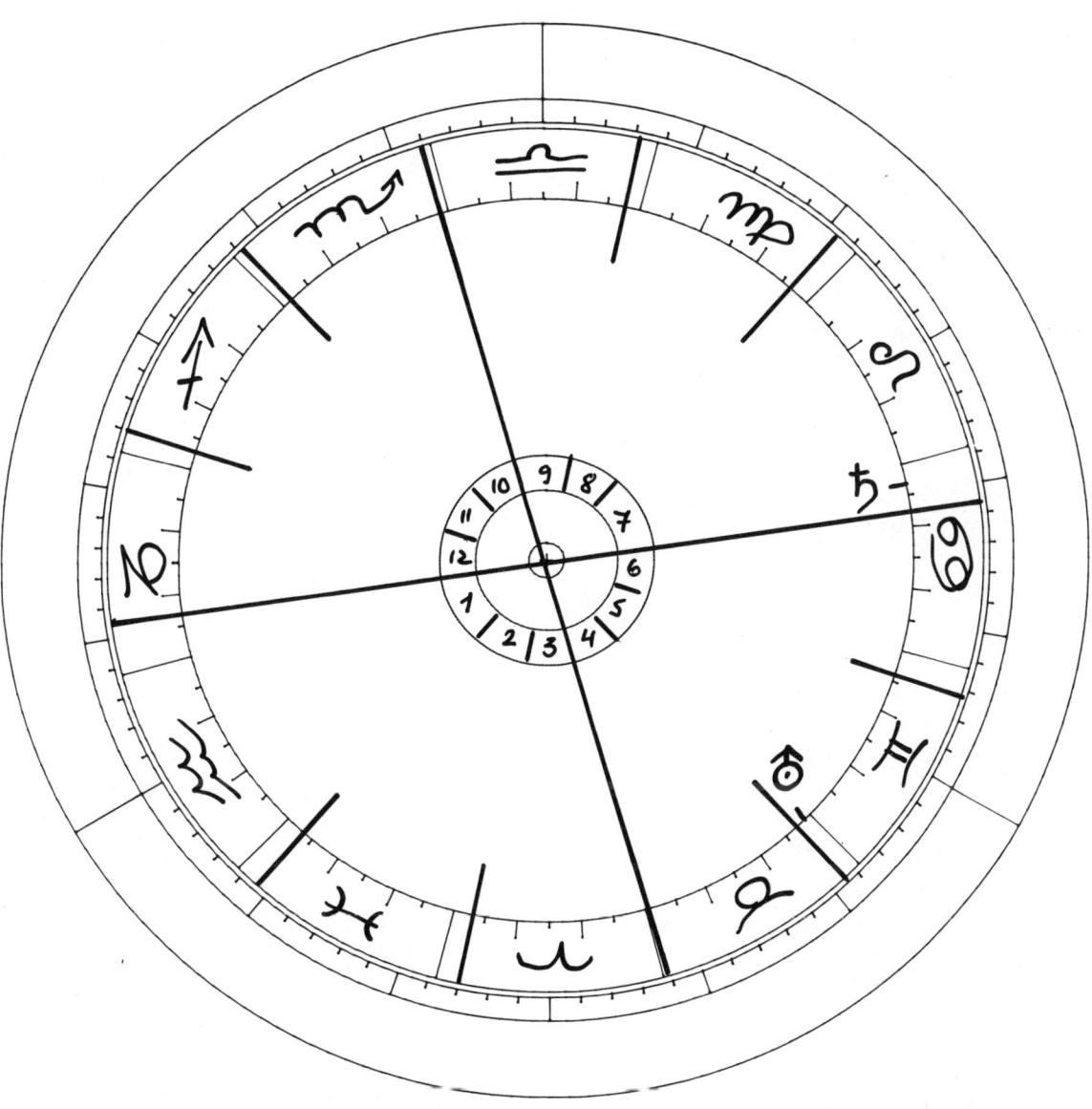

geht«, oder daß er »... aus dem (z. B.) 5. Haus kommt«.

Auf diese Art und Weise können im Horoskop Ausrichtungen von Kräften und Bezüglichkeiten von Lebensbereichen (Häusern) zueinander ermittelt werden.

Steht beispielsweise, wie in unserem nachfolgenden Beispiel, der Saturn bei einem Steinbockaszendenten im 7. Haus, also der »Herrscher von 1 (AC = 1. Haus) in 7«, so bedeutet das, daß das Anliegen (1. Haus) auf die Begegnung (7. Haus) abzielt, weil der das Anliegen dominierende Saturn die Anlageenergien in das 7. Haus trägt. Finden wir im 1. Haus zusätzlich noch ein eingeschlossenes Tierkreiszeichen, so wird der diesem zugeordnete Planet als »Mitherrscher« der Anlage bezeichnet (siehe Abb. S. 41).

In der abgebildeten Beispielzeichnung würden wir also davon sprechen, daß Saturn der Aszendentherrscher oder Herr von 1 ist, mit einem Uranus als Mitherrscher über die Anlage. Denn Wassermann, das von Uranus dominierte Tierkreiszeichen, ist im 1., das Anliegen kennzeichnenden Haus mit eingeschlossen. Wir haben hier also den relativ selteneren Fall von zwei Herrschern von 1, obwohl der Mitherrscher die Anlage nur sekundär mitfärbt, da er sich als Herr über ein eingeschlossenes Zeichen nicht so gut äußern kann, wie hier der Saturn als sogenannter 1. Herrscher von 1.

In den meisten Horoskopen werden wir (mangels eines im 1. Haus eingeschlossenen Zeichens) dagegen nur einen Aszendentherrscher finden.

Wenn wir den Aszendentherrscher ermittelt haben, so ist der nächste Schritt ausfindig zu machen, in welchem Haus und in welchem Zeichen er steht.

So finden wir in obigem Beispiel den Saturn im 7. Haus im Krebs und den Mitherrscher von 1, Uranus, im 5. Haus im Stier.

Durch diesen Schritt haben wir nun ermittelt, auf welchen Lebensbereich (Häuserebene) die Anlage abzielen möchte und welche Färbung (Art und Weise = Tierkreiszeichen) sie dort erfährt.

Um das obige Beispiel durch einen kurzen Deutungsansatz zu erläutern, würde das heißen, daß es dem Horoskopeigner (ablesbar an seinem Steinbockaszendenten) von seinem Uranliegen her darum geht, zu regeln, zu formieren, das Leben zu konturieren oder auch ordnend zu wirken. Der eingeschlossene Wassermann ist dabei ein Hinweis darauf, daß es ihm ebenso ein Anliegen ist, Normen und Grenzen zu sprengen und Eigenart und Besonderheit zu leben. Letzteres (Wassermann-)Anliegen liegt aber nur »latent« in der Anlage vor, es kann wegen seiner Eingeschlossenheit zwar gespürt, aber schwer umgesetzt werden.

Die Tatsache, daß Saturn als Herr von 1 im 7. Haus steht, weist darauf hin, daß der Horoskopeigner sein Bedürfnis nach Regelung und Ordnung vor allem im Bereich der Begegnung mit anderen Menschen (Partnerschaftshaus 7) erleben möchte, sei es durch die Kategorisierung oder Regelung seiner Partner oder (passiv) in dem Gefühl, von anderen kategorisiert bzw. »geregelt« zu werden. Die *Häuserebene* (hier Haus 7) gibt uns also den *Lebensbereich* an, in dem bestimmte Erfahrungen gemacht werden.

Die Tatsache, daß Saturn hier im Krebs steht, zeigt dagegen die *Art und Weise* an, wie das geschieht, nämlich hier (im Krebs) auf seelisch-beeindruckende, weiblich-magnetische Art und Weise.

Uranus als Mitherrscher von 1 im 5. Haus im Stier kann beispielsweise so verstanden werden, daß es ein Mitanliegen des Horoskopeigners ist, das in ihm angelegte Freiheits- und Originalitätsbedürfnis (Wassermann/Uranus) auf der Ebene des persönlichen Ausdrucks (oder noch konkreter: der Sexualität), nämlich dem 5. Haus, auf bodenständige sinnliche, eher rustikal-deftige (Stier) Art und Weise auszuleben, was wegen der Eingeschlossenheit des Wassermannzeichens ein schwerer umsetzbares Anliegen sein dürfte.

Zusammenfassend können wir also sagen, daß wir neben der Grundfärbung des Anliegens eines Menschen (Aszendentenzeichen, Planeten in 1, evtl. eingeschlossenes Zeichen in 1) mittels des Aszendentenherrschers auch die Zielrichtung des Anlagebedürfnisses bestimmen können (Herr von 1 in Haus und Zeichen).

Formulierungen für das Aszendententhema sind etwa:

– »Es ist das Anliegen dieses Menschen ...«
– »Es ist das im Unbewußten angelegte Thema der Persönlichkeit ...«

- »Als Lebensmaterial stehen dem Horoskopeigner zur Verfügung . . .«
- »Der Horoskopeigner beginnt das Leben mit der Aufgabe . . .«

In diese Formulierungsschablone müssen dann die astrologischen Qualitäten für das Tierkreiszeichen des AC, den Herrn von 1 in . . . etc. eingesetzt werden.

Die Sonne

Die Sonne ist, wie wir das täglich erleben, unser Energiespender, der uns Wärme und Kraft gibt. Durch ihr Licht macht sie die Dinge sichtbar. Außerdem können wir beobachten, daß sich unser Leben sprichwörtlich um sie als Mittelpunkt dreht. Wir brauchen also auch hier keine aufwendigen analytischen Betrachtungen, um herauszufinden, wofür die Sonne im Horoskop steht.

Sie ist ein Symbol für Vitalität und Kraft, für Ausstrahlung und Sichtbarmachung, für den Lebensmittelpunkt und den Pesönlichkeitskern.

Ohne den Lauf der Sonne bliebe das Anliegen, das Grundbedürfnis (wie es durch den Aszendenten repräsentiert wird) gleichsam im Morgengrauen liegen, und damit quasi unerlöst. Man könnte bildlich auch davon sprechen, daß die Sonne das Herz repräsentiert (vgl. die Zuordnung der Sonne zum Herzen in der astromedizinischen Betrachtungsweise[5]), welches wir uns fassen, um unser Leben in die Hand zu nehmen.

Der Lauf der Sonne hilft also gleichsam dabei, das Aszendentenanliegen sichtbar, bewußt werden zu lassen. Daher können wir an der Position der Sonne im Horoskop einerseits ablesen, mit welcher Art von Vitalität und Kraft, mit welcher Ausstrahlung der Horoskopeigner sein Anliegen (AC) verwirklicht, und zum anderen, wo er das bevorzugt tut, wo er nämlich seinen »Lebensmittelpunkt« sieht, um den »sich alles dreht«.

Mit Döbereiner[6] möchte ich im folgenden zur Beschreibung der Sonnensymbolik auch häufig den Begriff »*Verhalten*« verwenden, der einige der oben angeführten Aspekte der Sonne in seiner landläufigen Bedeutung zusammenfaßt und damit als Assoziationshilfe gut geeignet ist.

Das *Tierkreiszeichen*, in dem die Sonne steht, ist dabei vor allem die Deutungsgrundlage für die Verhaltens*weise*, für die Art und Weise der Ausstrahlung des Betreffenden, seiner Kraft, mit der er sich ins Leben einbringt, das *Haus*, in dem sich die Sonne befindet, dagegen mehr ein Indiz dafür, in welchem Lebensbereich sich dies bevorzugt abspielt, *wo* derjenige seinen Lebensmittelpunkt sieht.

Entsprechend der Sonnenqualität ist dem Horoskopeigner seine Verhaltensweise (Sonne) auch bewußter[7], als etwa das Aszendententhema, sein Anliegen an sein Leben.

Formulierungshilfen für den Sonnenstand wären etwa:

- »Die Verhaltensweise (und persönliche Ausstrahlung) von X ist besonders gekennzeichnet durch . . .«
- »Seinen Lebensmittelpunkt (das Zentrum seiner Selbstverwirklichung) sucht X vor allem in folgenden Bereichen (Häuserebene) . . .«
- »Auf folgende Art und Weise (Sonnenzeichen) sucht X sein Anliegen zu verwirklichen . . .«

Wollen wir aber nicht nur die Kraft, mit der der Horoskopeigner seine Bewußtwerdung betreibt, näher betrachten, sondern auch die innerseelische Grundhaltung, mit der er das tut, so müssen wir uns dem nächsten Punkt unserer Grundanalyse zuwenden, dem Mond im Horoskop.

Der Mond

Kann die Sonne als vitalitätsspendender Lebenskern verstanden werden, so symbolisiert der Mond die Reaktion darauf. Er hat keine eigene Energie wie die Sonne, sondern bezieht sich auf sie, nimmt Energie

(Licht) auf, modifiziert sie durch seine Eigenart und spiegelt sie dann wider.

Er »hängt« an der Erde, dreht sich primär um sie (wie ein Kind an seiner Mutter hängt und umgekehrt) und hat offensichtlich, wie wir nicht nur an Ebbe und Flut sehr deutlich ablesen können, starke magnetische Kräfte.

In allen Völkern ein Symbol für Fraulichkeit, Mütterlichkeit und die Form »anziehender Liebe« (»Mondscheinnächte« als Stimmung für Liebespaare), repräsentiert er im Horoskop nicht nur die archetypische Weiblichkeit, sondern auch, weitergehend in die Abstraktion »Fremdbezüglichkeit«, »Zuwendung« und »Erwartungshaltung«, »Reflexion«, »periodische Wandlung« (Mondphasen), »Anhänglichkeit« und »Magnetismus«, um nur einige zu nennen.

Von den beiden »Lebenslichtern« der Astrologie, Sonne und Mond, repräsentiert er die nächtliche und damit unsichtbarere, aber deshalb nicht weniger wichtige Komponente unseres polaren Lebens.

Er wird in seiner Bedeutung in der westlichen, sonnenorientierten Astrologie eher unterschätzt, ganz im Gegensatz etwa zur indischen Astrologie, in der er weit mehr gewürdigt wird.

Hier kann man eine Parallele zu der bei uns vorherrschenden patriarchalischen Grundeinstellung (Sonne) erkennen, in der das Weibliche eher stiefmütterlich behandelt wird.

Macht man sich klar, wie wichtig die archetypisch-weibliche Seite des Lebens für uns ist, so gelangt man auch zu einer richtigen Einschätzung von Bedeutung und Stellenwert des Mondes im Horoskop.

Der von ihm (im Gegensatz zur Sonne = Tag = Yang) verkörperte Nachtaspekt (= Yin) des Lebens trägt vorwiegend zur *Regeneration und Kräftesammlung* bei, um am darauffolgenden Tag wieder »männlich-aktiv« (Sonne) am Leben teilnehmen zu können.

In der »Unscheinbarkeit« der Nacht laufen nicht nur so wesentliche Dinge ab wie die körperliche Regeneration, sondern auch in der Traumarbeit eine Reinigung und Erholung der Seele[8]. Darin erkennen wir deutlich die Entsprechung zu der »undankbaren« weiblichen Aufgabe, durch die im stillen ablaufende »Hausfrauenarbeit« ein Klima der Regeneration und Erholung (für den Mann = Sonne) zu schaffen.

So wie die Sonne aber gleichsam immer im »Rampenlicht der Beachtung« steht und damit auch sichtbare Anerkennung erfährt, führt der Mond ein »Schattendasein«, und sein Beitrag zum Leben wird – bei vordergründiger Betrachtungsweise – oft als ebenso nebensächlich eingestuft wie »Hausfrauenarbeit«, die ebenso selbstverständlich zu funktionieren hat, wie die nächtliche Regeneration. Träume werden so wenig wichtig genommen wie »weibliche Logik«, Ruhe und Entspannung als weniger wichtig angesehen als Anspannung, Leistung und Aktivität.

Ich habe diesen Gedanken hier deshalb etwas ausführlicher behandelt, weil ich meine, daß zu einer profunderen Horoskopdeutung das Verständnis von der Bedeutung des Mondes ebenso entscheidend ist, wie in unserer heutigen Zeit das Verständnis um die Bedeutung des archetypisch Weiblichen für unser Leben (Wissen um die Bedeutung des Vegetativen, Natürlichen, um die Grenzen der Belastbarkeit von »Mutter Natur« etc.).

Zusammenfassend kann man sagen, daß der Mond im Horoskop einmal die archetypisch-weibliche Seite des Horoskopeigners beschreibt, seine Fähigkeit, das Leben und seine Informationen aufnehmen zu können (»sich vom Leben schwängern zu lassen«), auf das Leben reflektierend zu antworten, sich zu sorgen und umsorgen zu lassen. Er repräsentiert die »Antenne« für Stimmungen und Klima in Situationen, und damit die innerseelische Grundhaltung, aus der das Leben erfahren wird. Aus seiner Position im Horoskop können wir also weniger ablesen, wie sich der Betreffende gibt (Verhalten = Sonne), sondern, wie er sich »fühlt«.

Dabei zeigt uns – wie schon bei der Sonne erwähnt und auch für andere Planetenbetrachtungen gültig – das Tierkreiszeichen die *Art und Weise* des Fühlens, und die Häuserposition des Mondes den *Bereich* an, für den der Betroffene besonders empfänglich ist, in den er besonders gerne seine »Antenne« ausstreckt.

Formulierungshilfen für die Mondpositionen wären etwa:

– »Die Gefühlslage von X könnte man mit folgenden Worten charakterisieren . . .«
– »X fühlt sich besonders zu folgenden Lebensbereichen (Häuserebenen) hingezogen . . .«
– »Die innerseelische Einstellung, die weiblichen Seiten von X sind durch . . . charakterisiert.«

Damit kommen wir zum letzten Punkt der Grundstruktur, der zur Ausarbeitung unseres »Horoskopskeletts« wichtig ist, dem Medium Coeli (MC).

Das Medium Coeli[9] (MC)

Der MC ist astronomisch gesehen der Punkt, wo die Sonne ihren Höchststand an der »Himmelsmitte« erreicht. Symbolisch übersetzt meint das den Höchststand der Bewußtheit, der Sichtbarkeit (im Licht der Sonne). Es ist der Punkt, wo das (Sonnen-) Licht der Bewußtheit am wenigsten Schatten produziert. Bezeichnenderweise ist das keine Beleuchtung, die künstlerisch besonders attraktiv ist, wie mir jeder Fotograf oder Maler bestätigen wird. Das sanfte Spiel von Licht und Schatten am Nachmittag oder die sprichwörtlich »attraktivere« Sonnenuntergangssituation (Deszendent!) sind der Wirklichkeit gegenüber »gütiger« und »schmeichelnder« als die »schonungslose« Beleuchtung (Klarheit) der Mittagssonne.

Aber ebenso hart wie das Mittagslicht bringt der MC »ans Tageslicht«, was die sichtbare Welt zu bieten hat. Er entspricht dabei stimmig der Analogie des 10. Hauses

(der MC ist ja die Spitze des 10. Hauses) zum Tierkreiszeichen Steinbock und dessen Planetenprinzip Saturn, wo wir dieselbe schonungslose Sicht der Wirklichkeit wiederfinden. Und ebenso, wie die Mittagssonne nur die sichtbare Welt zu enthüllen vermag, so sieht Steinbock nur die Wahrheit der greifbaren Realität (Erdzeichen), leitet Wahrheit ethymologisch von War-heit ab (Wahrheit ist danach nur das, was als eigene Erfahrung *war*).

Hier zählt nur das konkret Nachweisbare, das, was sich an den herrschenden Gesetzen dieser Welt messen läßt, Erfolg aus »belegbarem Werdegang«.[10]

Das 10. Haus symbolisiert nach dem oben Gesagten aber auch das Bedürfnis nach »Schattenlosigkeit«, also einer Wirklichkeit, die keine Schattenseiten kennt. Hierin wird der überpersönliche, gleichsam auf die Mitte des Himmels gerichtete Anspruch auf Reinheit (vgl. dazu die Steinbocksymbolik) deutlich, der Wunsch nach »Prominenz« (ohne Schattenseiten in den Himmel herausragend) und Aufstieg in (gesellschaftlichen oder auch andersgearteten Hierarchien).

Der MC ist damit die klare, schonungslose Sichtbarmachung oder Bewußtwerdung. An ihm zeigen sich Ergebnisse, Fakten, das Bewirkte oder Erwirkte, der Erfolg, das »Produkt« des Lebens. An ihm können wir ablesen, was sich aus der Kombination des Anliegens (AC) eines Menschen und seinem Verhalten (Sonne) als Ergebnis herausstellt.

Im MC kann aber nicht nur die Wirkung des Betreffenden auf seine Umwelt oder auf das von ihm Erwirkte (Ergebnis seines Seins) abgelesen werden, sondern auch seine *»Absichtserklärung an das Leben«*.

Der MC verkörpert im Horoskop das, was der buddhistische Gedanke umschreibt, der da lautet: »Du bist, was du denkst, und du wurdest, was du dachtest.« Im MC, der »Spitze der Kopfbetonung des Horoskopes«, liegt die Kraft geformter Gedanken und der sich aus ihnen ergebenden Wirkung. Hier liegt die abstrakte Welt der

Ideen und damit auch die ganzen, aus ihr entspringenden Konsequenzen. Was später als War-heit entsteht, wird hier auch durch ideelle Absichtserklärung geschaffen.

Bei exakter philosophischer Betrachtung darf diese ideelle Absichtserklärung allerdings nicht mit einem Willensakt gleichgesetzt werden (wie wir am Mandala des Horoskopes deutlich am Fehlen des Feuerelementes als Willenselement im IV. Quadranten erkennen können). Es handelt sich dabei um das originäre Entstehen einer Idee in konzentrierter Form.

So wie im dem MC gegenüberliegenden IC (und damit im 4. Haus) körperliches, organisches Leben Form annimmt (4. Haus = Mutterschaft, Empfängnis, Foetus), so können wir das 10. Haus und damit den MC als »geistige, anorganische Schwangerschaft« verstehen. Hier nimmt die Idee ebenso Form an wie im IC die Materie (lat. mater = Mutter), mit ebenso weitreichenden Konsequenzen.

Zusammenfassend können wir zum MC vorläufig folgendes festhalten:

Der MC ist die finale Absichtserklärung, die Geisteshaltung des Horoskopeigners sowie das Ergebnis, die Folge seines Denkens und Verhaltens in dieser Welt. Er zeigt klar und deutlich, was sich als Synthese aus dem Anliegen des Betreffenden und der dafür eingesetzten Verhaltensweise im Endeffekt ergibt.

Was im AC (»Morgengrauen«) angelegt ist, kommt im MC (»hellstes Tageslicht«) so zum Vorschein, wie es die Sonne (Verhalten des Menschen) dorthin gebracht hat.

Wie sich das Thema des MC im einzelnen Horoskop ausdrückt, geben uns, in gleicher Weise wie schon beim AC besprochen, maximal drei Faktoren an:

1. Das Tierkreiszeichen, durch welches der MC läuft,
2. ein eventuell mit eingeschlossenes zweiten Zeichen,
3. der oder die Herrscher der betreffenden Tierkreiszeichen,

wobei sich an der Position dieser Herrscher in Haus und Zeichen wiederum ablesen läßt, wohin (Haus) die Zielsetzung des MC adressiert ist, und auf welche Weise (Zeichen) sie zum Ausdruck kommt (vgl. Abb. S.37).

Formulierungshilfen für den MC wären etwa:

- »In seiner Geisteshaltung strebt X nach . . .«
- »Im Resultat seines Lebens ergibt sich für X . . .«
- »X fühlt sich zu . . . berufen«
- »Als Perspektiven der Persönlichkeit existieren . . .«
- »Öffentliche Geltung erlangt X durch . . .«

Wenn wir an dieser Stelle der Horoskopdeutung angelangt sind, so haben wir uns das »Skelett«, die Grundstruktur der Persönlichkeit bereits im Überblick erarbeitet.

Als nächster Schritt folgt nun die Erarbeitung der Feinstruktur des Horoskopes.

Bausteine der Feinstruktur

Zu den Einzelelementen der Feinstruktur gehören:

- die Aspekte
- die Halbsummen oder Planetenbilder,
- die Mondphase,
- der Glückspunkt,
- die Mondknotenachse,
- die Planetenrückläufigkeit,
- Sonstiges.

Die Aspekte

Unter Aspekten verstehen wir definierte Beziehungen von Horoskopfaktoren (Planeten, Häuserspitzen, sensiblen Punkten) zueinander.

Dabei können wir als in der Astrologie gebräuchlichste und uns hier vor allem interessierende Beziehungen folgende Aspekte unterscheiden:

1. die Konjunktion (0 Grad Abstand von zwei oder mehr Faktoren zueinander),
2. die Opposition (180 Grad Abstand),
3. das Trigon (120 Grad Abstand),
4. das Quadrat (90 Grad Abstand),
5. das Sextil (60 Grad Abstand),
6. das Halb- oder Anderthalbquadrat (45 Grad bzw. 135 Grad Abstand),
7. das Quincunx (150 Grad Abstand),
8. das Halbsextil (30 Grad Abstand),
9. sonstige Aspekte.

Wir sprechen also von einem Aspekt, wenn zwei oder mehrere Horoskopfaktoren in einem bestimmten, in Graden definierten Abstand voneinander stehen.

Steht beispielsweise die Sonne auf 5 Grad Widder und der Jupiter auf 5 Grad Löwe, so haben diese beiden Faktoren einen Abstand von 120 Grad zueinander, und wir würden das als ein Trigon zwischen Sonne und Jupiter bezeichnen.

Freilich wird in den seltensten Fällen ein exakter, d. h. gradgenauer Aspekt vorliegen, weshalb sich schnell die Frage stellt,

wann noch ein gültiger Aspekt vorliegt. Ist beispielsweise ein Abstand von 125 Grad zwischen Sonne und Jupiter noch als Trigon zu werten, oder ist dieser Abstand schon zu groß.

Dies ist die Frage nach dem sogenannten *Orbis* (= *Umkreis*), innerhalb dessen noch gültige Winkelbeziehungen (Aspekte) gegeben sind.

Dieser Orbis ist ganz einfach zu ermitteln.

Sie erinnern sich sicher an die Bewertung einzelner Horoskopfaktoren bei der Auszählung der Elemente. Wir gaben dabei folgende Wertigkeitspunkte:

Sonne	=	10 Punkte
Mond	=	8 Punkte
Merkur	=	5 Punkte
Venus	=	5 Punkte
Mars	=	5 Punkte
Jupiter	=	5 Punkte
Saturn	=	5 Punkte
Uranus	=	4 Punkte
Neptun	=	4 Punkte
Pluto	=	4 Punkte
(Aszendent	=	10 Punkte)
(MC	=	7 Punkte)
alle anderen	=	0 Punkte

Mit Ausnahme der hier eingeklammerten Werte für AC und MC brauchen wir diese Werte nun auch zur Ermittlung des Orbis.

Wenn wir untersuchen, ob ein gültiger Aspekt zwischen Horoskopfaktoren gegeben ist, so addieren wir die Werte der im vermuteten Aspekt zusammentreffenden Faktoren und teilen das Ergebnis durch zwei, um so zum *gemeinsamen Orbis* zu gelangen.

Beispiel

Wir vermuten ein Trigon zwischen Sonne und Jupiter, da beide etwa 120 Grad Abstand voneinander haben. Sonne hat nach obiger Tabelle einen Orbis von zehn

Grad, Jupiter dagegen von fünf Grad, woraus sich ein gemeinsamer Orbis von $(10 + 5) : 2 = 7,5$ Grad ergibt. Das bedeutet, daß noch ein Trigon zwischen Sonne und Jupiter vorliegt, wenn beide einen Abstand von plus/minus 7,5 Grad von 120 Grad haben, also 112,5 bis 127,5 Grad.

Wie Sie sehen, hängt die Größe des Orbis von den im Aspekt zusammentreffenden Faktoren ab.

Zwischen Mond (Orbis = 8) und einer Häuserspitze (Orbis = 0 gilt auch für AC und MC) entsteht also ein gemeinsamer Orbis von $(8 + 0) : 2 = 4$ Grad, zwischen Venus (Orbis = 5) und Neptun (Orbis = 4) ein gemeinsamer Orbis von $(5 + 4) : 2 = 4,5$ Grad.

Wichtig ist auch, sich zu merken, daß die sich durch obige Rechnung ergebenden Orben nur für die sogenannten »großen« Aspekte gelten, nämlich die Aspekte 1.–5. (Konjunktion bis Sextil) wie oben aufgeführt. Für die »kleinen« Aspekte gilt der halbe Wert. Das heißt, daß ein Quadrat (»großer« Aspekt) zwischen Venus und Mars 5 Grad vom exakten Aspekt abweichen darf (also von 85 bis 95 Grad Abstand), ein Quincunx (»kleiner« Aspekt) zwischen denselben Planeten dagegen nur $5 : 2 = 2,5$ Grad [also von 147,5 bis 152,5 Grad]).

Damit ist alles rein technisch Wichtige zu den Aspekten gesagt, und wir können uns der *Bedeutung des Aspekte* zuwenden.

Die Konjunktion

Die Konjunktion ist der Aspekt, in dem sich mehrere Horoskopfaktoren auf ein und demselben Tierkreisgrad vereinigen. Er vermischt also die in ihm zusammentreffenden Qualitäten. Es ergibt sich aus der Natur der Sache, daß sich nicht alle Faktoren gleich leicht vereinigen lassen.

So wird es sehr von der Qualität der in der Konjunktion vereinigten Prinzipien abhängen, ob es sich um eine sehr angespannte, explosive Konjunktion handelt, oder eine sich harmonisch ergänzende.

Vereinen sich in der Konjunktion etwa so ähnliche Prinzipien wie Sonne und Jupiter (beides ausdehnende »Feuerplaneten«), so wird es hier kaum Spannung, sondern eher gegenseitige Unterstützung geben. Treffen aber beispielsweise der zentrifugale Energie verkörpernde, »stürmische« Uranus und der zentripetale Kräfte symbolisierende Saturn aufeinander, so wird sich daraus im wahrsten Sinne des Wortes eine explosive Mischung ergeben.

Die Qualität der Konjunktion ist, im Gegensatz zu den meisten anderen Aspekten, für sich selbst gesehen eine neutrale. Sie erhält ihren Charakter vor allem aus der Mischungseigenart der in ihr vereinigten Prinzipien.

Darüber hinaus hat sie den ihr eigenen Charakter der Einheit, weshalb sie symbolisch auch als Aspekt mit »Sonnencharakter« (Sonne = Symbol der Einheit) gelten kann.

Einheit bringt Subjektivität, da es noch kein objektives Auseinanderhalten der Dinge gibt. So kann sich die Konjunktion als untrennbare Vermischung von Prinzipien unerlöst als mangelndes Differenzierungsvermögen zwischen den Qualitäten der in der Konjunktion zusammengeschlossenen Prinzipien äußern, erlöst aber als sich ergänzende Einheit.

Da eine wichtige Regel der Astrologie lautet, daß ein Aspekt um so stärker ist, je weniger man den Kreis teilen muß, um den entsprechenden Aspekt zu erhalten, gilt die Konjunktion nach dieser Regel als stärkster Aspekt.

Beispiel

Jupiter Konjunktion Mars: Die Entscheidungsfähigkeit und Tatkraft (MA) ist hier untrennbar mit dem ethischen Empfinden (JU) gekoppelt. Es fällt hier schwer, etwas zu tun (MA), ohne den Sinn (JU) dabei zu sehen. Aktivität (MA) kann hier besonders gut im Rahmen von Reisen (JU) oder philosophischen und religiösen Themenkreisen (JU) freigesetzt werden.

Die Konjunktion

Wenn es um jovische oder martialische Themen geht, fällt es dem Horoskopeigner schwer, sich objektiv und differenziert zu verhalten. Es kommt hier zu sehr subjektiven (Konjunktion) Äußerungen.

Die Opposition

In der Opposition stehen zwei oder mehr Deutungsfaktoren in 180 Grad Abstand zu-

einander, also im Tierkreis gegenüber. Der Oppositionsaspekt teilt demnach den Tierkreis in zwei Hälften.

Hier finden wir den größten Gegensatz zur Konjunktion, in der buchstäblich nichts auseinandergehalten werden kann, sondern alles in der Form subjektiven Einheitsempfindens vermischt ist. In der Opposition dagegen können die durch den Aspekt verbundenen Faktoren am besten ausein-

Die Opposition

andergehalten werden. Der Horoskopeigner, der sich astronomisch gesehen im Mittelpunkt des Horoskopes befindet, sieht sich quasi zwischen den opponierenden Antipoden.

Es entsteht so gleichsam ein Balanceakt mit der Aufgabenstellung, zwischen den in Opposition befindlichen Faktoren zu vermitteln, sie gegeneinander abzuwägen, in ihrer Gegensätzlichkeit miteinander zu ver-

gleichen und unterscheiden zu lernen, um sie schließlich trotz ihrer Gegenläufigkeit vereinigen zu können.

Es ergibt sich aus dem oben Gesagten wie von selbst, daß es um so leichter fallen wird, die Spannung einer Opposition in eine fruchtbare Ergänzung zu transformieren, je höher das Entwicklungsniveau des Horoskopeigners ist, denn die Entwicklungshöhe läßt sich in einem Horoskop ja gerade an der Vereinbarkeit der Antipodenzeichen einer Tierkreisachse messen.[11]

Man kann demnach die Opposition als Aspekt bezeichnen, der eine Anspannung durch die Gegensätzlichkeit der durch ihn verbundenen Faktoren mit sich bringt, eine Anspannung, die sich je nach dem Entwicklungsniveau des Horoskopeigners entweder in einem Zerrissenheitsgefühl zwischen unvereinbar erscheinenden Gegensätzen, in einer subjektiv unlösbar erscheinenden Alternative zwischen zwei Möglichkeiten darstellt, oder aber als Erkenntnis vermittelnde Fähigkeit, Dinge getrennt voneinander und im Vergleich zueinander beurteilen zu können, sie als ergänzende Teile eines Ganzen sehen zu können, und sie durch diese Erkenntnis zu einen.

Die geometrische Figur, die durch den Oppositionsaspekt im Tierkreis entsteht, ist der Halbkreis. Schon dies ist ein Hinweis auf den lunaren Charakter dieses Aspekts, da der Halbkreis ja das Symbol für den Mond darstellt.[12]

Darüber hinaus kann die mondhafte Qualität der Opposition aus der gegenseitigen Spiegelungswirkung (reflektierender Aspekt) der opponierenden Faktoren entnommen werden, denn der Charakter des Mondes ist es, fremde Energie (z. B. Sonnenlicht) reflektorisch wiederzugeben.

Schließlich kommt in der Opposition die DU-Bezüglichkeit am deutlichsten zum Ausdruck, eine Eigenschaft, die im urweiblichen Thema des Mondes viel stärker enthalten ist wie in archetypisch-männlichen Planetenprinzipien.

Diese Subjekt-Objekt-Situation – wie sie in der Opposition am klarsten zutage tritt – haben auch alle anderen, auf der Zweiteilung des Tierkreises aufbauenden, sogenannten *analytischen Aspekte*[13], die man daher auch als solche bezeichnen kann, die besonders erkenntnisreich sind.

Beispiel

Mars Opposition Jupiter: In seinem Tun (MA) sieht sich der Horoskopeigner Wertungen (JU) anderer ausgesetzt, fühlt sich zwischen Toleranz (JU) und Durchsetzungsbedürfnis (MA) hin und hergerissen, muß lernen, die sich anfangs widersprechenden Kräfte von Eigenwillen (MA) und ethischen Gesetzen (JU) auf einen Nenner zu bringen.

Wenn es um Jupiter/Mars-Themen geht, sieht sich der Horoskopeigner Entscheidungsproblemen ausgesetzt, findet aber Alternativen vor.

Das Trigon

Das Trigon mit 120 Grad Abstand zwischen Horoskopfaktoren zeichnet im Tierkreis die geometrische Figur eines gleichschenkligen Dreiecks und weist damit auf den Charakter der Synthese hin. Im exakten Trigon (zu den unexakten Aspekten vgl. den Abschnitt zum Thema »Orbis«, S. 47) sind immer Faktoren verbunden, die in Tierkreiszeichen gleicher Elementenqualität stehen, was die spannungsfreie, dynamisierende Eigenart dieses Aspekts zeigt.

Betrachtet man den Kreisradius im Tierkreis als den dem Horoskopeigner zugestandenen »Aktionsradius« und die Aspektverbindung als einen Schritt innerhalb eines Entwicklungszyklus' (s. Abb. S. 52), so ist für das Trigon ein Durchmessen des Entwicklungskreises in drei »Siebenmeilenschritten« typisch, von denen jeder einzelne weit über den zugestandenen Aktionsradius hinausgeht; das Aspektsegment ist größer als der Radius.

Dieses weitausgreifende Vorgehen kann – wie übrigens auch die Zahl 3, auf der dieser Aspekt beruht – der Symbolik des Jupiter zugeordnet werden, weshalb wir das Trigon als »jovischen« Aspekt bezeichnen können.

Der jupiterhaften Grundnatur dieses Aspektes entspricht es auch, daß ein Entwicklungszyklus (eine Kreisumrundung) nicht nur mit drei Riesenschritten spannungsfrei innerhalb desselben Elements abläuft, sondern dabei auch jeder einzelne Schritt ohne herausfordernde Konfronta-

Das Trigon

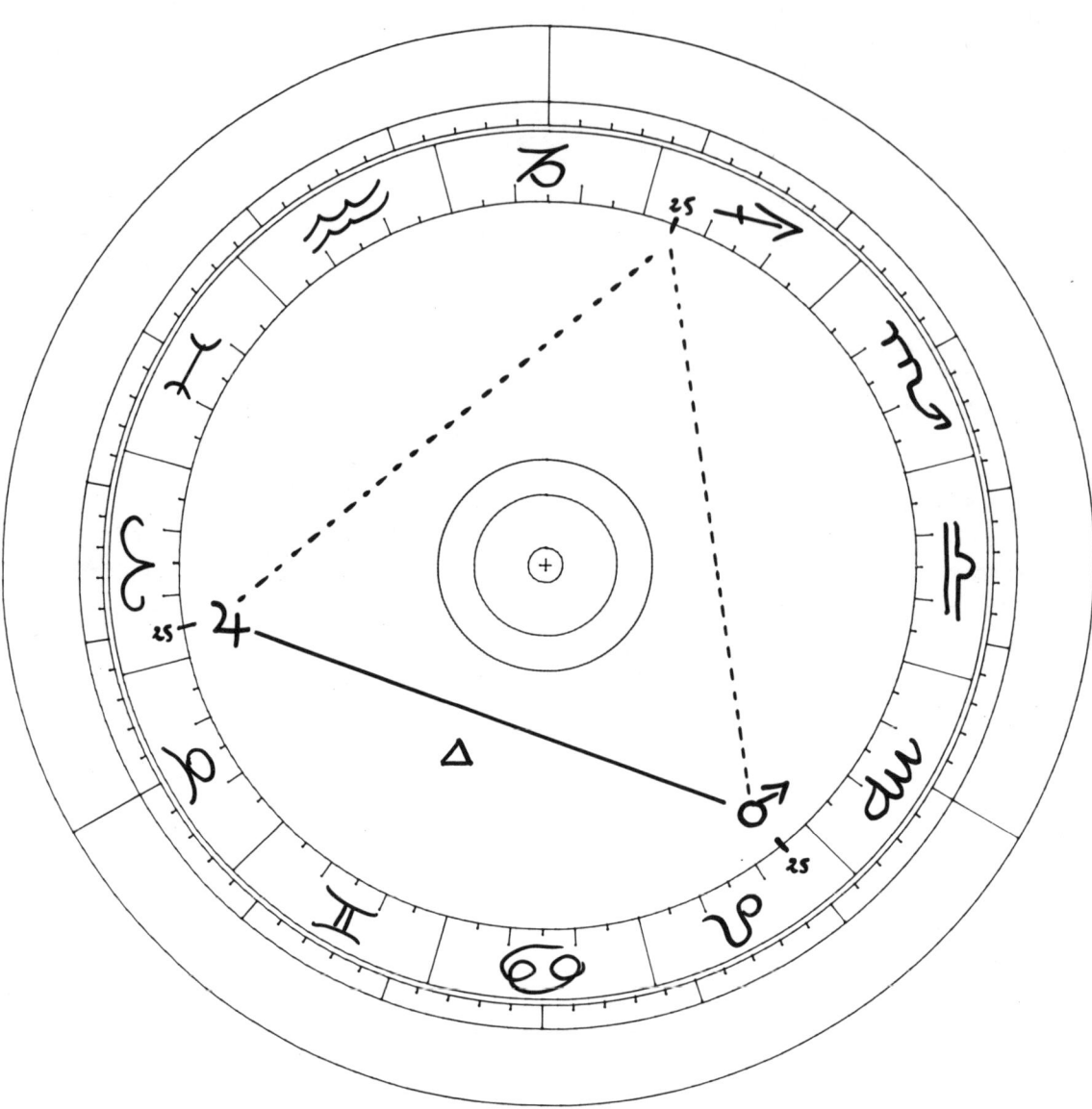

tion bleibt (keine Oppositionspunkte zu den »Stationen« der Kreisumrundung). Thomas Ring nennt es »das einfache widerspruchslose Rückgewinnen des Ansatzes nach aufgegriffener Beziehung«.[14]

Die Widerspruchslosigkeit ist auch daran erkennbar, daß bei exakten Trigonaspekten immer Faktoren miteinander verbunden werden, die im gleichen Element stehen (z. B. Feuer mit Feuer, Luft mit Luft etc.).

Das Trigon ist der größte und stärkste der auf der Dreiteilung des Kreises aufbauenden, sogenannten *synthetischen* Aspekte.

Diese Aspekte (Trigon, Sextil, Halbsextil) haben einen entspannten, vereinigenden, reibungsloseren Charakter und wurden in der alten (Vulgär-)Astrologie als »gute« Aspekte im Gegensatz zu den »schlechten« Spannungsaspekten (Opposition, Quadrat, Halbquadrat, Anderthalbquadrat) bezeichnet.

Das sogenannte »Gute« dieser Aspekte liegt aber vor allem in der größeren »Annehmlichkeit«, die sie für den Horoskopeigner mit sich bringen. Die erkenntnisträchtigeren Aspekte, die den Horoskopeigner – allerdings über mehr Leid – reifen lassen, sind freilich die sogenannten »schlechten« Spannungsaspekte, die kein bequemes »Wohlsein« ermöglichen, sondern einen spannungsreichen Individuationsweg des über Erfahrung »Heil-werdens«.

Der Unterschied der auf der Zweiteilung des Kreises aufbauenden analytischen Aspekte, die man in Anlehnung an musikalische Betrachtungsweisen auch als »Dur«-Aspekte oder harte Aspekte bezeichnen kann im Gegensatz zu den weichen »Moll«-Aspekten, liegt auch darin, daß die (harten) Spannungsaspekte eine größere Neigung zur Materialisierung zeigen, während die weichen Aspekte ihre Wirkung mehr im geistigen und damit nicht so sichtbaren Bereich entfalten.

Diese Unterscheidung hat besondere Relevanz in den Themenbereichen der Astromedizin, da die Somatisierung einer psychischen Problematik besonders an »Dur«-Aspekten deutlich wird.

Die Tatsache der stärkeren Verkörperungsneigung (und damit des Sichtbarwerdens) von in Spannungsaspekten angelegten Dispositionen hat manche Astrologen dazu veranlaßt, die weiche Aspektreihe (Trigon, Sextil, Halbsextil) bei der Deutung fast ganz zu vernachlässigen, da die entsprechenden Themenkreise angeblich zu wenig spürbar oder sichtbar werden.[15]

Ich persönlich halte das für eine unzulässige Vereinfachung, die auf wesentliche, in den weichen Aspekten sichtbare Veranlagungen verzichtet, auch wenn ich bestätigen kann, daß sich Spannungsaspekte sehr viel deutlicher manifestieren.

Häufig ergibt sich nämlich gerade auch in so locker-dynamischen Aspekten wie dem Trigon eine Spannung durch die schwierige Vereinbarung der im Aspekt verbundenen Deutungsfaktoren.

Beispiel

Jupiter Trigon Mars: Begeisterungsfähigkeit (JU) im Tun (MA), Kraft (MA) durch Freude (JU), dynamisches, überblickendes, Sinnzusammenhänge sehendes (JU) Handeln (MA).

Es fällt leicht, die Themenkreise »Mars« und »Jupiter« miteinander zu verbinden; sie ergänzen sich auf dynamische Art und Weise.

Das Quadrat

Der sich aus der Vierteilung des Kreises ergebende Quadrataspekt mit 90 Grad Abstand zwischen Horoskopfaktoren trägt bildlich gut sichtbar die Qualität des Kreuzes und des Quaders in sich.

Auch im Quadrat möchte der einzelne Schritt im Entwicklungskreis über den zugestandenen Aktionsradius hinaus (Aspektsegment größer als Kreisradius), wird hier aber in jeder Station der Kreisumrundung durch einen opponierenden Gegenpunkt und durch buchstäblich in die Quere kommende Tendenzen (Kreuzaspekt) in diesem Entfaltungsbedürfnis in Frage gestellt.

Darüber hinaus wird der Spannungscharakter des Quadrates auch in der Tatsache deutlich, daß – zumindest bei exakten Quadraten – immer Faktoren miteinander verbunden werden, die in Elementen verschiedener Polarität stehen (z. B. Feuer + mit Wasser –, oder Luft + mit Erde –, oder Feuer + mit Erde –, und Luft + mit Wasser –).

Das Quadrat hat daher schon von alters her den Beinamen »Sisyphusaspekt« erhalten, der andeuten soll, daß in keinem anderen Aspekt die Verbindung der Deutungsfaktoren so anstrengend, andererseits aber auch durch den oft damit verbundenen Leidensdruck auch erkenntnisfördernd ist, wie hier.

Die Neigung zur Auskristallisation, zur Manifestwerdung der im Aspekt angelegten Lernthematik ist hier auch besonders groß. So kann es kaum verwundern, daß

Das Quadrat

wir bei der Umschreibung der Aspektquali-
tät mittels Zuordnung einer Planetensymbolik hier zu Saturn gelangen.

Nicht nur der »mineralisch« wirkende
Charakter des Vierecks oder Quaders oder
die Kreuzsymbolik des Saturninen legen
dies nahe, sondern auch die Tatsache, daß
dieser Aspekt durch die Teilung des Kreises
durch die Zahl vier entsteht, die als »Zahl
der Materie« auch zahlensymbolisch dem
Saturn entspricht. Das sogenannte »durch-
laufende« Quadrat (gemeint ist damit die
Besetzung aller vier Punkte des Aspekt-
kreuzes durch Deutungsfaktoren) gibt dem
Horoskopeigner noch stärker als ein einzel-
nes Quadratsegment das Gefühl, »sein
Kreuz tragen zu müssen« und lastet wie
der »Quader der Verantwortlichkeit« auf
ihm.

So kann das Quadrat als *der* Erfahrungs-
oder Karma-Aspekt[16] schlechthin bezeichnet werden.

Das Sextil

Daß dieser saturnine Aspekt zur Reihe der analytischen Dur-harten Spannungsaspekte zählt, ist unschwer zu erkennen.

Beispiel

Jupiter Quadrat Mars: Der Horoskopeigner fühlt sich in seinen Aktionen (MA) durch Wertungen (JU) gebremst, tut sich schwer damit, sein Handeln (MA) richtig einzuschätzen (JU), muß sich sinnhafte (JU) Entscheidungen (MA) durch harte Arbeit er-

ringen. Der Horoskopeigner erlebt im Umgang mit den Themen »Mars« und »Jupiter« große Anspannung, Widerstände und Hemmungen, die zu wesentlicher konkreter Erkenntnis führen.

Das Sextil

Der Sextilaspekt entsteht aus der Sechsteilung des Kreises, also 60 Grad Abstand zwischen Deutungsfaktoren.

Er weist die Besonderheit auf, daß geometrisch betrachtet der Kreisradius gleich dem Aspektsegment ist, was qualitativ betrachtet das harmonische Übereinstimmen von einzelnem Entwicklungsschritt (Aspektsegment) und zugebilligtem Aktionsradius bedeutet.

In der Sextilverbindung zweier oder mehrerer Deutungsfaktoren will der Horoskopeigner nicht weiter gehen, als ihm vom Schicksal zugebilligt wird (wie im Trigon oder Quadrat), aber er nimmt auch nicht zu wenig für sich in Anspruch.

So ist das Sextil ein Aspekt der goldenen Mitte, ein ökonomisch-harmonisches Einteilen und Auslasten der im Aspekt verbundenen Kräfte.

Diese Ausgewogenheit, die wir auch in der Sechsteilung wiederfinden (synthetischer Dreiteilungsfaktor *und* analytischer Zweiteilungsfaktor; flüssige Dynamik (3) und Gegensatzherausforderung (2) im gleichen Verhältnis), führt zur Zuordnung der Planetensymbolik der Venus zum Sextil.

Die spannungsfreie Qualität des Sextils läßt sich im übrigen auch daran ersehen, daß Faktoren, die über exakte Sextile miteinander verbunden werden, immer in Zeichen gleicher Polarität stehen (z. B. Feuer/Luft oder Wasser/Erde).

Beispiel

Jupiter Sextil Mars: Es fällt leicht, das rechte Maß zwischen Toleranz (JU) und Selbstdurchsetzung (MA) zu finden, ein ausgewogenes Verhältnis zwischen Wohlwollen (JU) und Kampfbereitschaft (MA), zwischen Jovialität (JU) und Direktheit, die kein Blatt vor den Mund nimmt (MA).

Mit den bisher besprochenen fünf Aspekten (Konjunktion, Opposition,, Trigon, Quadrat und Sextil) sind die sogenannten *großen Aspekte,* die wir bei der Orbisbetrachtung (siehe S. 47) von den folgenden *kleinen Aspekten* unterscheiden müssen, abgehandelt.

Das Halbquadrat und das Anderthalbquadrat

Diese beiden kleinen Aspekte, die qualitativ als zusammengehörig betrachtet werden können, entstehen durch die Achtelung des Kreises, gehören also zur Reihe der Spannungsaspekte.

Sie verbinden Faktoren in 45 oder 135 Grad Abstand miteinander.

Der Name Halbquadrat umschreibt recht deutlich, welchen Charakter diese beiden Aspekte haben, nämlich den eines abgeschwächten Quadrates. Spaltet man ein Quadrat (einen Quader), wie dies bei der Achtelung des Kreises der Fall ist, so entsteht das Symbol des »Risses im Gefüge«, ein Begriff, den schon Koch in seiner *Aspektlehre*[17] als Kennzeichnung des Halbquadrates verwendete.

So wie in der klassischen Astrologie der Saturn und mit ihm der saturnine Aspekt – das Quadrat – als »das große Übel« galten, so kann man das Halbquadrat und das Anderthalbquadrat mit dem »kleinen Übel« der alten Astrologie, nämlich Mars (eventuell noch mit Beimischung von Uranusqualität) gleichsetzen.

Das Halbquadrat ist mit einem Hindernis- oder Hürdenlauf vergleichbar, zwar nicht »bleischwer« wie das Quadrat, aber doch »den Fluß der Dinge« hemmend. Es verlangt, wie die Achtelung des Kreises nahelegt, viel Achtsamkeit im Umgang der verbundenen Faktoren, will man nicht ins Straucheln kommen.

Die Spannung dieser Aspekte läßt sich auch daran erkennen, daß sie Faktoren, die in Zeichen unterschiedlicher Polarität stehen, miteinander verbinden.

Beispiel

Jupiter Halbquadrat Mars: Sich in seinem Tun (MA) durch Werturteile (JU) behindert fühlen, eine Spannung zwischen Aktionsbedürfnis (MA) und Einsicht (JU) spüren.

Halb- und Anderthalbquadrat

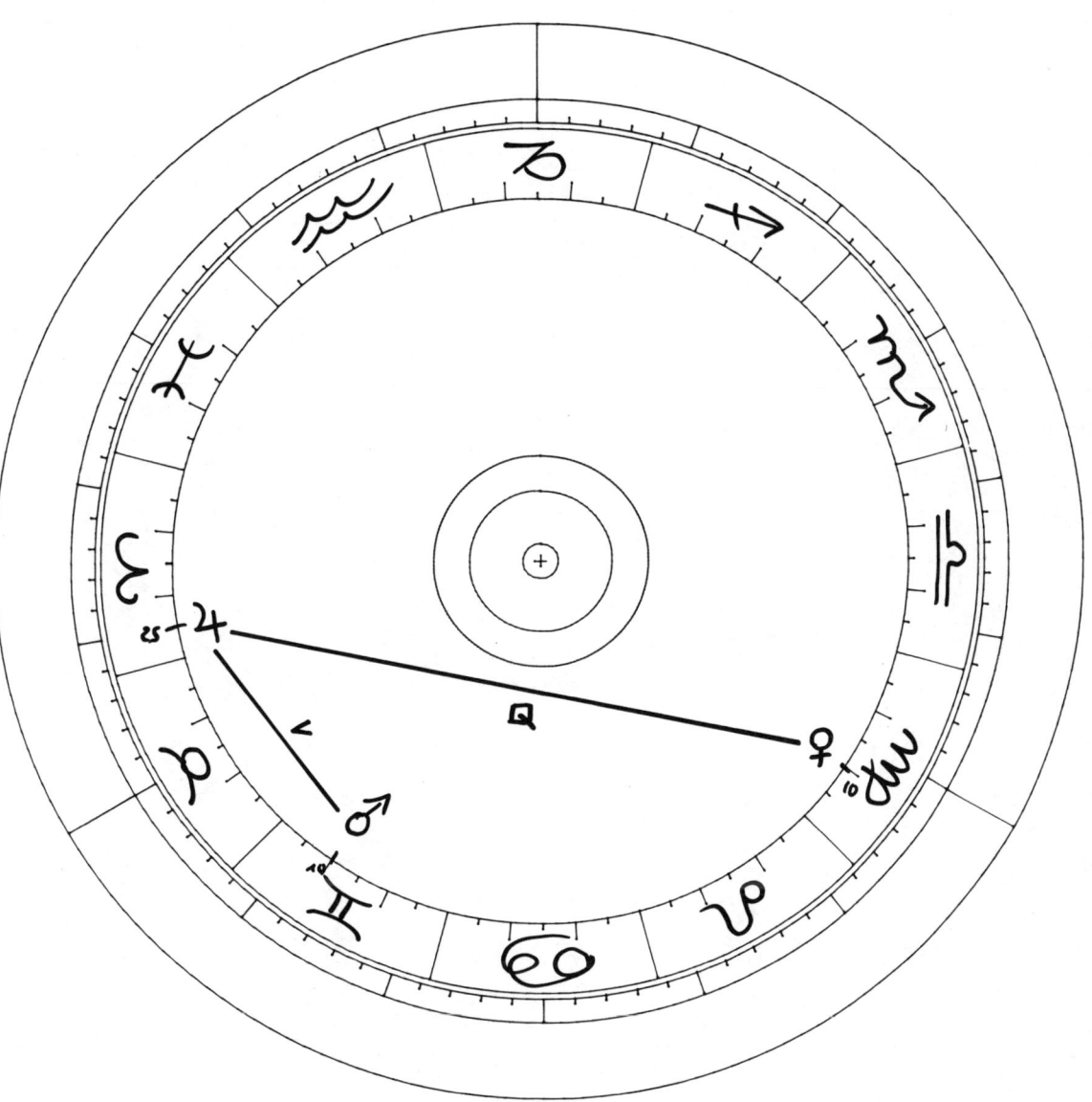

Das Quincunx

Das Quincunx

Der als Quincunx bezeichnete Abstand von 150 Grad kann weder in die Reihe der harten oder Spannungsaspekte, noch in die der weichen, synthetischen Aspekte eingereiht werden.

Das Quincunx hat – ähnlich der Konjunktion – für sich gesehen weder harten noch weichen Charakter, sondern Mischnatur.

Dies ergibt sich schon daraus, daß sich der Abstand von 150 Grad aus einem harten Anteil (90 Grad = Quadrat) und einem weichen Anteil (60 Grad = Sextil) zusammensetzt.

So entspricht auch der Charakter des Quincunx einer Mischung der Planeten Saturn (90 Grad) und Venus (60 Grad), was zur Bezeichnung »Qual-der-Wahl«-Aspekt geführt hat (wörtliche Übersetzung: erschwerte [Saturn] Auswahl [Venus]). Vertretbar ist sicher auch die Umschreibung der Qualität des Quincunx durch Neptun (der ja oft auch als »höhere Oktave« der Venus bezeichnet wird – eine durch den Hüter der Schwelle, Saturn [Oktave], gereinigte Venus –), und damit auch der Hinweis auf die intuitiven Qualitäten, die in der Verbindung durch das Quincunx liegen.

In Anlehnung an die neptunische Qualität dieses Aspekts wird man das Quincunx auch als einen »Sehnsuchtsaspekt« ansprechen dürfen.

Beispiel

Jupiter Quincunx Mars: Die Qual der Wahl verspüren, ob man sich für direkte Durchsetzung seiner Ansprüche (MA), oder für Einsichtsappelle (JU) entschließen soll, ob »leben und leben lassen (JU)« im Einzelfall das Richtige ist oder Entscheidungen erzwungen werden sollen (MA).

Das Halbsextil

Dieser unscheinbare, auf der Zwölfteilung des Kreises aufbauende 30 Grad-Aspekt kann seiner neutralen, auf bloße Verbindung von Faktoren ausgerichteten Natur entsprechend mit Merkur und dessen neutraler Qualität verglichen werden.

Nach meiner Erfahrung ergeben Halbsextilaspekte wenig griffige Deutungen und sollten bei der rechten Gewichtung einer Horoskopbesprechung nur untergeordnete Bedeutung haben.

Sonstige Aspekte

Die übrigen, in der Astrologie auch noch anzutreffenden Aspektierungen, wie etwa Quintil, Biquintil u. a. möchte ich der Übersichtlichkeit halber ausklammern, da sie, von wenigen ganz speziellen Fragestellungen abgesehen, für die Grunddeutung eines Horoskopes nach meiner Erfahrung recht unergiebig sind.

In kurzen Schlagworten noch einmal alle Aspekte:

Konjunktion = 0 Grad = Sonne = 1
Einheit, Untrennbarkeit, Ganzheit, Vermischung, Anziehung, Subjektivität

Opposition = 180 Grad = Mond = 2
Zweiteilung des Kreises, Antithese, Ergänzung, Ausgleich, Partnerschaft, Gegensatz, Zwiespältigkeit, Objektivität.

Trigon = 120 Grad = Jupiter = 3
Dreiteilung des Kreises, Ausdehnung, Dreieinigkeit, Synthese, Dynamik, Reibungslosigkeit, Spannungslosigkeit, Elastizität, Expansion.

Quadrat = 90 Grad = Saturn = 4
Viertelung des Kreises, Manifestationsaspekt, »sein Kreuz tragen«, Quader, Individuation, Reifung, Maß u. Norm, Hemmung, Dauer, Sperre, »Sisyphus-Aspekt«, Erkenntnis durch Reibung und Spannung, durch Erfahrung, »Vereinigung des größten Unterschiedes von Entfaltungsrichtungen« (Thomas Ring).

Sextil = 60 Grad = Venus = 6
Sechsteilung des Kreises, Radius = Segmentschritt: einzelner Entwicklungsschritt dem Aktionsradius angemessen, Harmonie, Gleichklang, Freundschaft, Brüderlichkeit, Bündnis.

Halb- und Anderthalbquadrat = 45 und 135 Grad = Mars/Uranus = 8
Achtelung des Kreises, »Riß im Gefüge«, Hürde, Hindernis, »das kleine Quadrat«, Überraschung, Überspannung, Schranke.

Quincunx = 150 Grad = Venus/Saturn = Neptun = 7
Entscheidungszwang, Täuschung, Verzicht, »Qual der Wahl«-Aspekt, Unsicherheit, Intuition, Anpassung, Metamorphose.

Halbsextil = 30 Grad = Merkur = 5
Neutrale Verbindung.

Eine Zusammenfassung der wichtigsten Aspekte, ihrer Planetenzuordnung und der Einteilung in Spannungs- und synthetische Aspekte gibt Ihnen folgende Übersicht:

Aspekte

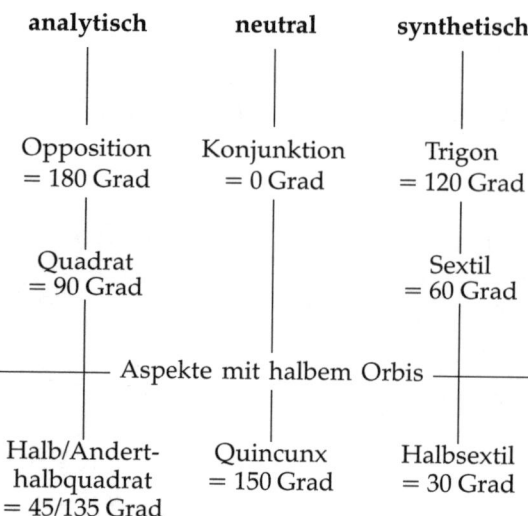

analytisch	neutral	synthetisch
Opposition = 180 Grad	Konjunktion = 0 Grad	Trigon = 120 Grad
Quadrat = 90 Grad		Sextil = 60 Grad

— Aspekte mit halbem Orbis —

Halb/Anderthalbquadrat = 45/135 Grad	Quincunx = 150 Grad	Halbsextil = 30 Grad

Es empfiehlt sich, die Spannungsaspekte in Rot, die synthetischen Aspekte in Blau und das Quincunx in Grün im Horoskop einzuzeichnen, da die daraus entstehenden geometrischen Figuren oft eine bildhafte Aussage ermöglichen.

Applikation und Separation

Mit Hilfe der Untersuchung, ob ein sogenannter Applikations- oder ein Separationsaspekt vorliegt, können wir feststellen, ob sich die durch den Aspekt beschriebene Thematik im Laufe des Lebens verstärkt oder abschwächt.

Von einem Applikationsaspekt sprechen wir immer dann, wenn der Aspekt unmittelbar nach der Geburt exakter (Applikation = Annäherung an den exakten Aspekt) und damit verstärkt wird (Sie erinnern sich: je gradgenauer = exakter der Aspekt, desto stärker seine Wirkung).

Ein Separationsaspekt liegt dagegen dann vor, wenn die Genauigkeit des Aspekts unmittelbar nach der Geburt abnimmt (Separation meint Trennung = Abschwächung der Beziehung).

Um festzustellen, ob Applikation oder Separation gegeben ist, überprüfen wir die Bewegung der am Aspekt beteiligten Deutungsfaktoren unmittelbar nach der Geburt.

Beispiel

Bei einem Geburtsdatum am 21.3.1989 um 0 Uhr GT steht die Sonne bei 0 Grad, 21 Min. im Widder und der Jupiter bei 1 Grad, 13 Min. in Zwillingen. Es liegt also ein Sextil zwischen Sonne und Jupiter vor.

Um die Frage nach Applikation bzw. Separation dieses Aspekts zu klären, untersuchen wir, ob der Aspekt *unmittelbar* nach der Geburt exakter wird (Applikation) oder sich abschwächt (Separation). Dabei stellen wir anhand der Ephemeridenpositionen von Jupiter und Sonne fest, daß die schneller laufende Sonne bereits im Laufe des 22.3.1989 ein gradgenaues Sextil zu Jupiter formt, nämlich wenn sie etwa bei 1 Grad 42 Min. im Widder steht. Da der Aspekt demnach mit Zeitverlauf exakter wird, handelt es sich hier um einen Applikationsaspekt mit der Bedeutung, daß sich die Aspektthematik im Laufe des Lebens verstärken wird.

Ein Separationsaspekt wäre dagegen gegeben, wenn der Horoskopeigner am 23.3.1989 0 Uhr geboren wäre, denn in diesem Fall hätten wir zwar im Radixhoroskop ein Sextil der Sonne (2 Grad 20 Min. Widder) zu Jupiter (1 Grad 52 Min. Zwillinge), welches sich aber mit Zeitverlauf abschwächt, da die schneller laufende Sonne sich vom exakten Aspekt zu Jupiter entfernt.

Merke: Nur die unmittelbar an die Geburt anschließende Veränderung ist zu berücksichtigen. Sollte sich später, nachdem zunächst Applikation gegeben war, Separation einstellen, bleibt das für die Aussage irrelevant.

Das Aspektarium

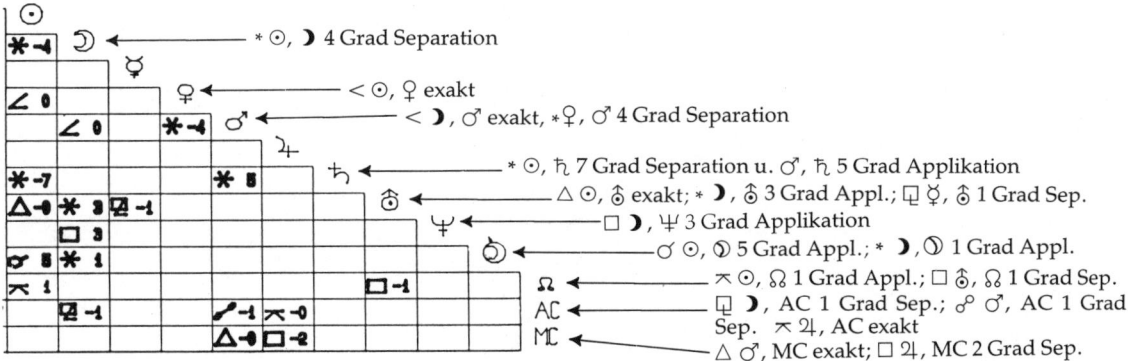

Wichtig: Eine eventuelle Rückläufigkeit der Planeten ist bei der Frage nach Applikation und Separation zu beachten. Entscheidend ist nur, ob der Aspekt durch Zeitverlauf genauer wird oder nicht, wodurch auch immer das geschieht (also gegebenenfalls auch durch Rückläufigkeit).

Ob ein Applikations- oder ein Separationsaspekt gegeben ist, kann in der hier benutzten Horoskopgrafik (Abb. S. 61) im Aspektarium ebenso abgelesen werden, wie die Exaktheit des Aspektes.

Die hinter dem Aspektkürzel jeweils angeführte Zahl gibt an, um wieviel Grad der betreffende Aspekt vom exakten Aspekt abweicht, während ein Minusvorzeichen ein Hinweis darauf ist, daß es sich dabei um einen Applikationsaspekt handelt. Ohne Vorzeichen ist ein Separationsaspekt gegeben.

Impulsion und Repulsion

Die Frage nach Impulsion bzw. Repulsion untersucht, von welchem der an einem Aspekt beteiligten Faktoren die stärkere Wirkung auf den (die) anderen Faktor(en) ausgeht. Der sogenannte impulsgebende Faktor ist eben dieser stärkere (siehe Abb. S. 62 und 63).

Impulsion ergibt sich aus der »Flußrichtung« der Energie im Horoskop. Diese ermittelt man, indem man sich von einem der am Aspekt beteiligten Faktoren ausgehend eine den Kreis halbierende Linie denkt. Alle Aspekte, die dieser Faktor nun in die – von ihm aus gesehen – *rechte* Kreishälfte wirft, sind Impulsionsaspekte, mittels derer er seine Energie an den anderen Faktor abgibt, während alle Aspekte, die aus der *linken* Kreishälfte kommen, auf ihn einwirken (Repulsionsaspekte) und er nur quasi reflexartig (repulsiv) einen Teil seiner Energie (ca. 30 %) zurückwerfen kann.

Impulsion und Repulsion I

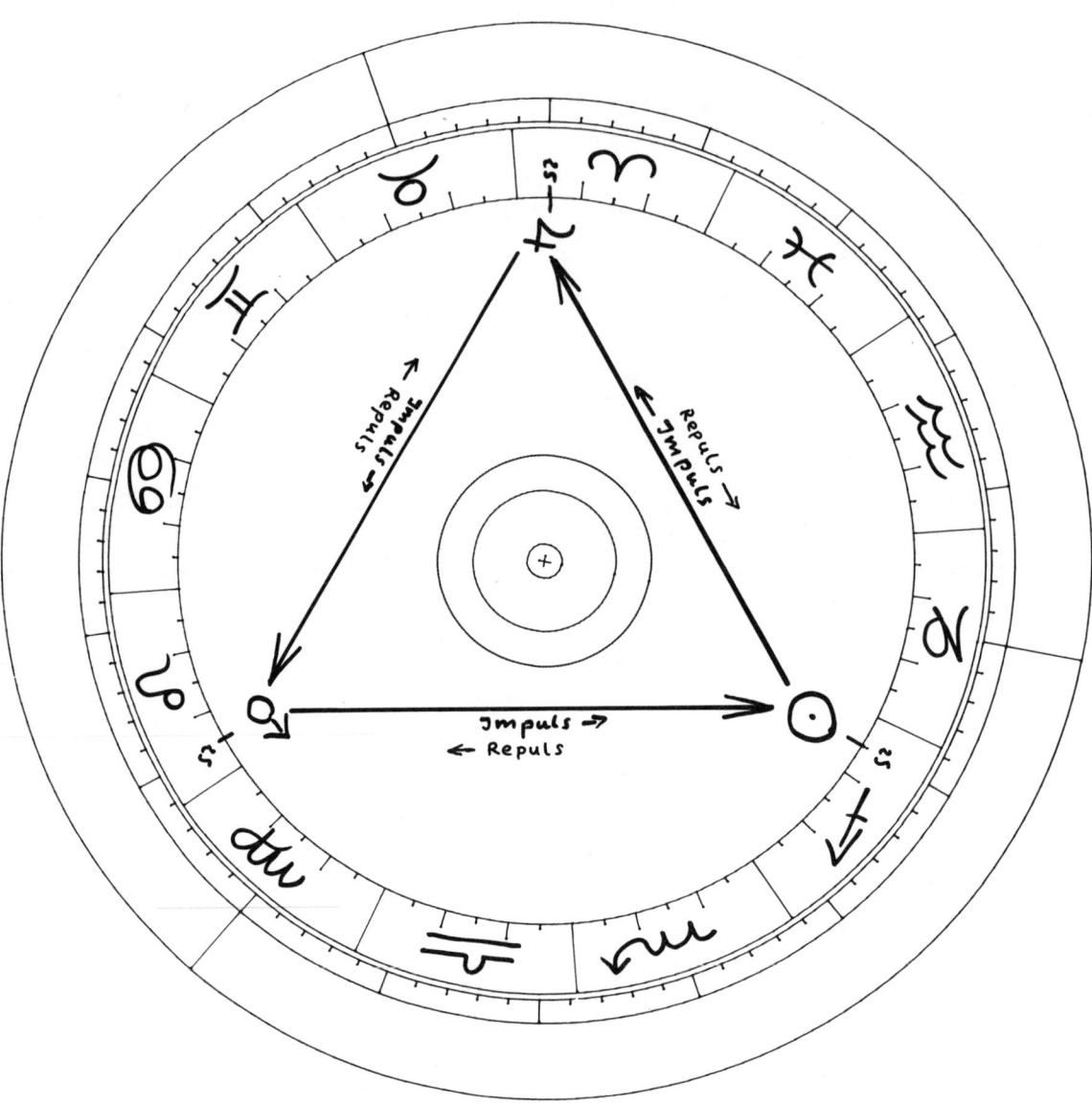

Impulsion und Repulsion II

Ein Quadrataspekt, bei dem die Impulsion von Mars auf Saturn hin läuft, zeigt also eine Situation, bei der der Saturn – was die Flußrichtung der Energie anbetrifft – *vor* dem Mars steht und damit eine Mauer gegenüber der Willensenergie des Mars errichtet. Diese Aspektierung wird dem Horoskopeigner also etwa das Gefühl vermitteln, *vor* einem Hindernis, Bollwerk (Saturn) zu stehen, welches sein Durchdringen hindert (unerlöst: »mit dem Kopf gegen die Wand rennen«).

Steht der Saturn vom Mars aus betrachtet dagegen auf der linken Kreishälfte, so daß Mars gleichsam *von hinten* den Impuls des Saturn erfährt, so mag sich das aus der Sicht des Horoskopeigners so darstellen, als wollte er mit seiner Initiativkraft (Mars) nach vorne weg (er findet vor sich auch keine Widerstände vor), würde aber *von hinten* wie von einem Gummiband festgehalten, ein Empfinden, »auf der Stelle zu treten« und nicht »loszukommen«.

Merke: Es leuchtet ein, daß man zwar rein rechnerisch immer feststellen kann, ob ein Impulsions- oder ein Repulsionsaspekt gegeben ist, und zwar auch im Falle recht exakter Oppositionsaspekte, daß aber gerade in diesem letztgenannten Fall eine solche Betrachtungsweise als gekünstelt und schematisch bezeichnet werden muß.

Vielmehr wird man bei Oppositionsaspekten sogar in der Regel auf die Aussagemöglichkeit durch Impulsion und Repulsion verzichten und eher von einer wechselseitigen reflektierenden Beeinflussung der am Aspekt beteiligten Faktoren ausgehen.

Impulsion und Repulsion wirken sich also bei allen Aspekten mit Ausnahme der Opposition aus.

Es gibt noch eine andere Möglichkeit, die Qualität von Aspekten zu untersuchen, wie ich das in *Der wunderbare Kreis* erwähnt habe. Es würde aber Zielsetzung und Rahmen dieser Aspekterörterung sprengen, darauf ausführlicher einzugehen, weshalb ich Sie bei Interesse auf die entsprechenden Passagen verweisen möchte.

Die Halbsummen oder Planetenbilder

Von sogenannten Halbsummen oder Planetenbilder spricht man in der Astrologie immer dann, wenn drei oder mehr Horoskopfaktoren unter dem Gesichtspunkt einer *Symmetrie* zu einer Deutungseinheit zusammengefaßt werden können.

Um auch kompliziertere Formen solcher Symmetrien (wie etwa indirekte Planetenbilder) im Horoskop gut ermitteln zu können, ist es wichtig, den von Reinhold Ebertin in die Astrologie eingeführten »90-Grad-Kreis« zu verwenden.[18]

Betrachten wir uns dazu ein Horoskopformular mit 90-Grad-Kreis.

Wir sehen hier in der äußersten Kreiskala eine Einteilung in 3 mal 30 Grad, also 90 Grad.

Die ersten 30 Grad von 0 bis 30 werden dabei den kardinalen Tierkreiszeichen Widder, Krebs, Waage und Steinbock zugeordnet.

Die Grade 30 bis 60 gehören zu den fixen Tierkreiszeichen Stier, Löwe, Skorpion und Wassermann und die letzten 30 Grad von 60 bis 90 repräsentieren die labilen (veränderlichen) Zeichen Zwillinge, Jungfrau, Schütze und Fische.

Trägt man nun die Planetenpositionen aus dem üblichen 360-Grad-Kreis in den 90-Grad-Kreis ab, so ist es mit Hilfe dieser Technik möglich, selbst komplizierte Fälle von Symmetrien – die man auch mit einem sehr geschulten astrologischen Blick im 360-Grad-Kreis nicht mehr erkennen würde – sehr einfach zu ermitteln.

Beispiel

Bei Halbsummen und Planetenbildern unterscheidet man direkte und indirekte Planetenbilder.

Der 90-Grad-Kreis

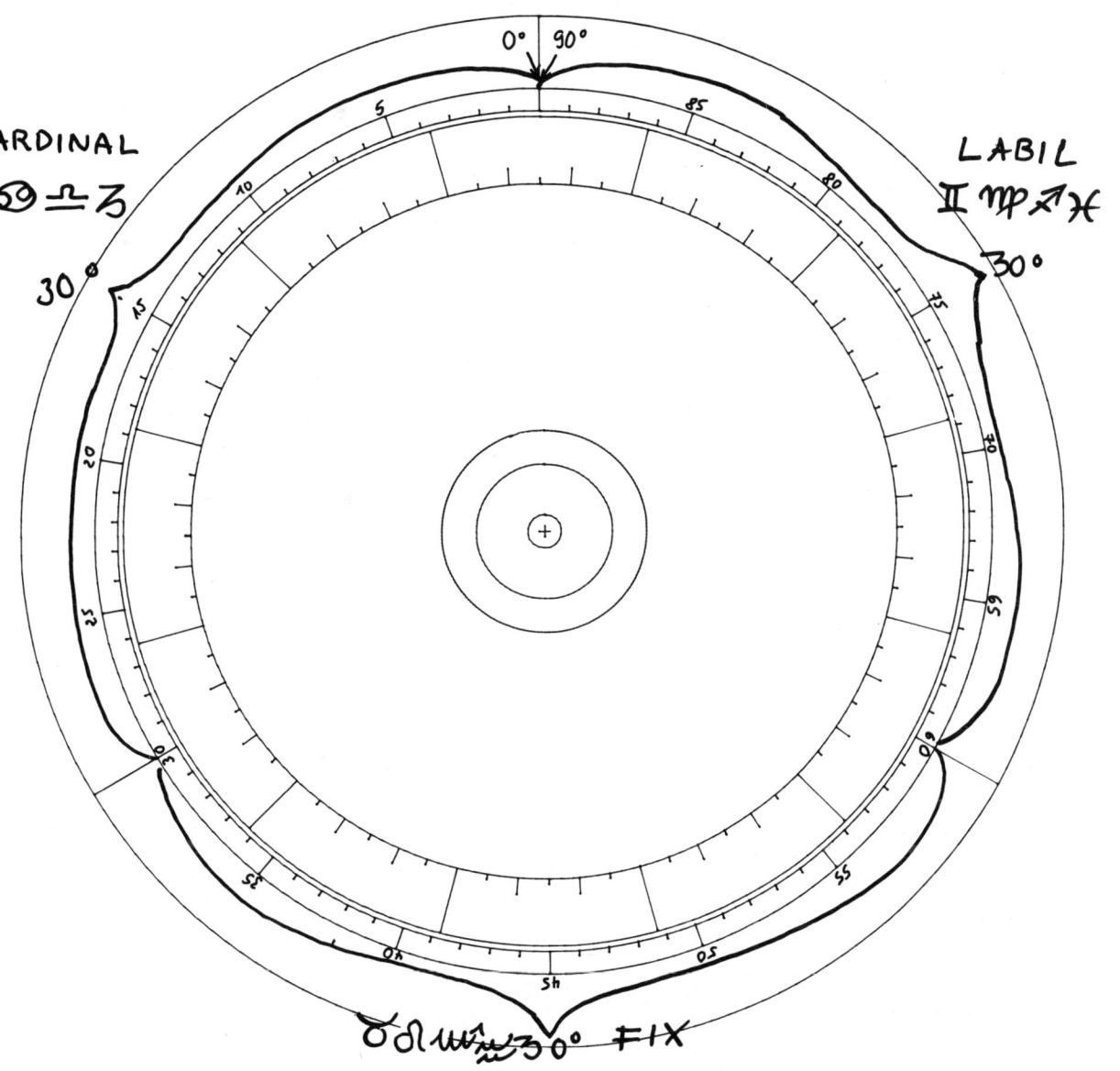

Die direkte Halbsumme

$$\text{☿} = ♃/♄$$

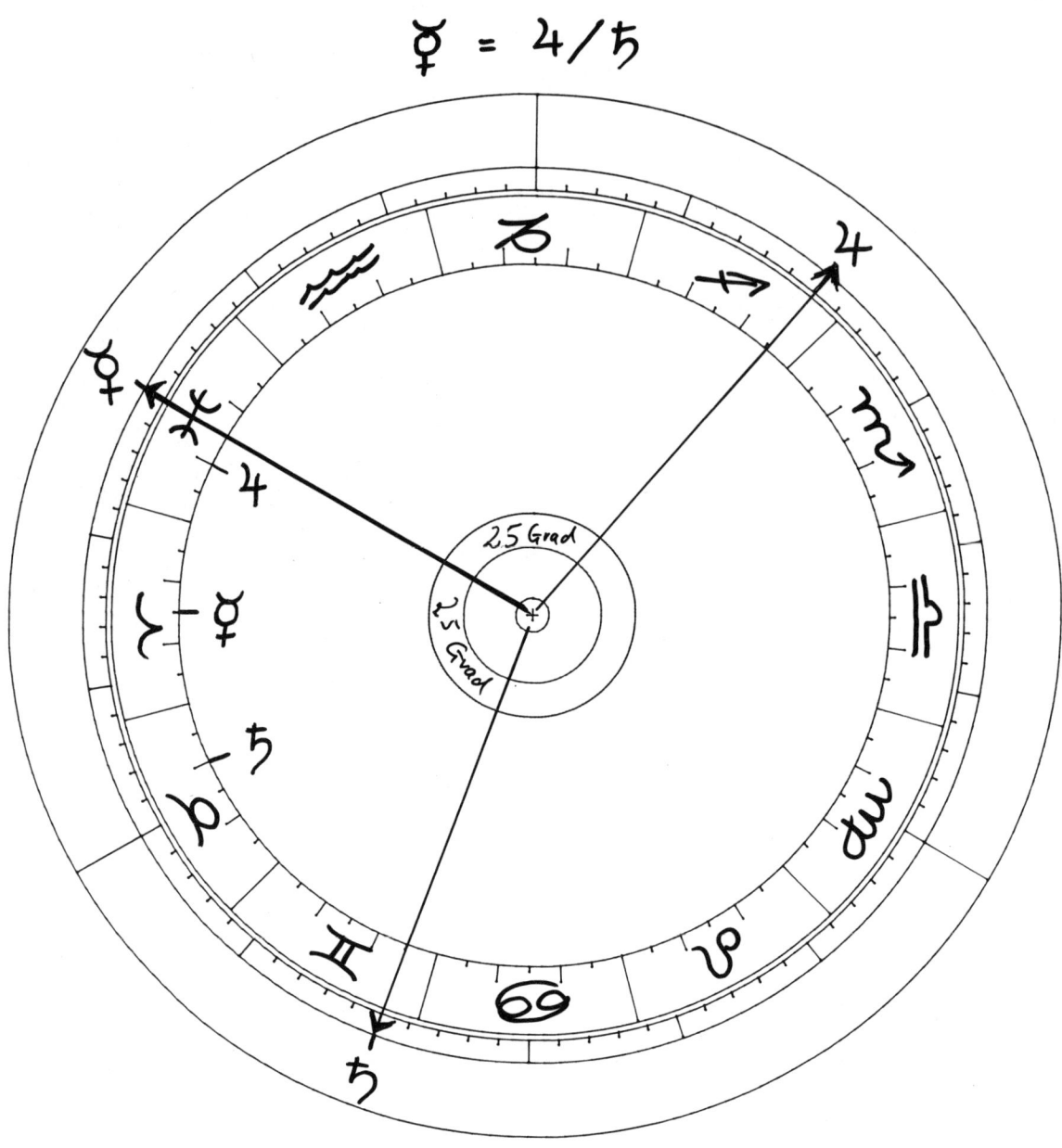

Es gibt folgende Formen:

1. Ein Planet (oder ein anderer Horoskopfaktor wie AC, MC, Mondknoten etc.) steht in der Halbsumme (Winkelhalbierenden) von zwei anderen Faktoren. Dies ist der einfachste Fall einer *direkten* Halbsumme.

Die indirekte Halbsumme I

$$☿ = ♃ / ♄ \quad \text{oder ausführlich:} \quad ☿ \; □ \; ♃ / ♄$$

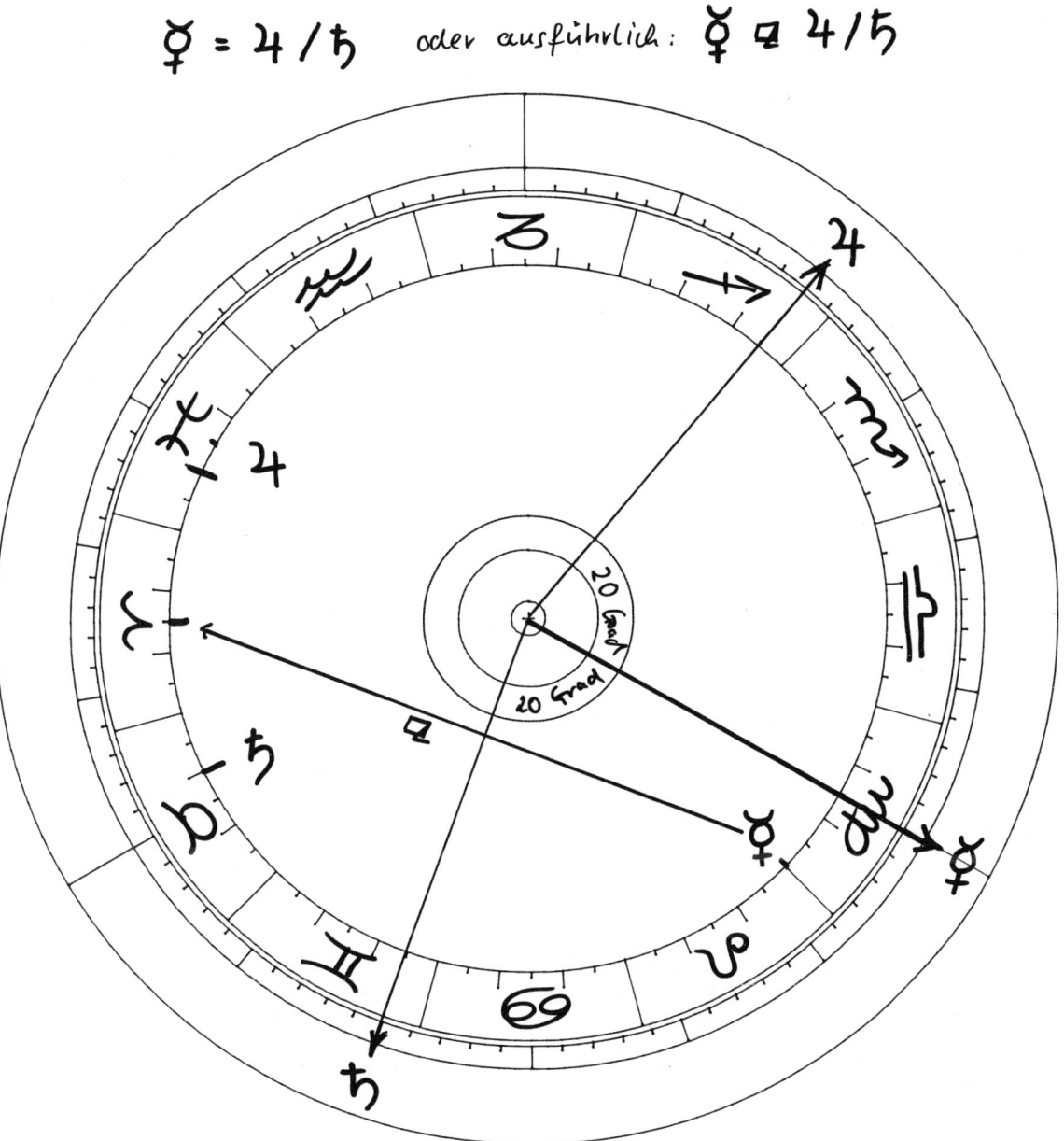

2. In der Mitte (Pfeilspitze der Winkel-halbierenden) steht zwar kein Planet (oder anderer Faktor), doch letzterer wirft einen harten (analytischen) Aspekt (45, 90, 135, 180 Grad) auf die Winkelhalbierende.[19] Man spricht hier von einer *indirekten* Halb-summe.

3. Mehrere Halbsummen treffen aufeinander. Hier steht zwar kein Faktor oder dessen Aspekt auf der Winkelhalbierenden zweier Faktoren, aber eine Winkelhalbierende zweier anderer Faktoren zeigt auf denselben Tierkreispunkt. Dies ist ein komplizierter Fall einer *direkten* Halbsumme.

4. Die Halbsumme zweier Faktoren wirft einen Spannungsaspekt auf die Halbsumme von zwei anderen Faktoren.

Komplizierterer Fall einer *indirekten* Halbsumme.

Merke: Wie Sie aus den bisherigen Beispielen ersehen können, ist es oft sehr schwierig, indirekte Halbsummen *im 360-Grad-Kreis* zu erkennen. *Im 90-Grad-Kreis dagegen* stellen sich *alle* Halbsummen als direkte Halbsummen dar und sind damit leicht ermittelbar. Daher sollten Sie es sich zur Regel machen, bei der Betrachtung von Halbsummen *grundsätzlich nur den 90-Grad-Kreis* zu benutzen!

Der *Orbis* bei der Betrachtung von Planetenbildern ist ein Grad, d. h. ein Faktor oder dessen Aspekt darf von der Winkelhalbierenden maximal ein Grad nach rechts oder links abweichen.

Die Deutung erfolgt bei allen Halbsummen (Planetenbildern), ob direkt oder indirekt, gleichermaßen, nämlich in der Weise, daß die Energie der »flankierenden« Faktoren auf den Faktor, welcher in der Halbsumme steht, bezogen und gedeutet wird.

Beispiele

Venus = Saturn/Neptun:

<pre>
                 Venus
                   |
Saturn ————————————+———————————— Neptun
</pre>

Deutungsmöglichkeit: »Ästhetisches Empfinden (Venus), welches gleichermaßen von Aspekten der Klarheit der Form (Saturn) wie von sehnsuchtsvollem Romantizismus (Neptun) beeinflußt ist«.

Mars = Merkur/Uranus:

<pre>
                  Mars
                   |
Merkur —————————————+———————————— Uranus
</pre>

Deutungsmöglichkeit: »Ein Handeln, Entscheiden (Mars), in dem sich Zweckmäßigkeit (Merkur) und Originalität/Einfallsreichtum (Uranus) vereinigen.«

Merkur/Pluto = Jupiter/Saturn:

<pre>
Merkur ——————————————|—————————————— Pluto

Jupiter —————————————|—————————————— Saturn
</pre>

Deutungsmöglichkeit: »Suggestive (Pluto) Ausdrucksweise (Merkur) in Fragen religiöser (Jupiter) Grundsätze (Saturn).«

Die Mondphase

Unter der Mondphase verstehen wir – technisch gesehen – den Gradabstand zwischen Sonne und Mond.

Die Abbildung Seite 70 zeigt eine Mondphase von 62 Grad bzw. von 250 Grad.

Die Bedeutung der Mondphasenastrologie

Obwohl ich in meiner Strukturdeutung die Mondphase unter der Überschrift »Bausteine der Feinstruktur« eingeordnet habe, muß ich bekennen, daß sie – ebenso wie der Glückspunkt – hier eine besondere Stellung einnimmt.

Die Mondphase, unter der ein Mensch geboren wird, gibt eigentlich nicht ein Detail seiner Persönlichkeit wieder, wie man das vielleicht unter dem Begriff »Feinstruktur« erwarten würde, sondern zeigt eine *Gesamtcharakteristik* der Persönlichkeit.

Sie berechnet das *Entwicklungsstadium der Gesamtpersönlichkeit im Hinblick auf die individuelle Persönlichkeit und die Persönlichkeit in Einbindung in das Kollektiv.*

Anhand der Mondphase können wir demnach ablesen, ob es einem Menschen in seinem Leben vor allem darum geht, seine eigene Persönlichkeit aufzubauen, zu entwickeln und zu differenzieren, oder ob er den Sinn seines Daseins mehr in der Einbindung in ein Kollektiv sieht bzw. in welchem Entwicklungsstadium er sich in Bezug auf diese Intentionen befindet.

Zunehmender und abnehmender Mond

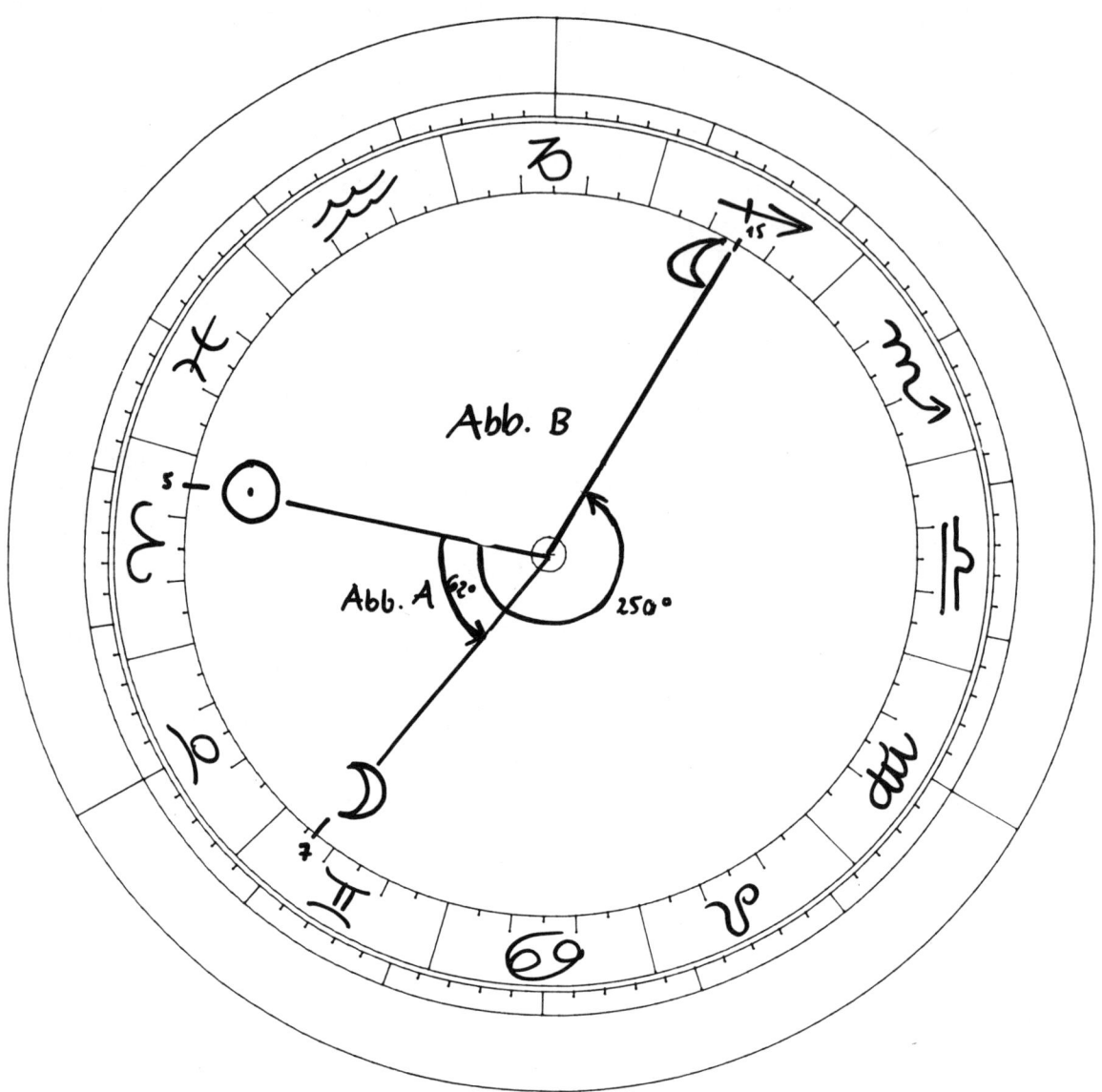

Die vier Kardinalpunkte des Mondkreislaufes

Wir können im Kreislauf der Mondphasen vor allem vier entscheidende Entwicklungsstadien unterscheiden, Neumond, Vollmond, zunehmendes Viertel und abnehmendes Viertel.

Der Neumond

Die Neumondsituation stellt sich astronomisch so dar, daß – geozentrisch betrachtet – Sonne und Mond auf demselben Tierkreisgrad stehen, also eine *Konjunktion von Sonne und Mond* vorliegt (siehe Abb. S. 71).

Hier sind also das männliche und das weibliche Prinzip noch in Ur-Einheit miteinan-

Neumond

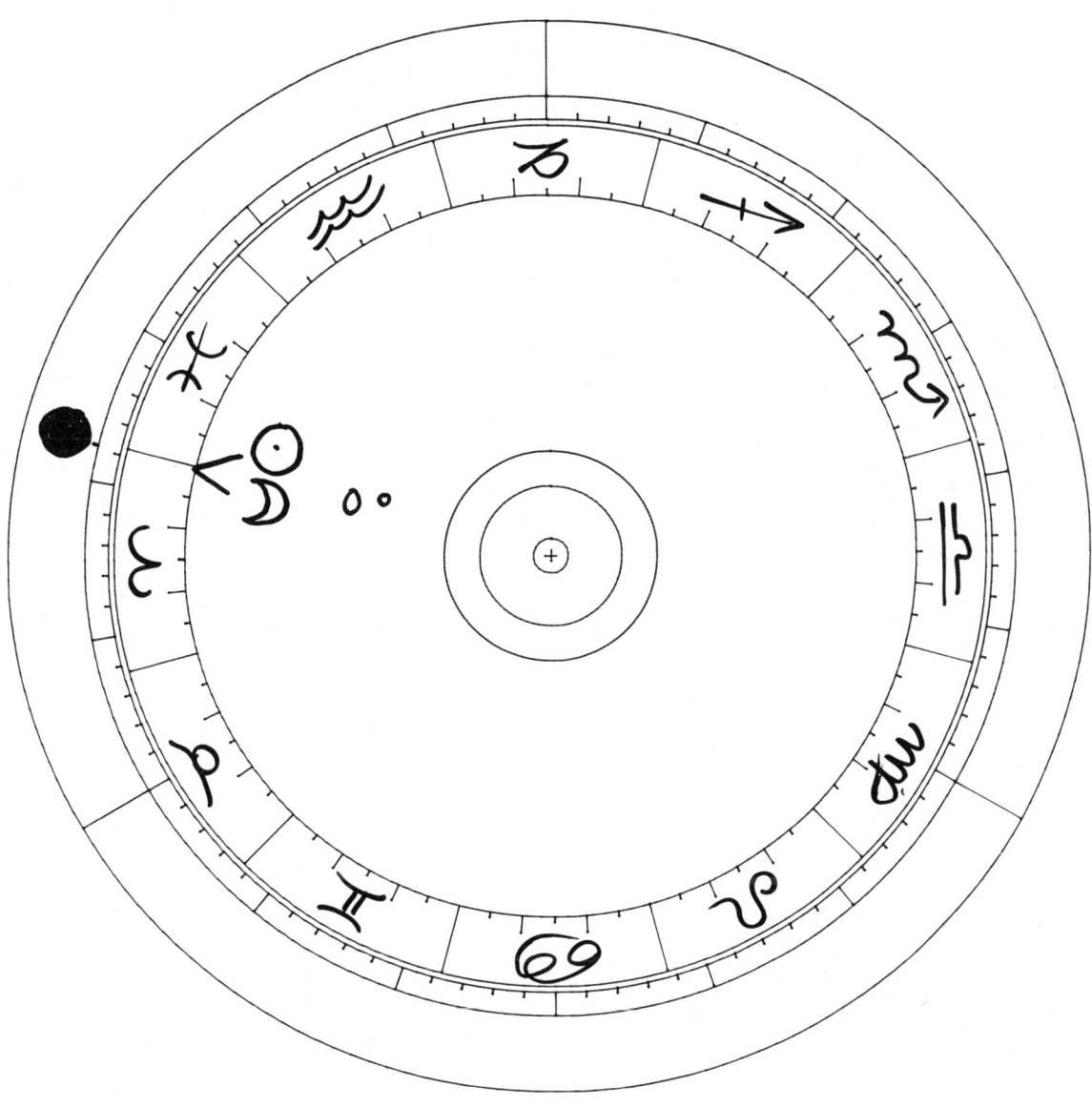

der verbunden, eine »paradiesische« Hermaphroditensituation, in der es noch keine Scheidung in Licht (Sonne) und Schatten (Mond) und damit quasi auch noch keine »geschöpfte Welt« gibt. Mangels einer Trennung der beiden Urbausteine der polaren Welt, männlich (Sonne) und weiblich (Mond), ist noch kein bilderzeugender Raster gegeben, ist alles in Einheit verschwommen.

Wir haben es hier also mit einer »Samenkonstellation« zu tun, die noch ihrer Entfaltung harrt, der Ausgangssituation des Mondphasenzyklus.

In dieser Neumondkonstellation wird der weibliche Mond gleichsam von der männlichen Sonnenenergie »geschwängert«, bekommt der Mond (die Mater, die Matrix, die Materie) einen solaren Geist- und Energieimpuls, den er bis zur nächsten

Konjunktion mit der Sonne nach ca. 29 Tagen »austrägt« und in verschiedenen Entwicklungsstadien verwirklicht.

Nach der Neumondsituation beginnt der Mond zu wachsen in zunehmenden Mondphasen bis hin zum Vollmond, der Sonne-Mond-Opposition.

Merke: Bei der Neumondsituation ist es äußerst wichtig, zwischen zwei Arten des Neumondes zu unterscheiden, dem zunehmendem Mond und dem abnehmenden Mond.

Der zunehmende Neumond ist dadurch charakterisiert, daß sich der Mond *nach der Konjunktion mit der Sonne* von dieser zu lösen beginnt, also den vollen energetischen Schub der unmittelbar davor erfolgten Vereinigung mit der Sonne in sich trägt. Dieser zunehmende Neumond »platzt« also förmlich vor Energie.

Als abnehmenden Neumond dagegen bezeichnen wir diejenige Sonne-Mond-Konjunktion, in der der Mond noch wenige Grade *vor der exakten Konjunktion mit der Sonne* steht. In dieser Situation hat der Mond seit der letzten Konjunktion mit der Sonne (vor ca. 29 Tagen) eine lange Reise hinter sich und nähert sich – von dieser Reise »erschöpft« – der erneuten Vereinigung mit der Sonne. Diese Neumondkonstellation beschreibt daher eine körperlich wie seelisch »ausgepumpte«, energiearme Stimmung, in der verständlicherweise kaum mehr Antriebsenergie vorhanden ist. Der Mond »schleppt sich« als abnehmender Neumond gleichsam mit letzter Kraft zur »Energietankstelle« Sonne, um sich dort mit Kraft für einen neuen Zyklus zu versorgen. Hat er sich in der exakten Konjunktion mit der Sonne wieder aufgetankt, dann wird er damit zum zunehmenden Neumond.

Aus der folgenden Charakteristik der einzelnen Mondphasen wird das eben Gesagte noch deutlicher werden.

Der Vollmond

In der Vollmondsituation ist der Mensch auf der Erde durch die Oppositionssituation zwischen Sonne und Mond gestellt; es ist dadurch die Möglichkeit gegeben, das Männliche und das Weibliche sprichwörtlich »auseinanderzuhalten«, sie als sich ergänzende oder auch gegensätzliche Prinzipien wahrzunehmen.

Dem entspricht die volle Beleuchtung des Mondes in der Vollmondsituation, also einer Situation, in der die Matrix, die Gestalt, die Leibhaftigkeit (Mond) in voller Sichtbarkeit erscheint, in der die Körperlichkeit am Ende der zunehmenden Mondphasen in voller Entfaltung dasteht.

Die Gegensätzlichkeit des Licht(Sonnen)- und Schattenprinzips (Mond) in der Vollmondsituation gibt ein besonders deutliches Raster ab und ermöglicht damit am besten das bildhafte Erkennen oder das »Bild« schlechthin.

Kann man die Neumondstellung mit den Begriffen Impuls, »Beginn«, »Aktion« und »Anfang organischen Aufbaues« beschreiben, so entspricht die »Objektivität« (Opposition) der Vollmondkonstellation mehr den Begriffen »Bild«, »Idee«.

An die Vollmondsituation schließen sich nun die abnehmenden Mondphasen bis hin zum erneuten Neumond an, also ein Abbau organischer und psychischer Strukturen (Mond) nach deren voller Entfaltung im Vollmond.

Andererseits kann man den Vollmond seinerseits als Beginn eines Zyklus betrachten, dessen Ausgangspunkt aber nicht wie im Neumond der Start zu *organischer* Entwicklung ist, sondern das Bild, die Idee zum Ausgangspunkt hat und somit als Beginn einer *geistigen* Entwicklung betrachtet werden kann.[20]

Die abnehmenden Mondphasen ab Vollmond lassen sich aber nicht nur als Phasen geistigen Aufbaues begreifen, sondern haben ja in der Sonne-Mond-Opposition auch deutlich mit dem Thema Partnerschaft (Begegnung) zu tun und können damit auch

Vollmond

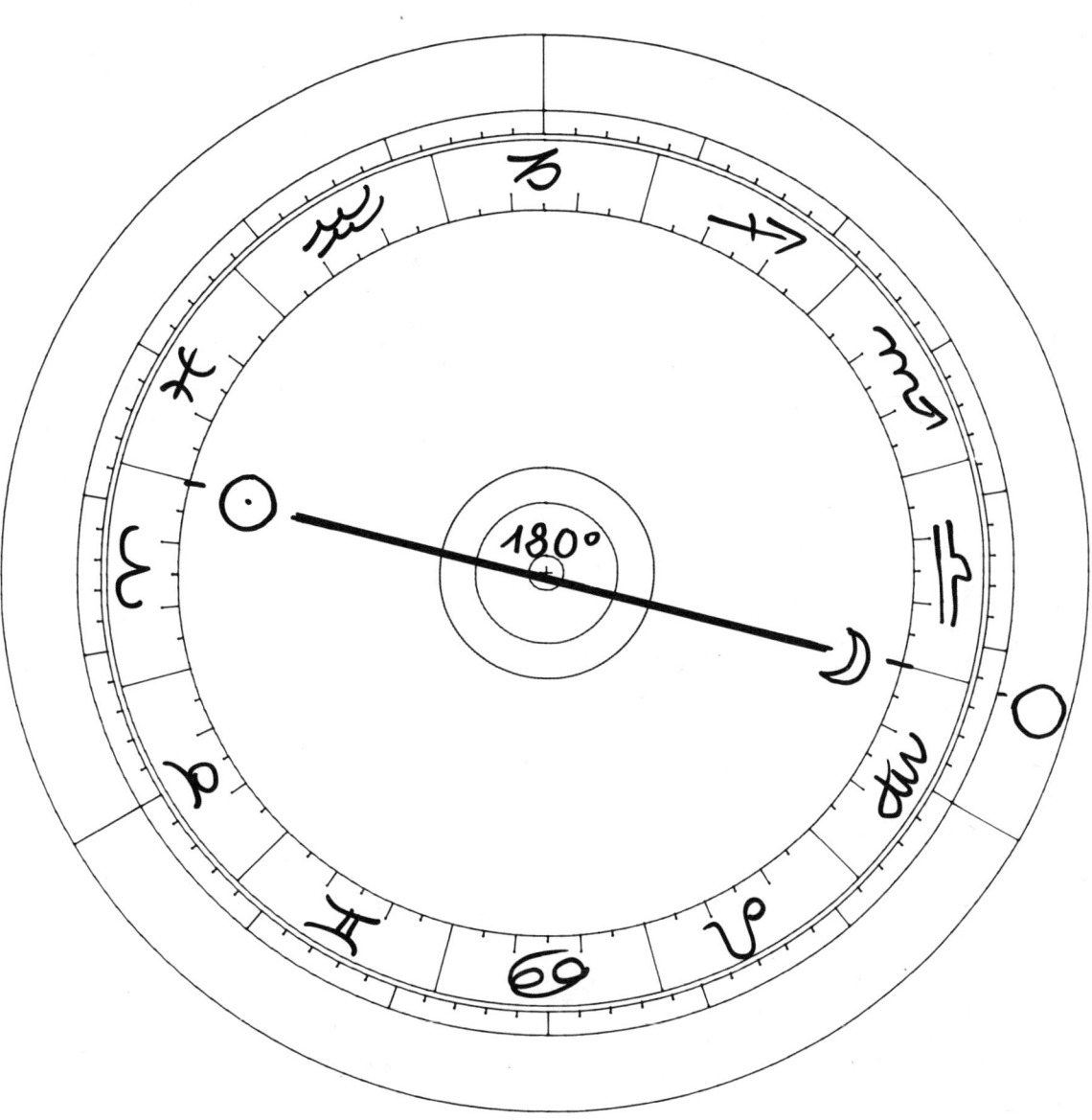

als Phasen angesehen werden, in denen es vornehmlich um die Einbindung in das mitmenschliche Kollektiv geht.

Wir können also die zunehmenden Mondphasen als solche des individuellen Aufbaues der Persönlichkeit betrachten, die mit der Vollmondsituation als abgeschlossen gelten kann, während das Individuum in den abnehmenden Mondphasen ab Vollmond lernen soll, sich in die Gemeinschaft einzubinden und auch den Schwerpunkt der körperlichen und seelischen Entwicklung, der vor allem in den zunehmenden Mondphasen erfolgte, nunmehr auf die geistige Entwicklung zu verlagern.

Neben diesen beiden Kardinalpunkten Neumond und Vollmond gibt es aber noch

Das zunehmende Viertel

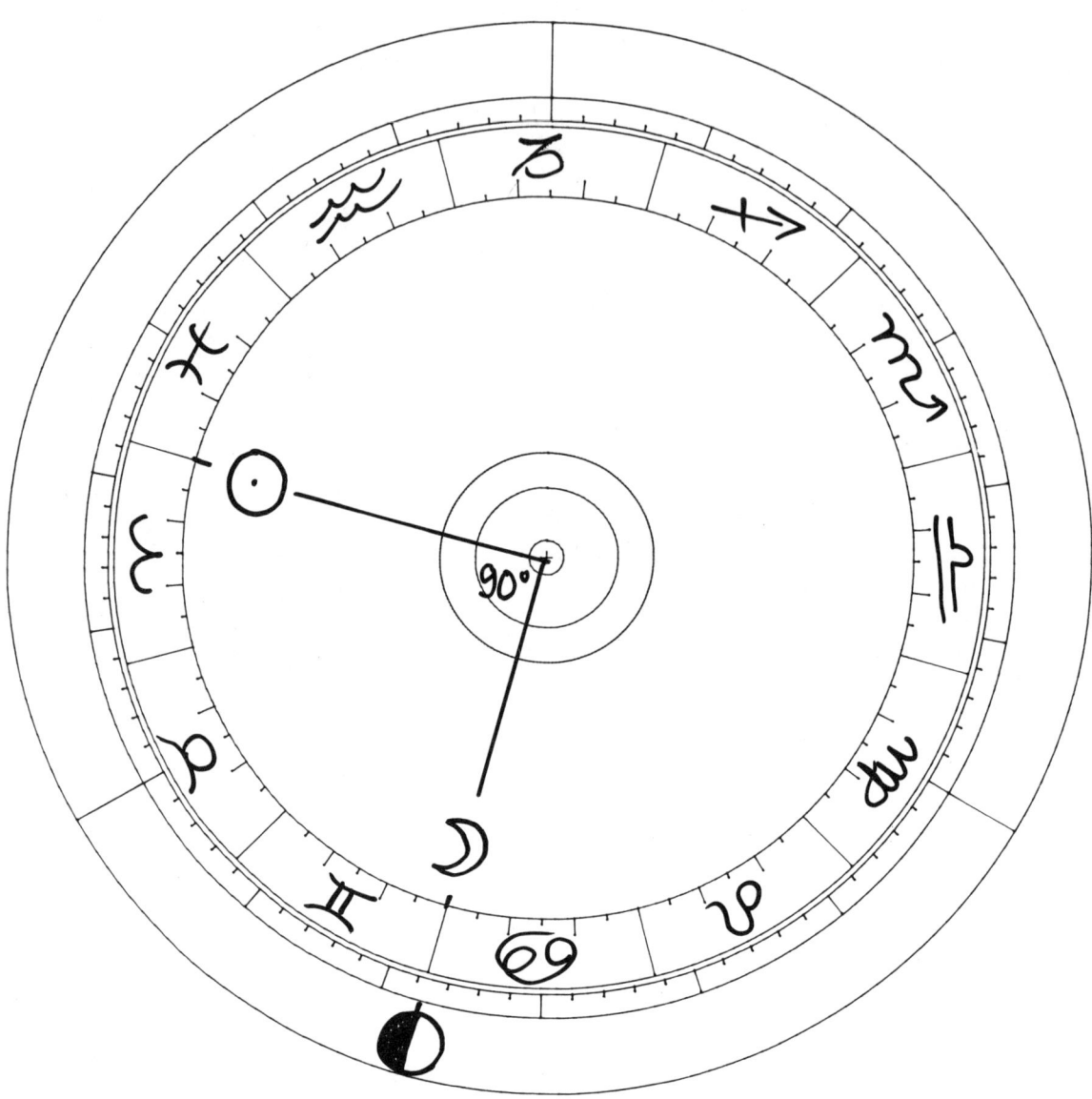

zwei weitere Schaltstationen in der Entwicklung des Mondphasenkreises, nämlich das zunehmende Viertel und das abnehmende Viertel.

Das zunehmende Viertel

Das zunehmende Viertel ist optisch dadurch gekennzeichnet, daß der Mond exakt zur Hälfte beleuchtet ist und ab dem Zeitpunkt des zunehmenden Viertels über

diese Gleichverteilung von Licht- und Schattenanteil hinaus im Licht wächst.

Man könnte also sagen, daß der Mond mit dem zunehmenden Viertel »aus dem Schatten tritt«. Da wir den Mond mit der Psyche gleichsetzen können, tritt hier also die Psyche aus dem Schatten. In dieser Situation des zunehmenden Viertels beginnt ein Eintreten in die stärker beleuchteten vollmondnahen Phasen, und eine vermehrte Auseinandersetzung mit dem DU, welches in der

Das abnehmende Viertel

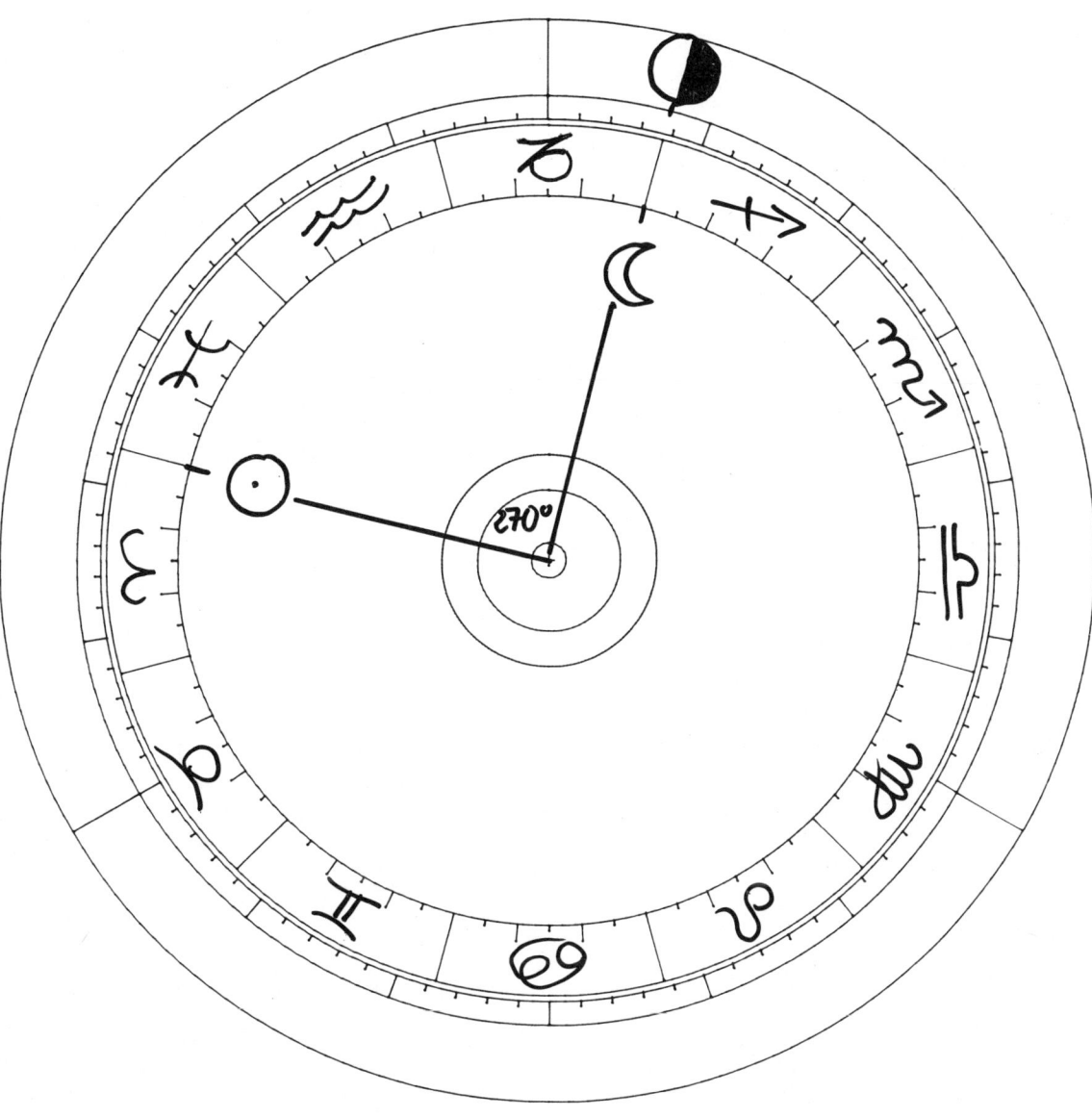

Vollmondkonstellation (der begegnungs-trächtigen Oppositionssituation) ihren Ich/Du-Höhepunkt hat.

Diese Auseinandersetzung geschieht aber – im Gegensatz zum abnehmenden Viertel – während des Aufbaues der eigenen Individualität (zunehmende Mondphase), so daß es in den Mondphasen zwischen zunehmendem Viertel und Vollmond zu einer Aussteuerung zwischen den Interessen an der vollen Entfaltung der eigenen

Persönlichkeit und dem vermehrten Kennenlernen der sich aus der Partnerschaft (Vollmond) ergebenden Ansprüche kommt.

Das abnehmende Viertel

Im abnehmenden Viertel tritt die Seele (die Körperlichkeit, die organischen Strukturen: Mond) »in den Schatten«, da ab hier die Schattenanteile (unbeleuchtete Fläche) des Mondes das Übergewicht erlangen.

Man kann diesen kardinalen Punkt im Mondphasenzyklus also als den Moment betrachten, in dem der »Verfall« organischer Strukturen am deutlichsten wahrgenommen wird (Erkenntnis des Alterns) und als Reflex aus dieser Krisis das Bedürfnis zu konservieren, Prozesse zu verlangsamen, »einzufrieren« entsteht.

Mit dem abnehmenden Viertel findet auch wieder der Eintritt in die neumondnahen, schwach beleuchteten, subjektiven Phasen statt, eine Rückkehr zu der »Einsamkeit« des Neumondes.

Durch diese vier entscheidenden Stationen im Mondkreis werden vier Quadranten des Mondkreises geformt, deren Charakteristik in kurzen Worten wie folgt wiedergegeben werden kann:

- 0 bis 90 Grad Abstand zwischen Sonne und Mond (I. Quadrant):
  »Instinkt«. Instinktive, vital drängende Entfaltung der Eigenpersönlichkeit, triebhafte, archaische Dynamik.
- 90 bis 180 Grad Abstand zwischen Sonne und Mond (II. Quadrant):
  »Emotion«. Weitere Entfaltung der Eigenpersönlichkeit in beginnender Abstimmung mit der vorgefundenen Umweltsituation bis hin zum »letzten Schliff« in Ausdruck und Verhalten (Vollmond).
- 180 bis 270 Grad Abstand zwischen Sonne und Mond (III. Quadrant):
  »Intellekt«. Entfaltung und Vermittlung der Idee (Sendungsbewußtsein). Objektiv erschautes Weltbild.
- 270 bis 360 Grad Abstand zwischen Sonne und Mond (IV. Quadrant):
  »Wahrnehmung«, »Schau«. Abgeklärtes Schauen der Vergänglichkeit der sichtbaren Welt. Suche nach gesellschaftlichen Organisationsformen, die den Schwund an persönlicher Vitalenergie ausgleichen.

Zur Verdeutlichung und Differenzierung des Mondphasenzyklus wird er häufig – z. B. von Dane Rhudhyar[21] – nochmals geteilt, so daß es zu acht definierten Mondphasen kommt.

Die Mondphasentypen

Wir können hier folgende Mondphasentypen unterscheiden:

1. Der/die Neumond-Geborene (0 bis 45 Grad Abstand zwischen Sonne und Mond) welche(r) einen Persönlichkeitstypus charakterisiert, der extrem subjektiv, egozentrisch, impulsiv und spontan bis triebhaft in seiner Einstellung gegenüber menschlichen Beziehungen und sozialen Prozessen zu sein pflegt.

Er/sie projiziert gerne rein subjektive Empfindungen seiner Eigenperson auf andere oder auf die Welt ganz allgemein. Er/sie empfindet häufig Situationen und Menschen mehr symbolisch als real und versucht der Welt »seinen Stempel aufzudrücken«. Die explosive, überschäumende Energie so kurz nach der »Aufladung« drängt nach persönlicher Durchsetzung ohne Rücksicht auf die Umgebung, die hier noch gar nicht so recht wahrgenommen werden kann, so sehr ist man mit der »samenkapselsprengenden« Eigenenergie beschäftigt. Archaische Kräfte wecken Pioniergefühle, ist hier doch auch das instinktive Wissen davon vorhanden, daß noch ein weiter Weg zu bewältigen ist. Der ganze Zyklus liegt noch vor einem: »Es gibt viel zu tun, packen wirs an.«

2. Der/die unter zunehmendem Mond Geborene (45 bis 90 Grad) ist dadurch gekennzeichnet, daß er/sie sich in einer kämpferischen Auseinandersetzung zwischen der Verhaftung an das Alte und einem neuen Impuls, Neues zu entdecken, befindet. Das Bedürfnis nach Selbstbehauptung, Vertrauen in die Eigenperson und eine Begierde, Widerstände zu überwinden, was hier häufig vorgefunden wird, läßt sich auch noch gut aus der »prallen« Energiesituation, die nach Entfaltung drängt, verstehen. Dabei wird hier, wie beim Neumondtyp, vorwiegend instinktiv-subjektiv verfahren. War bei dem vorigen Typus jedoch die reine explosive Kraftentfaltung im Vordergrund gestanden, so geht es hier um

Verfestigung und darum, der Energie einen bodenständigen Halt zu geben, damit sie sich weiter entfalten kann. Vorwärts drängen – aus einem definierten Revier heraus –, Zwiespalt zwischen Verwurzelung und Expansion sind hier vorrangige Themen.

3. Der/die im zweiten Viertel des Mondes Geborene (90 bis 135 Grad). Diese Phase repräsentiert im Mondphasenkreis eine Zeit kraftvoller managerartiger Aktivität. Es geht im wesentlichen um den Aufbau von Gerüsten oder Rahmen, die in der Zukunft interpersonellen Beziehungen dienen sollen. Die Eigendurchsetzung ist hier nicht mehr so drangvoll, so daß es nicht mehr primär um die Überwindung von Widerständen an sich, sondern mehr darum geht, die Widerstände zur Formgebung des Organismus einzusetzen. Die beleuchtete Mondhälfte, und damit sichtbare, bildhafte Elemente, beginnen ab hier die unbeleuchtete Hälfte zu überwiegen. Somit kommt es zu einer Formgebung und Gestaltung, in der wesentliche Eigenarten der Persönlichkeit beginnen Kontur anzunehmen, ein Sichtbar-Werden von Individualität, die im Ringen zwischen dem Entwickeln der Eigenpersönlichkeit und der grenzsetzenden Umwelt entsteht. Hier wird eine Krise in der Aktion empfunden, da der reine Antriebsimpuls trotz des starken Eigenwillens Fremdeinschränkungen zum Zwecke der Persönlichkeitsbildung hinnehmen muß.

4. Der/die vor Vollmond Geborene (135 bis 180 Grad) ist durch das Bedürfnis nach persönlicher Vervollkommnung gekennzeichnet. Aus der Subjektivität kommend nähert er/sie sich dem objektivsten Punkt im Mondkreis, dem Vollmond und damit der kompromißträchtigen Partnerschaftssituation. Er/sie versucht der Eigenperson den »letzten Schliff« zu geben, um für die Begegnung mit dem anderen (Vollmond) präpariert zu sein. In diesem Stadium wurde schon begriffen, daß die Eigenentfaltung nicht ohne Miteinbeziehung der Umwelt erfolgen kann, und daß das Kräftefeld zwischen persönlichen Bedürfnissen und der Anpassung an die vorgefundene Umgebung zur Charakterbildung dienen kann. Das hier immer noch vorhandene persönliche Souveränitätsstreben beginnt damit, weitere Entfaltungsmöglichkeiten mehr im vernünftigen und zweckmäßigen Arrangement mit anderen zu sehen als in der bloßen Selbstverwirklichung. So wird es möglich, sich bewußt großen Persönlichkeiten unterzuordnen, andererseits aber auch von anderen ähnliche Dienstbarkeit und Devotion zu erwarten. Die Nähe zum Vollmond zeigt oft scharfe Verstandesmenschen an, die durch ihre Thesen prägend wirken, da sowohl die Berücksichtigung der Belange anderer, als auch subjektive Autorität ihre Thesen stützen.

5. Der/die bei Vollmond Geborene (180 bis 225 Grad) ist durch Objektivität und klares Bewußtsein als Ergebnis soziokultureller und interpersoneller Beziehung und Erfahrung gekennzeichnet. Was in den vorhergehenden Mondphasen vornehmlich gefühlt wurde, hat sich nun zum geistigen Konzept verdichtet. Je nach Entwicklungshöhe kann das einen Status objektiven Klarblicks bis hin zur Erleuchtung oder aber auch eine Scheidung der subjektiven von der objektiven Welt mit schizoiden Tendenzen beschreiben. Hier beginnt das Bedürfnis nach Einbindung in das Kollektiv, nicht zuletzt aus einem hier deutlich werdenden Schutzbedürfnis der Eigenperson heraus. Denn die Hälfte der für den Zyklus vorhandenen Energie ist bereits verausgabt, so daß das Vertrauen auf die Kraft der Eigenperson nicht mehr ausreicht und schon ansatzweise die Notwendigkeit einer Stütze durch die Sozietät gesehen wird. Umwelt ist ab hier mindestens gleichberechtigt mit Eigenwelt. Und da die persönliche und organische Entfaltung nun mehr und mehr in den Hintergrund tritt, gewinnt die überpersönliche und abstrakte Welt zunehmend an Bedeutung.

6. Der sendungsbewußte Typus (225 bis 270 Grad) kommt aus der gesehenen Objektivität (Vollmond), die sich auch setzen

und verdichten konnte (Vollmondtyp) und tendiert nun dazu, Ideen und geistige Konzepte missionarisch zu verbreiten. Hier besteht ein besonderes Bedürfnis, anderen zu demonstrieren, was gelernt und »objektiv« erfahren wurde. Abstraktion, Idee und Konzept soll hier populär gemacht werden. Die eigene Wichtigkeit für das Kollektiv soll durch die Präsentation von Wissen unter Beweis gestellt werden. Je nach Niveau reicht hier das Spektrum von fanatisch-hartnäckigem Vertreten von Leitbildern und Ideen mit Kreuzzugsmentalität bis zu weise-maßvollem Vermitteln von Einsichten in Sinnzusammenhänge des Daseins. Verwurzelung in alten, haltbietenden Ideengebilden und neugierige Exkursion in die Weite der Geistigkeit sind in dieser Phase vergleichbar mit dem Ringen des zunehmenden Typus (45 bis 90 Grad) zwischen der Verhaftung an ein schutzbietendes Revier einerseits und dem Drang nach weiterer organischer Expansion.

7. Der/die im dritten Viertel des Mondes Geborene (270 bis 315 Grad). Wenn wir davon sprechen, daß sich der/die im ersten Viertel Geborene in einer *körperlichen* Auseinandersetzung und einer *Aktionskrise* befindet, so ist der/die im dritten Viertel Geborene durch einen geistigen Kampf oder anders ausgedrückt, durch eine »*Bewußtseinskrise*«, charakterisierbar. Am wichtigsten ist diesen Menschen die Verkörperung ihres ideologischen Glaubens in feste Systeme (gedanklicher oder institutioneller Art). Persönliche wie soziale Beziehungen werden hier oft auf Prinzipien reduziert. Persönliches, das am Anfang des Mondzyklus besonders ausgeprägt war, hat sich hier zugunsten überpersönlicher gesellschaftlicher Strukturen fast verloren. Es herrscht hier die Hoffnung, Halt zu finden in auf feste Ordnung gegründeten gedanklichen und gesellschaftlichen Systemen. Der zunehmende Verlust der eigenen körperlichen und psychischen Flexibilität und Kraft soll ersetzt werden durch unverrückbare, »ewige« Gesetze, an die »man« sich

halten kann. Der immer deutlicher wahrnehmbare Schwund an vitaler, organischer und seelischer Kraft soll hier durch den Ruf nach »law and order«, nach allgemeinverbindlichen Normen kompensiert werden.

8. Der/die vor Neumond Geborene (315 bis 360 Grad) ist durch den Ausklang eines Zyklus und damit auch durch das Übergangsstadium zu dem nächsten folgenden neuen Zyklus gekennzeichnet. Er/sie blickt auf die Erfahrungen aus der nunmehr fast abgeschlossenen »Reise durch einen Entwicklungszyklus« zurück und ahnt bereits den Beginn des Neuen. Da dieser Typus seine Vitalkräfte nahezu verbraucht hat, wirkt er/sie oft etwas erschöpft, aber durch die vielen Vorerfahrungen auch abgeklärt. In seiner/ihrer Vitalschwäche sehnt er/sie sich nach einer Stütze durch die Gemeinschaft, die er/sie aber nicht wie der im dritten Viertel geborene Typus in Ordnungssystemen zu finden hofft, sondern in einer »Kommunion«, einem schweigenden, innigen Austausch mit anderen. Oft sehnt er/sie sich danach, seine/ihre Erfahrungen mit anderen Menschen teilen zu können, doch finden sich oft nur wenige, von denen er/sie sich verstanden fühlt, würde doch ein Verständnis einen ähnlich langen Erfahrungsweg voraussetzen. Da er/sie sich selbst so kurz vor dem Abschluß des gerade durchlaufenen Kreises erschöpft und zerbrechlich fühlt, kann er/sie die Ambitioniertheit und Motiviertheit derjenigen, die in ihrer Mondphase am Anfang des Zyklus stehen, schlecht nachvollziehen. Es macht unsicher, nichts mehr vor sich zu haben. Die Stabilisierung fehlt, die sich aus dem Hinstreben auf ein zu erreichendes Ziel ergibt. Aus dem Wissen um zyklische Verläufe ahnt er/sie »prophetisch« auch den Verlauf zukünftiger Zyklen, fühlt das Saatstadium vor dem »Urknall« eines neuen Zyklus mit dem nahen Neumond. Wie sich im Vorvollmondtyp die *persönliche* Entwicklung vervollkommnet, so findet hier der letzte Schliff in der sozialen Entwicklung statt. Verständnisvolles Miteinander, Kommu-

nion mit dem anderen im schweigenden Wissen um dessen existentiellen Leiden.

Mondphasen und Tierkreis

Wenn wir die vier Kardinalpunkte des Mondphasenzyklus und, nach der nochmaligen Unterteilung, die acht Mondphasentypen betrachten, können wir erkennen, daß dieser Zyklus denselben Gesetzmäßigkeiten eines archetypischen Kreisverlaufs folgt, wie wir das schon beim Tierkreis als archetypischen Kreis wahrgenommen haben. Anders ausgedrückt: Tierkreiszyklus und Mondphasenzyklus weisen deutlich ins Auge springende Ähnlichkeiten auf.

So ist unschwer die Ähnlichkeit zwischen der Samenkonstellation des Neumondes als Beginn des Mondzyklus einerseits und dem 0 Grad-Widderpunkt als Beginn des Tierkreises andererseits zu erkennen. In beiden geht es um den Beginn der Entfaltung organischer Strukturen, um einen sehr subjektiv gefärbten »Aufbruch der Kräfte«. Im Widderzeichen ist dieselbe voll aufgeladene Energie spürbar wie im sich gerade entfaltenden Neumond, in dem der Mond noch übervoll von der Aufladung durch die solare Energie ist.

Ebenso deutlich ist die Entsprechung zwischen dem Vollmond einerseits und dem 0 Grad-Waagepunkt des Tierkreises andererseits.

Zum einen versinnbildlicht die Opposition zwischen Sonne und Mond bei Vollmond die Situation der Waage mit dem Horoskopmittelpunkt als Waagebalken und den beiden Oppositionspunkten als Waagschalen, in denen die »Alternativen« Sonne und Mond gegeneinander abgewogen werden; zum anderen ist das Tierkreiszeichen Waage symbolisch das Zeichen des »Bildes«, der »Idee«, der »Partnerschaft«, allesamt Entsprechungen, wie wir sie für die Vollmondsituation herausgearbeitet hatten.

Auch die beiden anderen Kardinalpunkte des Mondzyklus lassen sich mit den kardinalen Tierkreiszeichen Krebs und Steinbock auf einen Nenner bringen. Man könnte den Krebs deutlicher umschreiben als ein Zeichen, in dem die Seele aus dem Schatten tritt, in dem ein Gefühl des »Wir« entsteht und die Aussteuerung zwischen den Interessen am eigenen Wachstum und den Bedürfnissen aus dem partnerschaftlichen Umfeld beginnt, in dem »Individualität« in der Schwangerschaft zu entstehen beginnt. Das gilt auch für den Vergleich des abnehmenden Viertels mit dem Tierkreiszeichen Steinbock, denn hier tritt die Seele in den Schatten, werden Alterungsprozesse registriert, und es wird danach getrachtet, sie durch entsprechende Ordnungssysteme, Grundsätze und Prinzipien aufzuhalten und die Situation mit dem Ruf nach »law and order« zu stabilisieren.

Wenn wir also feststellen können, daß im Grunde Mondzyklus und Tierkreiszyklus demselben archetypischen Kreismuster folgen, so können wir Ableitungen, die wir uns für das eine Kreismodell erarbeitet haben, entsprechend auf den anderen Kreis übertragen und auf diese Weise Tierkreiszeichenanalogien durch Erkenntnisse aus dem Mondkreis ergänzen und umgekehrt.

Hilfreich wird uns das allerdings vor allem für die Deutung der Mondphasen sein, da zum Tierkreis ja schon ein wesentlich ausführlicheres ideelles und empirisches Wissen existiert.

Wir können uns daher weitgehend die mühselige Arbeit ersparen, all die Zwischenphasen des Mondzyklus philosophisch abzuleiten, die sich zwischen den kardinalen Punkten des Mondzyklus (Neumond, erstes Viertel, Vollmond, drittes Viertel) ergeben, wie dies beispielsweise in der tradierten Mondastrologie, die schließlich 28 sogenannte »Mondstationen« unterscheidet, getan wird.

Durch die Gleichsetzung von 0 Grad Widder mit Neumond, 0 Grad Krebs mit dem zunehmenden ersten Viertel, 0 Grad Waage mit Vollmond und 0 Grad Steinbock mit dem abnehmenden dritten Viertel haben wir für alle Mondphasen (oder »Mond-

Tierkreis und »Mondkreis«

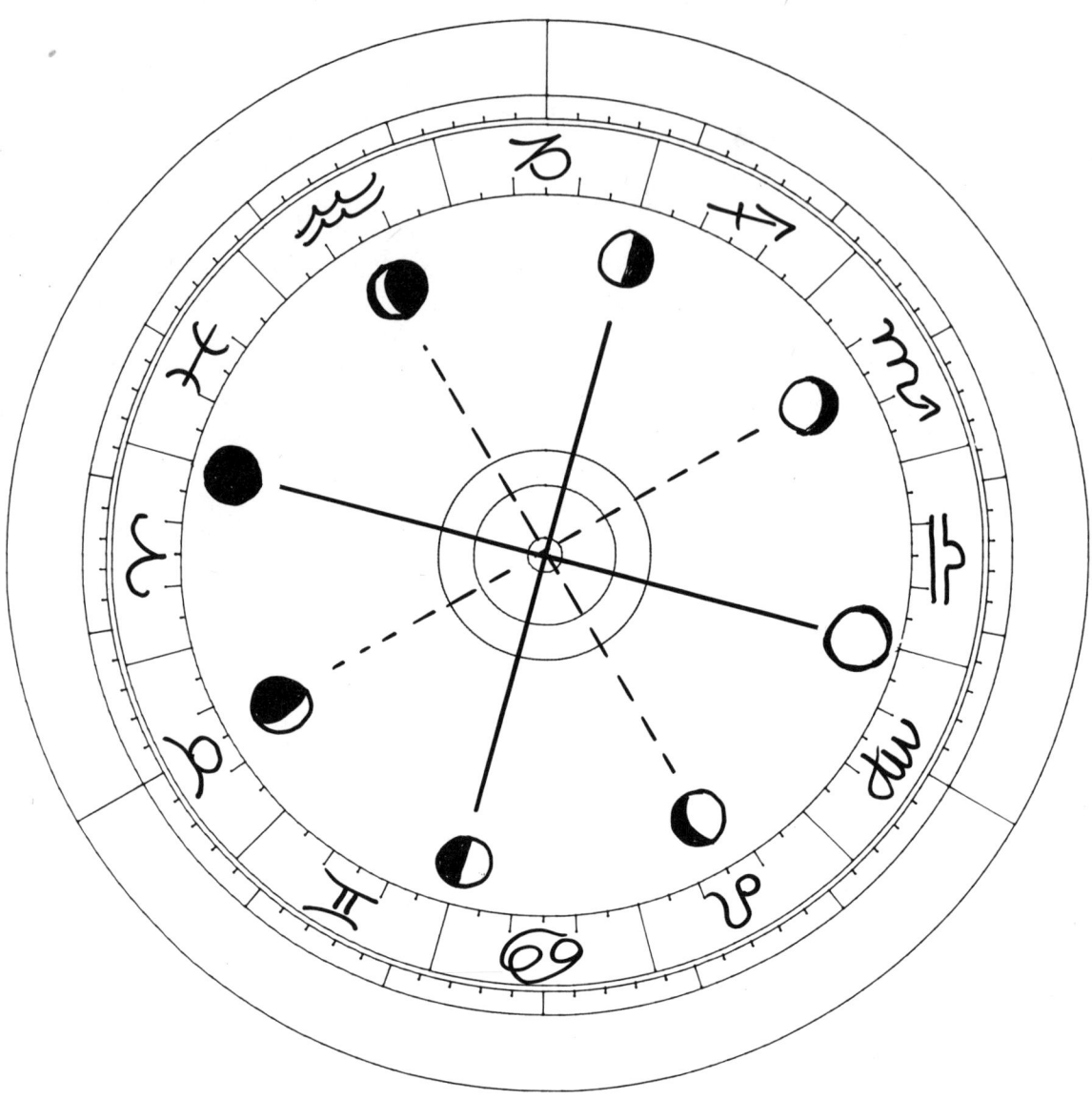

stationen«, wie sie in der alten Mondastrologie auch oft genannt werden), die entsprechende Symbolik aus dem Tierkreis als Aussage.

So können wir beispielswseise eine Mondphase, die im »I. Quadranten« des Mondzyklus liegt und durch einen Abstand von 40 Grad zwischen Sonne und Mond gekennzeichnet ist, als »Stiermondphase« begreifen, da 40 Grad im Tierkreis (der mit 0 Grad bei 0 Grad Widder beginnt) 10 Grad Stier entsprechen würde.

Ein Abstand von 275 Grad zwischen Sonne und Mond (abnehmender Mond im letzten Viertel) entspräche dann einer »Steinbockmondphase« (275 Grad = 5 Grad Steinbock) und ein Abstand zwischen Sonne und Mond von 355 Grad einer »Fischemondphase« (355 Grad = 25 Grad Fische).

Letztgenannte Fischemondphase bezeichnet Dane Rudhyar übrigens sehr bildhaft als »balsamic moon«, der einen Menschentypus beschreibt, der, von sehr zarter Konstitution (durch die lange Reise durch den Mondzyklus an Vitalkräften schon recht schwach), sein Heil in der Kommunion (nicht Kommunikation!) mit anderen Menschen sucht, eine Kennzeichnung, in der wir unschwer die Fischethematik wiederfinden können.

Der Glückspunkt

Die Bedeutung des Glückspunktes

Um die Bedeutung des Glückspunktes verstehen zu können, ist es zunächst wichtig, sich zu vergegenwärtigen, daß es sich beim Glückspunkt um eine *individualisierte Mondphasenbetrachtung* handelt, also quasi um einen Unterfall der Mondphasenastrologie. Bei der bisherigen Betrachtung der Mondphasen handelte es sich um eine mundane Betrachtungsweise, d. h. eine bestimmte Mondphase ist auf der ganzen Welt gleich, ist noch nicht durch eine ortsspezifische Betrachtung präzisiert.

Bei der Betrachtung des Glückspunktes wird durch die Bezugnahme auf den Aszendent als ortsspezifischem Punkt im Horoskop die Mondphase auf den Geburtsort des Horoskopeigners bezogen und damit individualisiert.

Wenn wir den Aszendent darüber hinaus als das Anliegen des Horoskopeignes verstehen, so bedeutet der Glückspunkt das In-Verbindung-Bringen der Mondphase mit diesem Anliegen.

Auf welche Art und Weise diese Verbindung erfolgt, können wir dadurch verdeutlichen, daß der Glückspunkt im Horoskop immer im selben Gradabstand zum Aszendent steht wie der Mond innerhalb der Mondphase zur Sonne. Bei einer Mondphase von 65 Grad Abstand zwischen Sonne und Mond kommt der Glückspunkt also 65 Grad nach dem Aszendent zu stehen (durch die Formel: Glückspunkt = Aszendent + Mondphase).

Bildlich ausgedrückt heißt das: Wenn wir die Mondphase als feste Verbindung zwischen Sonne und Mond vorstellen und diese Mondphase so drehen, daß die Sonne mit dem Aszendent zur Deckung gebracht wird, dann kommt der Mond durch diese Drehung an dem Ort des Tierkreises zu stehen, an dem der Glückspunkt eingezeichnet ist.

Aus dieser bildlichen Vorstellung können wir nun ableiten, worin die Bedeutung des Glückspunktes liegt.

Wenn es dem Horoskopeigner gelingt, »das Licht der Bewußtheit« (Sonne) auf sein Anliegen (AC) zu werfen (Sonne in Verbindung mit dem AC gebracht), dann wird er sich in dem Zeichen und dem Haus seines Horoskopes verwirklichen, in dem sein Glückspunkt steht, denn dort trägt ja der Mond seiner Mondphase seelisch und körperlich die solare Energie aus.

Der Glückspunkt beschreibt also, wo und wie der Mensch seine größte leiblich-seelische Ausstrahlung entfalten kann, die ein Sinnbild dafür ist, daß er sich sein Uranliegen (AC) bewußt (Sonne) gemacht hat und diese Bewußtheit zu verkörpern (Mond als Austräger, Verkörperer der solaren Energie in der Mondphase) vermag.

Er läßt den Menschen dann als besonders »echt« und »stimmig« erscheinen, verleiht ihm eine einzigartig-individuelle Ausstrahlung, wie man sie etwa mit dem Charakter eines Musikinstrumentes – z. B. »dieser einen Strativari« – vergleichen könnte.

Die Berechnung des Glückspunktes

Beim Glückspunkt handelt es sich – technisch-astrologisch gesprochen – um einen Summenpunkt, einen sensiblen Punkt im Tierkreis, der sich aus den für die Gesamtpersönlichkeit zentral bedeutsamen Faktoren Aszendent, Sonne und Mond zusammensetzt. Er errechnet sich aus der Formel: Aszendent + Mond − Sonne, oder anders ausgedrückt: Aszendent + Mondphase.

Der Glückspunkt

Wenn also beispielsweise der Aszendent bei 10 Grad Löwe liegt und im betreffenden Horoskop eine Mondphase von 55 Grad gegeben ist (Abstand Sonne zu Mond 55 Grad), so errechnet sich ein Glückspunkt von 185 Grad; d.h. 5 Grad Waage. Denn die Formel lautet: AC (= 130 Grad = 10 Grad Löwe) + Mondphase (55 Grad) = 185 Grad.

Der Glückspunkt müßte dann mit ⊕ als Symbol bei 5 Grad Waage im Horoskop eingezeichnet werden.

Er kann freilich auch durch die oben genannte ausführliche Formel errechnet werden. Gesetzt den Fall, wir haben noch einmal den Aszendenten bei 10 Grad Löwe, die Sonne bei 3 Grad Widder und den Mond bei 28 Grad Stier, so müßte die Berechnung lauten: Aszendent + Mond − Sonne = ⊕, also 130 Grad + 58 Grad (= 28 Grad Stier) − 3 Grad (= 3 Grad Widder) = 185 Grad, also 5 Grad Waage.

Sollte bei dieser Rechnung eine Gradzahl von mehr als 360 Grad entstehen, so müssen natürlich, um das richtige Ergebnis zu erhalten, erst noch die 360 Grad abgezogen werden und die dann entstehende Gradzahl in das entsprechende Tierkreiszeichen umgerechnet werden.

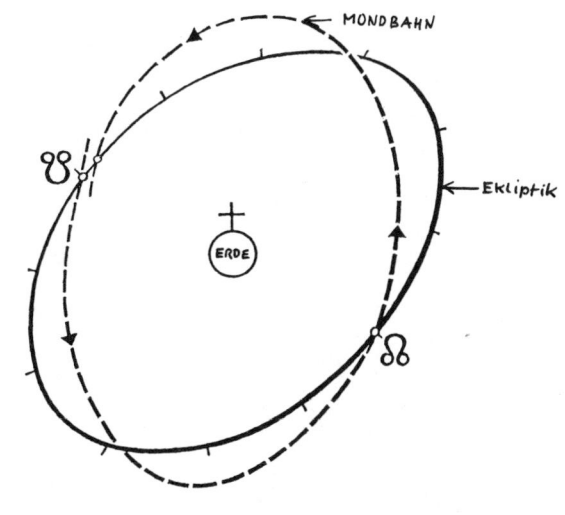

Merke: In einigen alten Astrologiebüchern finden Sie möglicherweise verschiedene Formeln zur Errechnung des Glückspunktes, je nach dem, ob es sich im betreffenden Horoskop um eine Taggeburt oder eine Nachtgeburt handelt.

Dabei wird davon ausgegangen, daß ein Mensch, der tagsüber geboren ist und damit eher kopfbetont, sein Glück eher in einer rein geistigen Entfaltung finden könne, als in einer seelischen. Meiner persönlichen Erfahrung nach trifft dies nicht zu, so daß Sie nach meinem Dafürhalten die oben genannte Formel für alle Geburtsbilder einsetzen können.

Soweit Sie aber selbst die oben erwähnte Theorie testen wollen, hier die beiden Formeln:

– Nachtgeburt (Sonne unter dem Horizont): ⊕ = AC + MO − SO;
– Taggeburt (Sonne über dem Horizont): ⊕ = AC + SO − MO.

Die Mondknotenachse

Astronomisch gesehen ist die Mondknotenachse die Schnittachse der Ebene, in der die Mondbahn liegt, mit der Ebene, in der die Sonnenbahn liegt (Ekliptik).

Die beiden Polenden dieser Schnittachse werden Mondknoten (MK) genannt, wobei der aufsteigende der beiden Mondknoten auch als nördlicher Mondknoten oder Drachenkopf, der absteigende Mondknoten als südlicher oder Drachenschwanz bezeichnet wird (siehe Abb. S. 84).

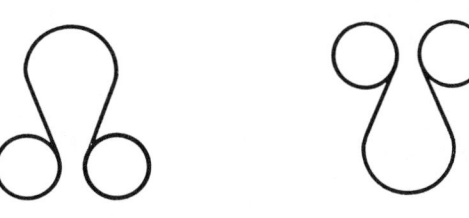

DER AUFSTEIGENDE MONDKNOTEN   DER ABSTEIGENDE MONDKNOTEN

Neben der wenig aussagekräftigen überlieferten Deutung der Mondknoten, nach der sie als »Verbindungspunkt« für Vereinigungen und Partnerschaften eine besondere Rolle spielen sollen, haben die Mondknoten vor allem im Rahmen der sogenannten »karmischen Astrologie« Bedeutung.

Betrachtet man das Horoskop als eine Raum-Zeit-Gleichung, als eine Momentaufnahme der Zeitqualität im Entwicklungsweg eines Menschen (oder einer Sache), so kann die Momentaufnahme im Augenblick der Geburt (das Radixhoroskop) als auskristallisiertes Muster der Vergangenheitserfahrung der Seele bis zum Augenblick der Geburt verstanden werden. Die Zeitqualität der Geburt enthält also die Summe an Erfahrungen der Vorgeschichte eines Menschen in seinen Vorinkarnationen und stellt damit gleichzeitig die Basis dar, auf der seine Weiterentwicklung stattfindet.

Die Mondknotenachse

So gesehen kann man das Horoskop in seiner Gesamtheit als »Karma« des Menschen verstehen.

Und doch gibt es nach dem traditionellen Verständnis der Astrologie nochmals besondere Faktoren innerhalb des Horoskopes, die mehr als andere Themen der Vorgeschichte, der Vergangenheit des Horoskopeigners beschreiben, und zwar spezifisch solche Themen, welche durch Unbewußt-heit im Umgang damit entwicklungshemmend wirkten, Themenkreise also, die als »karmische Verstrickungen« bezeichnet werden könnten oder mit dem moderneren psychologischen Begriff »konditionierte Reflexe«.[22] Zu diesen speziellen »karmischen Faktoren« innerhalb eines Geburtsbildes gehören die Mondknoten, insbesondere der absteigende, südliche Mondknoten, der »Drachenschwanz«.

Eine immer wieder in der praktischen Arbeit astrologischer Beratungen sich bestätigende These zum absteigenden Mondknoten ist die, daß sich am Tierkreiszeichen und dem Haus, in dem der absteigende Mondknoten steht, ablesen läßt, durch welche Verhaltensmuster der Horoskopeigner besonders konditioniert und damit gefesselt ist.

So erscheint es durchaus zutreffend, wenn beispielsweise Schulman[23] den absteigenden Mondknoten als »Treibsand« für die Persönlichkeit bezeichnet, in dem sie immer wieder zu versinken droht.

Häufig findet man auch in der alten astrologischen Literatur den Hinweis, daß der absteigende, südliche Mondknoten »lunaren« Charakter habe, der aufsteigende, nördliche dagegen »solaren«. Nach meiner persönlichen Erfahrung ist dies eine sehr zutreffende symbolische Umschreibung der Mondknotenqualitäten, denn der *absteigende (südliche) Mondknoten* birgt sehr viel »Mondhaftes« in sich. Da ist einmal die Fähigkeit des Mondes zu erwähnen, sich an Vergangenes sehr gut zu erinnern, eine Fähigkeit, die oft auch eine Fesselung an Vergangenes bewirken kann. Auch ist der Mond ein Symbol für das Vermögen, geradezu kindlich aufnahmefähig zu sein und sich von Eindrücken »prägen« zu lassen.

Ferner weist er symbolisch auf die Mutterleibssituation hin und damit auch auf das Bedürfnis, in der Schutzsituation des bergenden Mutterleibs verbleiben zu wollen, sich in diese »familiär vertraute Sphäre« immer wieder zurückzuziehen, um sich einer »Emanzipation« oder »Individuation« zu entziehen.

Dieses Regredieren in vertraute, weil gewohnte Situationen, die »Prägung« durch Erfahrungen, die sich in der Erinnerung festgesetzt haben und damit ein stetiges um denselben Themenkomplex Kreisen, sind Gefahren, die vom absteigenden Mondknoten ausgehen.

Die Grundhaltung, welche der südliche Mondknoten verkörpert, ist die eines Kindes, das seine Kindheit nicht verlieren möchte, nicht erwachsen werden möchte, ein Märchen»held«, der sich weigert »auszuziehen, um das Fürchten zu lernen«.

Der solare Charakter des *aufsteigenden (nördlichen) Mondknotens* beschreibt dagegen den Entwicklungsweg des »Märchenhelden«, den abenteuerlichen Individuationsweg in die Freiheit und Ganzheit, einen Weg freilich, der es dem Horoskopeigner abverlangt, »sich ein Herz zu fassen« (Herz = Sonne) und »in die kalte Welt hinauszuziehen«.

Dort, wo im Horoskop der nördliche Mondknoten steht (bildlich gesprochen der »Drachenkopf« lauert), warten quasi die zwölf Werke des Herakles auf ihn, Aufgabenstellungen, die ihn zwingen, aus der gewohnten, immer geübten Sicherheit von Verhaltensweisen Abschied zu nehmen, die im südlichen Mondknoten gegeben sind, und all das auf seinem Individuationsweg zu integrieren, was zu einer wirklich »runden« Persönlichkeit noch fehlt.

Wie Sie aus der bisherigen Beschreibung der Charakteristik der Mondknoten schon entnehmen können, ist in der Mondknotenachse eine Entwicklungsrichtung vom südlichen (absteigenden) zum nördlichen (aufsteigenden) Mondknoten hin vorgezeichnet. So kann man den absteigenden Mondknoten als Vergangenheit und den aufsteigenden als Zukunft betrachten.

Um diesen Weg aus der Vergangenheit in die Zukunft aber auch als sinnvollen Weg zu begreifen, ist es wichtig, bei der Interpretation der Mondknotenachse den absteigenden Mondknoten eher »unerlöst« und den aufsteigenden »erlöst« zu deuten, so daß im Weg in die Zukunft auch eine Höherentwicklung erkennbar wird.

Das geschieht am einfachsten dadurch, daß man auf den Charakter der Konditionierung beim absteigenden Mondknoten hinweist, denn allein schon die gewohnheitsmäßige Wiederholung von Verhaltensmustern ist als unerlöst anzusehen, da sie ja situationsadäquates Verhalten unmöglich macht. Da es keine zwei identischen (wenn auch oft ähnliche) Situationen gibt, geht man in konditionierten Verhaltensmustern immer am wesentlichen Moment der Evolution (nämlich dem neuen Aspekt einer Situation) vorbei. Damit wird auch eine »gute« Angewohnheit zur unlebendigen Monotonie.

Der aufsteigende Mondknoten dagegen bringt die Herausforderung, sich dem Neuen an der jeweiligen Situation zu stellen.

Zusammenfassend könnte man zur Charakteristik der Mondknoten also sagen, daß der absteigende Mondknoten die Vergangenheit des Horoskopeigners beschreibt, und zwar in der Weise, daß er die eingeschliffenen, gewohnt und bequem gewordenen Verhaltensmuster des Betreffenden zeigt, die für diesen den Weg des geringsten Widerstandes bedeuten, Verhaltensmuster also, in die der Horoskopeigner immer wieder unbewußt zurückrutscht, die ihm zum Reflex erstarrt sind und in die er deshalb immer aufs Neue regrediert, weil sie ihm »familiär vertraut« sind.

Im aufsteigenden Mondknoten dagegen wartet das »Abenteuer«, sich dem Leben auf ungewohnte, bisher noch nicht geübte Art und Weise zu stellen und sein Verhaltensrepertoire um die Tierkreiszeichen- und Häuserqualität zu erweitern, die der aufsteigende Mondknoten in seinem Horoskop aufweist.

Der aufsteigende Mondknoten kann also als eine Pfeilspitze verstanden werden, die in den Horoskopbereich zeigt, der besonders integrationsbedürftig ist, der absteigende Mondknoten dagegen wie das Pfeilende, das einen bestimmten Horoskopbereich verlassen möchte, der allzulange als Konditionierung gefesselt hat. Somit bekommt die Mondknotenachse besondere Bedeutung für Situationen im Leben, in denen man sich als festgefahren erlebt, in denen man in einer »Pattsituation« gefangen ist und nach Ansatzpunkten für die Weiterentwicklung sucht.

In solchen Situationen weist der aufsteigende Mondknoten wie ein Finger auf den Horoskopbereich (Zeichen, Haus, Aspek-

tierung des nördlichen Mondknotens) hin, der als erster Schritt aus der Verfahrenheit der Situation heraushilft. Über diese aktuelle Hilfestellung hinaus zeigt der nördliche Mondknoten aber auch generell an, was im Laufe des Lebens an Qualitäten vor allem noch integriert werden soll, in welchem Bereich im Sinne einer Individuation des Horoskopeigners vor allem Entwicklung stattfinden soll.

Bezeichnenderweise habe ich in meiner langjährigen astrologischen Beratungspraxis bei der Besprechung der Mondknoten fast nie erlebt, daß ein Klient über die Formulierung der Aufgabenstellung, die im nördlichen Mondknoten liegt, besonders glücklich war bzw. große Neigung hatte, sich mit diesen Themenkreisen auseinanderzusetzen. Vielmehr tendiert fast jeder dazu, sich in die kindliche Wiederholungshaltung zurückzuziehen und die gewohnten Muster des absteigenden Mondknotens weiter beizubehalten.

Um in Beratungssituationen die Entwicklung des Horoskopeigners angemessen zu stimulieren, erscheint daher folgendes besonders wichtig:

– die *Bewußtmachung* der Verhaltenskonditionierung in der Art seines absteigenden Mondknotens. Man kann sich nur von etwas ablösen, was wirklich bewußt geworden ist. Dazu kann es manchmal nötig sein, noch einmal, aber diesmal vollbewußt, das alte Verhaltensmuster zu durchleben, um es dann hinter sich lassen zu können.

– das *Aufzeigen* der im aufsteigenden Mondknoten liegenden Chancen und Möglichkeiten (dazu ist eine »erlöste« Deutung des aufsteigenden Mondknotens wichtig), um quasi den »Appetit« auf die »zwölf Arbeiten des Herakles« anzuregen, die dort auf ihn warten.

Die Mondknotenachse im 1. und 7. Haus
(Orts- und Begegnungsachse)

Aufsteigender MK im 1. Haus

Die alte Konditionierung (fesselnde Gewohnheit) liegt darin, sich immer am anderen zu orientieren. Der absteigende MK in 7 zeigt hier ein Festklammern an Urteilen oder Meinungen, die von außen kommen, und hemmt so die Entwicklung. Schlagwort: »Die alte Abhängigkeit von Umwelt und Partner«. Es gilt, sie sich erst einmal bewußtzumachen.

Die durch den aufsteigenden MK in 1 gezeigte Lernaufgabe lautet: »Lerne dich auf deine innere Stimme zu konzentrieren und aus dir selbst heraus zu entscheiden. Achte auf Impulse in dir selbst und auf Hinweise aus der eigenen Körperlichkeit (z. B. Krankheitssymptome mit Hinweischarakter). Lege das Schwergewicht im Zweifelsfall mehr auf die Praxis (1. Haus) als auf die Theorie (7. Haus).«

Aufsteigender MK im 7. Haus

Der gewohnte Reflex ist hier der, sich auf sich selbst und in sich selbst zurückzuziehen. Schlagwort: »Der egozentrische Eigenbrötler«. Die altgewohnte Sicherheit wird in der Beschäftigung mit sich selbst gefunden. Angst, aber auch die eigentlichen Entwicklungsmöglichkeiten liegen dagegen im Zugehen auf den anderen und in der sich öffnenden Auseinandersetzung mit der begegnenden Umwelt oder konkret mit dem Partner.

Die Mondknotenachse im 2. und 8. Haus
(Besitzachse)

Aufsteigender MK im 2. Haus

Die Fesselung durch die altgewohnte Opferrolle. Das gewohnte Muster (absteigender MK in 8) liegt hier im Raubbau an der Substanz, die für eine Idee geopfert wird. Hohe Leitbilder zwangen schon immer zum Verzicht. Die alte Scheu, sich etwas nehmen zu dürfen, führt zu unstillbaren Hungergefühlen. Schlagwort: »Der hungrige Sklave seiner Ideale«.

Die Aufgabe lautet hier, die eigene Existenz zu sichern, Vermögensbildung zu lernen, sich in der greifbaren Realität zu verwurzeln, die Füße auf dem Boden der Tatsachen zu haben, Bodenständigkeit als etwas Wesentliches anzuerkennen.

Aufsteigender MK im 8. Haus

Besitzinteressen und existentielles Sicherheitsbedürfnis haben sich schon lange als Entwicklungshemmer bewiesen. Die Fixierung auf die greifbare Realität führt nicht weiter. Für das eigene Umfeld und enge Gruppenangehörige Besitz zu horten ist zu wenig.

Die Lernaufgabe liegt darin sehen zu lernen, daß es noch andere Dinge zwischen Himmel und Erde gibt als die sinnlich erfaßbaren, und daß »Stuhlgang« für weiteres Wachstum ebenso notwendig ist wie »Nahrungsaufnahme«. Für ein – wenn auch nicht greifbares – Ideal auf substanzielle Sicherheit zu verzichten heißt, die Erfahrung zuzulassen, daß auch Ideen Halt und Sicherheit vermitteln können.

Die Mondknotenachse im 3. und 9. Haus
(Erkenntnisachse)

Aufsteigender MK im 3. Haus

Die »Flucht in die Ferne« im konkreten Sinn als das Sich-Entziehen durch ferne Reisen, wie auch im übertragenen Sinne als »philosophisches Abheben« ist hier das »alte Übel« (absteigender MK in 9). Häufig findet man bei dieser Konstellation auch Selbstschutz durch Arroganz (geistige Überheblichkeit) und religiöse Verirrung (z. B. pseudoreligiöse Pathetik) als Gefahren. Der alte Reflex, alles ethisch oder moralisch zu bewerten kann hier tief verwurzelt sein.

Die durch den aufsteigenden MK in 3 bezeichnete Aufgabe liegt darin, Dinge wertfrei sehen zu lernen, die Relativität von Wertvorstellungen akzeptieren zu lernen und sich mehr auf das nähere Umfeld zu konzentrieren, als in die Ferne abzuschweifen. Offenheit, Vorurteilsfreiheit und Neutralität sind Eigenschaften, die bei dieser Konstellation integriert werden wollen.

Aufsteigender MK im 9. Haus

Hier dagegen liegt das alte Übel in charakterlosem Relativismus. Sein Fähnchen nach dem Wind zu drehen und opportunistische Schläue sind altgewohnte Reflexe. Die Gefahr, nur die Funktion der Dinge – aller Bedeutungsinhalte entleert – zu sehen, kann dazu führen, sinnlos Wissen anzuhäufen, was eigentlich keines ist.

Der aufsteigende MK in 9 kann als Hinweis verstanden werden, nicht nur »in den Zeilen des Lebens zu lesen«, sondern auch dazwischen, und erkennen zu lernen, daß alles Sichtbare nicht nur konkret, sondern auch als Gleichnis verstanden werden kann und damit Bedeutung in sich trägt. Es soll gelernt werden, nicht nur den Zweck, sondern auch den Sinn der Dinge zu sehen.

Die Mondknotenachse im 4. und 10. Haus
(Zeit- und Individuationsachse)

Aufsteigender MK im 4. Haus

Fesselung an öffentliche Aufgabenstellungen, Abhängigkeit von gesellschaftlichen Positionen, Rang und Ruf können hier ebenso zu den alten Mustern gehören, wie ein Sklave seines Berufes und seines Ehrgeizes oder ein sogenannter »workaholic« zu sein, der süchtig ist auf Arbeit und Erfolg (absteigender MK in 10).

Lernaufgabe ist hier oft, sich mehr auf das vernachlässigte Privatleben zu konzentrieren, Familienleben und Intimsphäre mehr zu beachten, seelische Nähe vor beruflichen Ehrgeiz zu stellen. Hier geht es auch darum, sich nicht vom Diktat des Kopfes seelisch verkrüppeln zu lassen, das Leben auch einmal aus der »Perspektive des Bauches« zu erfahren, im besten Sinne seine Kindlichkeit zu entdecken.

Aufsteigender MK im 10. Haus

Hier dagegen ist der alte Reflex der, sich in das Privatleben wie in einen schützenden Mutterleib verkriechen zu wollen, ein »Stubenhocker« zu bleiben. Das Zuhause wird hier gerne dazu benutzt, sich den Aufgaben, die »draußen« (aufsteigender MK in 10) warten, zu entziehen und Kind ohne eigene Verantwortung zu bleiben. Sich in augenblicklichen Stimmungen launenhaft abzureagieren wirkt hier entwicklungshemmend.

Aufgabe ist dagegen, die Angst vor der Öffentlichkeit überwinden zu lernen, sich durch Standpunkte zu profilieren und sichtbar Verantwortung zu übernehmen. Mit dieser Konstellation ist ein deutlicher Hinweis dafür gegeben, durch berufliches Engagement, durch die Suche nach einer höheren Aufgabe im Leben ein reiferer Mensch zu werden.

Die Mondknotenachse im 5. und 11. Haus
(Kreativitäts- oder Schöpfungsachse)

Aufsteigender MK im 5. Haus

Hier liegt die fesselnde Konditionierung im geistigen Abenteurertum, eine Flucht in die Welt der Gedanken und blutleerer Abstraktion. Die eigene Kreativität droht beschränkt zu bleiben auf einer »Brainstormingebene«, baut oft nur Luftschlösser und schillernde Glaspaläste. Das Erstarren in einer schrullig-absonderlichen Ideenvielfalt verhindert oft die tatsächlichen Abenteuer. Es erscheint bei der Position des absteigenden MK in 11 eben einfacher, in der Unverbindlichkeit der Gedankenwelt von Idee zu Idee zu springen, als sich persönlich in das Abenteuer Leben zu stürzen (was dem zu integrierenden MK in 5 entspräche).

Daher geht hier die Lernaufgabe dahin, sich mutig mit der Subjektivität der eigenen Gefühlswelt in das Leben einzubringen, das Leben als Spiel, als »großen Sandkasten« auffassen zu lernen, der zur Gestaltung auffordert. Auch Sexualität als spielerischer Ausdruck, als ein »Sich-Potent-Zeigen« möchte hier gelernt werden, ein Weg hin zu wahrer Souveränität.

Aufsteigender MK im 11. Haus

Sich zurückzuziehen auf »Imponiergehabe«, durch die eigene Ausstrahlung beeindrucken zu wollen, ist hier die unbewußte Gewohnheit. Das Leben auf die Funktion einer Bühne zur Selbstdarstellung zu beschränken und die eigene Subjektivität als Maß der Dinge zu betrachten, kann bei der Position des absteigenbden MK in 5 die Weiterentwicklung behindern.

Deshalb liegt hier die Lernaufgabe darin sehen zu lernen, daß man nicht »Nabel der Welt« ist und die geistige Freiheit zu gewinnen, andere als gleichberechtigt neben sich anzuerkennen. Freundschaft in der Weise, daß sich zwei Menschen auf gleicher Ebene begegnen, will hier eben noch gelernt werden. Das gilt auch für die Fähigkeit, freier von der eigenen Subjektivität und Emotionalität zu werden, also objektiver und abstrakter zu denken.

Die Mondknotenachse im 6. und 12. Haus
(Wahrnehmungsachse)

Aufsteigender Mondknoten im 6. Haus

Hier lauert die Gefahr im Rückzug in den Mystizismus, in einem Wegfliegen in Traumwelten, um so den konkreten Anforderungen des Alltags zu entgehen. Unbewußtes »Aussteigertum«, sein Heil in Ashrams und klösterlicher Isolation zu suchen, weil man die gegenständliche Welt nicht akzeptieren kann, ist hier ein eingeschliffener Reflex. Die Versuchung wird hier oft groß sein, einem weltfremden, romantisch-phantastischen Ideal von heiler Welt auf den Leim zu gehen und sich damit vor den praktischen Verpflichtungen des Lebens zu drücken. So kann Weltfremdheit und Illusionismus gedeihen.

Deshalb ist hier die Aufgabe (aufsteigender MK in 6), sich der nüchternen Realität stellen zu lernen und das Wunder mehr im Alltäglichen als im Jenseitigen finden zu lernen.

Die Einbindung in ein Sozialgefüge (z. B. Arbeitsplatz) und die Übernahme der einem dort spezifisch zukommenden Aufgabe ist hier ebensowichtig, wie rationale Argumente und vernünftige Überlegungen anerkennen zu lernen.

Aufsteigender Mondknoten im 12. Haus

Mit dem absteigenden MK in 6 bleibt man gerne in der reinen Rationalität verhaftet. Es zählen dann nur mehr Argumentation, Kausalität und »vernünftige Beweisführung«. Auch läßt man sich hier gerne von der Nüchternheit des Arbeitsalltags fesseln, reduziert das Leben auf Existenzsicherung, Verwertung, Nützlichkeit und Praktikabilitätserwägungen.

Zu diesem auf die Funktionen der Großhirnrinde beschränkten Leben soll mit dem aufsteigenden MK in 12 »der Mut zur Unvernunft« ergänzend hinzugefügt werden. Es soll gelernt werden, nicht nur das naturwissenschaftlich Beweisbare anzuerkennen, sondern auch »das Leben zu schauen«, sich mit ihm meditativ zu einen, und es so nicht nur aus der in Subjekt und Objekt gespaltenen Beobachterhaltung heraus zu sehen, sondern es aus einem ALL-Eins-Sein zu erfahren. Dazu kann der Mut zum Weg ins Irrationale ein erster Schritt sein. Auch Alleinsein will hier gelernt werden.

Zur Position der Mondknoten in den Häusern müssen natürlich auch noch die Stellung in Tierkreiszeichen und eventuelle Aspekte auf die Mondknoten berücksichtigt werden.

Dabei gilt wegen des Entwicklungsthemas in der Mondknotenachse auch hier die Regel, daß die Position des absteigenden MK eher unerlöst (bindend) und die Position des aufsteigenden MK erlöst gedeutet werden sollte.

Zur Kombinatorik drei kurze Beispiele:

Beispiel 1: Aufsteigender Mondknoten im 7. Haus in Widder, absteigender Mondknoten im 1. Haus in Waage.

Deutung: Zu den »liebgewonnenen« Verhaltensmustern des Horoskopeigners gehört es, sich immer wieder auf- und in sich selbst zurückzuziehen (südl. MK in 1) und dabei Situationen diplomatisch zu beschönigen (südl. MK in Waage).

Er sollte lernen, mit Initiativkraft und Entscheidungsfreude, manchmal auch mit der Bereitschaft zur Auseinandersetzung (nördl. MK in Widder) auf andere Menschen zuzugehen (nördl. MK in 7), Konflikten in der Partnerschaft nicht auszuweichen, sondern sich auch kampfbetonten Situationen zu stellen, um so den partnerschaftlichen Kontakt als stimulierend, Entscheidungen fördernd und Neubeginne anregend zu erleben.

Beispiel 2: Aufsteigender MK im 6. Haus in Stier, absteigender MK im 12. Haus in Skorpion.

Deutung: Von alters her besteht beim Horoskopeigner ein konditionierter Reflex, sich in eigene Traumwelten zurückzuziehen und sich auf mystische Betrachtungsweisen (südl. MK in 12) leitbildhaft zu fixieren (südl. MK in Skorpion). Eine Grundhaltung klösterlichen (12. Haus) Verzichts (Skorpion) und weltflüchtiger Tendenzen kennzeichnet »das alte Muster« und den »Weg des geringsten Widerstandes«.

Weiterentwicklung findet für den Horoskopeigner dagegen besonders dort statt, wo er lernt, im Berufs- und Alltagsleben (nördl. MK in 6) Wurzeln zu schlagen (nördl. MK in Stier), Gruppenleben (Stier) am Arbeitsplatz (6. Haus) zu üben und sich pragmatisch mit der Ebene des Broterwerbes auseinanderzusetzen.

Beispiel 3: Aufsteigender MK im 4. Haus in Wassermann, absteigender MK im 10. Haus in Löwe.

Deutung: Die Rückerinnerung an gesellschaftliche Machtpositionen führt dazu, immer wieder nach der Wiederholung gesellschaftlicher Anerkennung zu streben. Dieses oft unbewußte Macht- und Anerkennungsstreben verhindert in seiner Monotonie echte Weiterentwicklung.

Die Aufgabenstellung für die Zukunft würde vielmehr darin liegen, sich schwerpunktmäßig auf den Privatbereich, das Familienleben zu konzentrieren (nördl. MK in 4) und hier eine sehr freiheitlich-freundschaftliche Umgangsform zu entwickeln, die die anderen »Familienmitglieder« gleichberechtigt behandelt (nördl. MK in Wassermann als Zeichen der »Freiheit, Gleichheit, Brüderlichkeit«).

Die Planetenrückläufigkeit

Bei der in der Astrologie in erster Linie gebräuchlichen geozentrischen Betrachtungsweise erscheint der Lauf mancher Planeten in Phasen rückläufig.

Natürlich gibt es objektiv und tatsächlich betrachtet keine solche Rückläufigkeit, doch ist es für den astrologischen Blickwinkel richtig, die Konstellationen am Himmel auf das Geschehen auf der Erde zu beziehen, und von hier aus betrachtet erscheint es tatsächlich so, als verlangsamten sich die Bewegungen der Planeten phasenweise bis hin zu einem Moment des Stillstandes, um dann sogar rückläufig zu werden und schließlich wieder in die übliche Vorwärtsbewegung überzugehen.

Von diesem Phänomen der phasenweisen Rückläufigkeit sind nur die Sonne und der Mond ausgenommen, alle anderen Gestirne können rückläufig werden, was für den entsprechenden Zeitraum in den Ephemeriden durch ein »R« (für Rückläufigkeit) vermerkt ist. Die Rückläufigkeit von Planeten ist in dem hier verwendeten Formular bei den Planeten vermerkt.

Selbstverständlich hat auch dieses Phänomen der Rückläufigkeit seine Bedeutung, wie ja nach dem Grundsatz der esoteri-

Die Rückläufigkeit

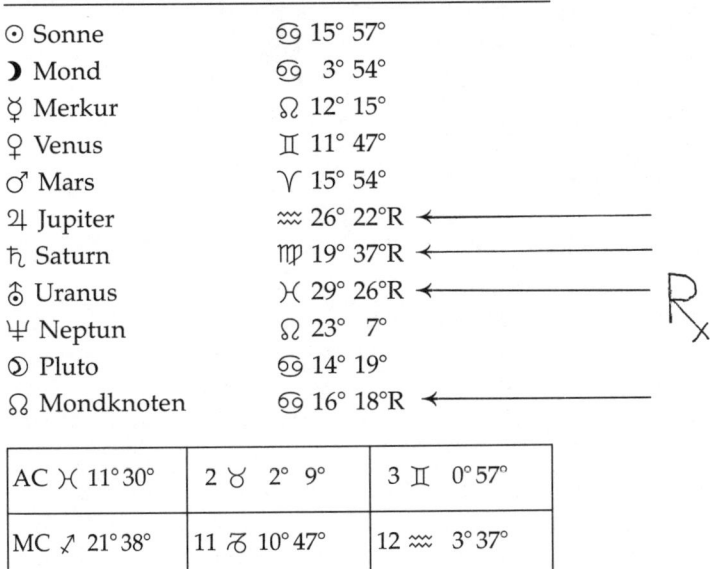

☉ Sonne	♋ 15° 57°
☽ Mond	♋ 3° 54°
☿ Merkur	♌ 12° 15°
♀ Venus	♊ 11° 47°
♂ Mars	♈ 15° 54°
♃ Jupiter	♒ 26° 22°R ←
♄ Saturn	♍ 19° 37°R ←
♅ Uranus	♓ 29° 26°R ←
♆ Neptun	♌ 23° 7°
♇ Pluto	♋ 14° 19°
☊ Mondknoten	♋ 16° 18°R ←

AC ♓ 11° 30°	2 ♉ 2° 9°	3 ♊ 0° 57°
MC ♐ 21° 38°	11 ♑ 10° 47°	12 ♒ 3° 37°

schen Astrologie »alles Sichtbare gleichnishaft ist« und deuterisch erfaßt werden kann.

Weiter gilt in der astrologischen Deutung die Regel, daß eine Deutung um so präziser und wahrer ist, je unmittelbarer das zu deutende Phänomen sprachlich umgesetzt wird. Je weniger »Fachbegriffe« und komplizierte Sprachschöpfungen nötig sind, um das Phänomen zu deuten, und je mehr es gelingt, eine bloße deutliche Beschreibung des beobachteten Vorganges schon in ihrer Gleichnishaftigkeit zu verstehen und als bereits fertige Deutung anzunehmen, um so exakter das Ergebnis.

Für die Rückläufigkeit bedeutet dies, daß es eine »normale« Vorwärtsläufigkeit von Gestirnen gibt, die derjenigen von Sonne und Mond folgt, eine Vorwärtsbewegung nicht nur örtlich, sondern auch zeitlich betrachtet, also in einer definierten Richtung von Vergangenheit über Gegenwart nach Zukunft hin.

Aus dieser Tatsache läßt sich die Schlußfolgerung ziehen, daß die Rückläufigkeit von Planeten eine *Rückwendung in die Vergangenheit* darstellt, eine Blickrichtung eben nicht nach vorne in die Zukunft, sondern zurück in bereits Erlebtes (denn die Tierkreisgrade, welche der rückläufige Planet während seiner Rückläufigkeit durchwan-

dert, wurden ja schon vorher berührt). Man kann die Rückläufigkeit also als eine Art »Rückerinnerungsphänomen« verstehen, als ein Bedürfnis, bereits Erlebtes noch einmal zu überdenken, eventuell nachzubearbeiten, oder aber als ein »Haften an der Vergangenheit«, welches sich dem natürlichen Lauf der Dinge (Vorwärtsläufigkeit) widersetzt. Rückläufigkeit wirkt sich oft wie ein »Treibanker« aus (bezogen auf die »Segelfahrt durch das Leben«), hemmt oder verzögert oft auch sinnvollerweise die Fahrt nach vorne.

Wenn wir – wofür ich persönlich plädieren möchte – alles Geschehen in diesem Kosmos (altgriech. kosmos = Ordnung) als sinnhaft betrachten, so kann auch die Rückläufigkeit von Planeten nur als sinnvoller Hinweis auf eine nötige Rückbesinnung und »Vergangenheitsbewältigung« verstanden werden.

In Horoskopen mit einer großen Anzahl rückläufiger Planeten ist also das Thema »Vergangenheitsbewältigung« ein offenbar sehr dringliches, was wohl auch der Grund dafür ist, daß die Rückläufigkeit in der astrologischen Literatur meist unter der Überschrift »Astrologie und Karma« abgehandelt wird.[24]

Wenn wir Rückläufigkeit demnach als *»Draht in die Vergangenheit«* verstehen, so kann sich dies – je nach dem Entwicklungsniveau des Horoskopeigners – entweder als Fesselung durch unzulänglich verarbeitete Vergangenheitserlebnisse auswirken oder aber als unmittelbarer Zugang zu bereits in Vorleben erworbenen Fähigkeiten.

Die Rückläufigkeit von Planeten vermittelt – worauf auch Schulman (a.a.O.) hinweist – eine Art »deja vu-Effekt«, d. h. sie gibt dem Horoskopeigner das Gefühl, einen Sachverhalt aus eigener Erfahrung zu kennen, obwohl es dafür in der Geschichte seines gegenwärtigen Lebens keinen tatsächlichen Anhaltspunkt gibt.

Sprechen Menschen über ein Thema, welches der Symbolik des in ihrem Horoskop rückläufigen Planeten und auch dessen spezifischer Position in Haus, Zeichen, Aspektierung entspricht, so wird das oft sehr stark bei anderen den Eindruck hinterlassen, daß derjenige *aus Erfahrung* spricht, da die Rückläufigkeit wie ein Kanal in dessen Vergangenheit zurückreicht und quasi von dort Erfahrungssubstanz »abzapft«. Während der Erzählung »regrediert« der Betreffende dann sozusagen in das durch den rückläufigen Planeten bezeichnete Thema, und erlebt es während der Erzählung noch einmal durch, was seinen Worten diesen Charakter von Erfahrungsträchtigkeit verleiht.

Die Rückläufigkeit kann freilich auch ein Indiz dafür sein, daß die gegenwärtige Situation in den Dienst der Verarbeitung der alten Situation gestellt wird, und damit zu situationsinadäquatem Verhalten führt. Es liegt dann eine »Verirrung in der Zeit« vor, da sich durch den »deja vu-Effekt« aktuelle Situation und die durch die Rückläufigkeit restimulierte vergangene Situation vermischen.

Die Konditionierungen aus der alten Erfahrung können dann reflexartig in der gegenwärtigen Situation ablaufen und zu »Verzerrungen« in deren Bearbeitung führen. Wie schon oben erwähnt, wird hier das Entwicklungsniveau des Horoskopeigners eine entscheidende Rolle spielen, da eine weitgehend bewußt verarbeitete Vergangenheit sich bei »deja-vu-Restimulation« kaum störend, sondern sogar oft als hilfreich erweisen wird.

Zum Technischen ist noch wichtig zu erwähnen, daß mit der Rückläufigkeit von Planeten auch die Häuserebene und damit der Lebensbereich, in dem sich das Geschehen vorwiegend lokalisiert, im Sinne der Wirkung der Rückläufigkeit mitbetroffen ist. Das bedeutet, daß beispielsweise bei Vorhandensein rückläufiger Planeten im 10. Haus der ganze Themenkreis des 10. Hauses (wie etwa Beruf im Sinne von Berufung, Öffentlichkeitsarbeit, gesellschaftliches Profilierungsbestreben, Suche nach überpersönlichen Aufgabenstellungen im Leben etc.) sehr eng mit Erfahrungen aus der Vergangenheit verknüpft ist, und damit eine Neigung zur Problemlösung im Sinne alteingeübter Verhaltensmuster vorliegt.

Nach meiner persönlichen Erfahrung läßt sich die Mitbetroffenheit der Häuserebene durch die Planetenrückläufigkeit aber nicht oder zumindest nicht in derselben Stärke bei den Tierkreiszeichen feststellen, in denen rückläufige Planeten stehen. Die Zeichenqualität wird also unbeeinflußt durch die Rückläufigkeit zu deuten sein.

Neben dem »Treibankereffekt« oder dem »Baggereffekt« (Ausgraben alter, der gegenwärtigen Situation ähnelnder Erfahrungen) verleiht die Rückläufigkeit dem Horoskopeigner eine eher introvertierte Haltung in den entsprechenden, durch die Rückläufigkeit bezeichneten Lebensbereichen, was sich durch den »inneren Blick zurück« erklären läßt.

Beispiele zur Deutung der Rückläufigkeit

Merkur rückläufig im 9. Haus:

Hier sind die gesamten Merkuranalogien, aber auch – mitbetroffen – die des 9. Hauses von der Rückläufigkeit geprägt. Das kann, was Merkur angeht, ein Hinweis auf einen besonderen Zugang zu früher einmal gesprochenen Sprachen bedeuten oder die Möglichkeit zur Reaktivierung von

Händlerqualitäten, die im gegenwärtigen Leben nicht erlernt wurden, aber durch den Kanal in die Vergangenheit zur Verfügung stehen.

Auch kann generell die Art, mit Wissen umzugehen (Informationsaufnahme und -weitergabe = Merkur), durch Verhaltensmuster aus der Vergangenheit geprägt sein, und je nach der Qualität der Vorerfahrungen in der gegenwärtigen Situation hilfreich oder störend sein.

Die Mitbetroffenheit des 9. Hauses zeigt nicht nur, daß die angedeuteten »Merkurregressionen« bevorzugt auf weiteren Reisen oder zu philosophischen oder religiösen Themenstellungen (9. Haus) stimuliert werden, sondern auch, daß in den Bereichen des 9. Hauses selbst (Weltbild, Religion, Sinnsuche, Werbung, weite Reisen) ein solcher »Draht« in die Vergangenheit besteht, und zwar vornehmlich ein intellektuell gefärbter (Merkur).

Venus im 12. Haus rückläufig:

Eine rückläufige Venus ist generell als Hinweis darauf anzusehen, daß im erotischen und künstlerischen Bereich ein besonderer Zugang zu Erfahrungen aus Vor-

leben gegeben ist, was sich auf sehr vielfältige Art und Weise äußern kann. Da mögen Vorlieben für bestimmte Kulturepochen mit deren spezifischer Prägung in Kunststilrichtungen und Mode in Schmuck und Kleidung vorliegen, oder eben auch die Einstellung einer bestimmten Zeit oder auch einer persönlichen Vorerfahrung zu Erotik und Partnerschaft die gegenwärtige Situation mitbeeinflussen.

Die Position der Venus im 12. Haus könnte sich dergestalt auswirken, daß Einsamkeit und Erotik oder klösterliche Einstellungen zur Erotik, geheime Liebschaften oder Sehnsucht nach spirituellen Formen der Erotik zur Vergangenheitserfahrung des Betreffenden gehören, und sich mittels des Kanals der Rückläufigkeit in die Jetztsituation einschleichen.

Die Mitbetroffenheit des 12. Hauses weist auf den Zugang zu Vorerfahrungen in den gesamten Themenkreisen des 12. Hauses, wie etwa unfreiwillige oder selbstgewählte Isolation und Einsamkeit (Schlagworte der alten Astrologie zum 12. Haus: »Gefängnis, Kloster, Krankenhaus«) und Neigung zu entsprechenden deja-vu-Effekten hin.

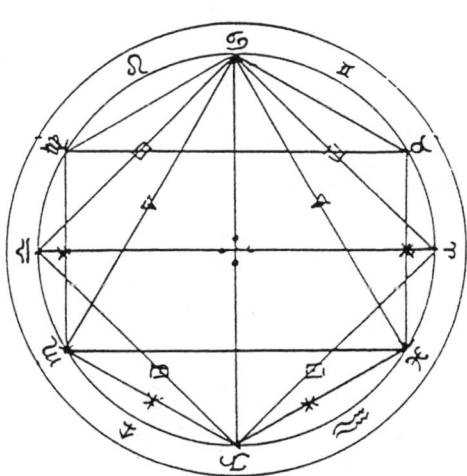

Dritter Teil   Die Deutung von Beispielhoroskopen

Bei den Horoskopdeutungen möchte ich so vorgehen, daß ich Ihnen zunächst das Horoskop vorstelle und deute, noch ohne zu erwähnen, um wen es sich dabei handelt. Das gibt Ihnen die Möglichkeit, die Deutungsschritte unvoreingenommen mitverfolgen zu können.

Es empfiehlt sich, nach der »Enttarnung« des Horoskopeigners die gesamte Deutung noch einmal durchzuarbeiten. Bei dieser Arbeit werden Sie auch feststellen können, wie wichtig es ist, ein Horoskop zunächst auf möglichst abstakter Ebene zu deuten, insbesondere deshalb, weil dadurch dem Horoskopeigner ein Entwicklungsspielraum innerhalb der Symbolik zugestanden wird, und der Gefahr subjektiver Wertungen und einer Festlegung der Persönlichkeit aus einer Vorurteilshaltung heraus vorgebeugt wird.

Beispielhoroskop 1

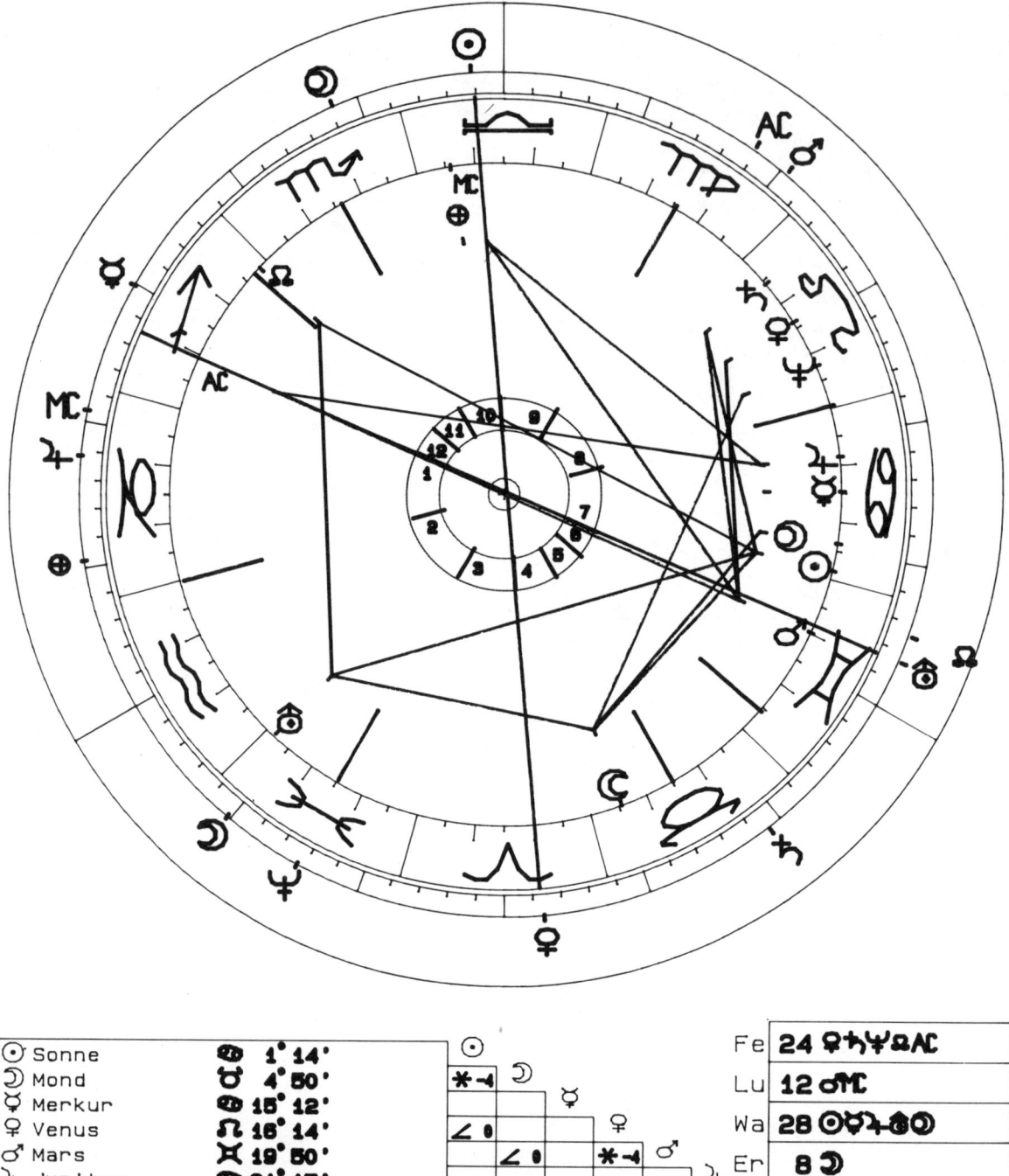

☉ Sonne	♋ 1° 14'	☉									Fe	24 ♀♄Ψ☊AC		
☽ Mond	♉ 4° 50'	✳ -4	☽								Lu	12 ♂MC		
☿ Merkur	♋ 15° 12'			☿	♀						Wa	28 ☉♀♃☊☽		
♀ Venus	♌ 16° 14'	∠ 0				♀					Er	8 ☽		
♂ Mars	♓ 19° 50'			∠ 0	✳ -4	♂								
♃ Jupiter	♋ 21° 15'						♃							
♄ Saturn	♌ 24° 24'	✳ -7			✳ 3			♄						
⛢ Uranus	♓ 1° 35' ℞	△ -0	✳ 3	⚹ -1					⛢					
♆ Neptun	♌ 7° 40'		□ 3							♆				
♇ Pluto	♋ 6° 2'	♂ 5	✳ 1								♇			
☊ Mondknoten	♐ 2° 30' ℞	⊼ 1								□ -1			☊	
AC ♐ 21° 11'	2 ♒ 0° 20'	3 ♓ 14° 47'	☍ -1			♐ -1	⊼ -0						AC	
MC ♎ 19° 42'	11 ♏ 14° 30'	12 ♐ 3° 47'				△ -0	□ -2						MC	

96

1. Die Elementverteilung

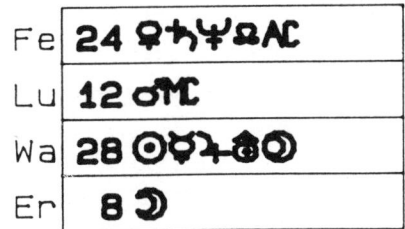

Wir beginnen systematisch mit der Erörterung der Temperamentsgrundlage aus der Elementverteilung, die hier lautet: 24 Feuer-, 12 Luft-, 28 Wasser- und 8 Erdpunkte. Daraus können wir die Schlußfolgerung ziehen, daß es sich bei dem Horoskopeigner gleichzeitig um einen »feurigen«, aber auch »wäßrigen« Menschen handelt, einen Menschen also, bei dem willentliches und seelisches Engagement im Vordergrund stehen.

Das Vorherrschen von Feuer und Wasser zeigt uns eine leidenschaftliche Temperamentsgrundlage auf, deren Stärken in seelischer Beeindruckbarkeit und Anteilnahme einerseits (Wasser) und Initiativkraft und Führungsqualitäten (Feuer) andererseits liegen, während der Betreffende offenbar eher weniger »luftig« – diplomatisches Geschick, neutrale Vermittlungsfähigkeit (Luft) und sachliche, materielle Interessen (Erde) sein eigen nennt.

Das aus dem Feuer gegebene Bedürfnis nach »Auftrieb«, nach willentlicher Durchsetzung und dem Wunsch »nach oben zu kommen« mag oft im Widerspruch zur Neigung zu seelischer Anpassung und Hingabe stehen und verlangt so nach einer Synthese in Form von »einfühlsamer Führung« oder »selbstbewußter Hingabe«.

Beiden hier betonten Elementen Feuer und Wasser ist gemeinsam, daß sie sich sehr unmittelbar und verbindlich mit ihrer näheren Umgebung auseinandersetzen, wobei bei beiden verschiedene Spielarten von »Transformation« dieser ihrer Umgebung eine Rolle spielen. Feuriges Engagement verwandelt beispielsweise feste Aggregatszustände in flüssige oder gasför-mige und trägt so, was »unten lag«, nach oben. Wasser löst Verfestigtes. Beide Elemente verändern also ihre Umgebung in deutlich sichtbarer Weise.

Der praktische Realitätssinn sowie die Fähigkeit Substanz anzusammeln, ist mit acht Erdpunkten schwach ausgeprägt.

Zusammenfassend könnte man also sagen, daß die Talente des Horoskopeigners vorwiegend in seiner Fähigkeit liegen, sich einfühlsam zu engagieren, sich leidenschaftlich und willentlich – durchsetzungskräftig für Dinge einzusetzen, die ihn seelisch berühren. Idealistisches, willens- und gefühlsbetontes Engagement überwiegen praktischen Realitätssinn und Traditionsgefühl (Erde) sowie unverbindliche Kompromißfähigkeit.

Er wird sich nicht immer leicht damit tun, sich objektiv und neutral zu verhalten und gradlinig seinen Grundsätzen zu folgen, er wird aber mit subjektivem Engagement und seiner lebendigen, leidenschaftlichen Art die eher fehlende Ausdauer und die schwach ausgeprägte Diplomatie wettmachen. Was ihm an Gründlichkeit (Erde) fehlt, wird durch Initiativkraft, Organisationstalent und Einfühlungsvermögen ausgeglichen. Seine Lebendigkeit und Lebensnähe (Feuer/Wasser) muß er bisweilen mit emotionaler Erregbarkeit und persönlicher Verwickeltheit (Feuer/Wasser) in Situationen bezahlen.

Obwohl ich mich bemüht habe, mich hier kurz zu fassen, sehen Sie, daß man schon aus dem einfachen Einstiegsbaustein der Elementverteilung erstaunlich viel über einen Menschen auszusagen vermag. Daß dies einfach und allein aus den Geburtsdaten eines Menschen abgeleitet werden kann, mag einem Nichtastrologen schon fast wie ein kleines Wunder vorkommen.

Merke: An obigen Formulierungen sehen Sie, daß das Denken der esoterischen Astrologie kumulativer und nicht alternativer Art ist. Esoterik erkennt als richtig an, daß Wahrheit mehr mit der Summe aller Blickwinkel zu tun hat als mit »Wahrheiten«, die sich gegen »Falsches« abgrenzen. Deshalb gibt es bei der Analyse von Geburtsbildern auch nur scheinbar das Problem von »Unvereinbarkeiten« von Persönlichkeitsfaktoren.

Bei der obigen Elementbetrachtung könnte sich für einen Anfänger in der astrologischen Deutung etwa das Problem stellen, daß das stark ausgeprägte Feuerelement ein Hinweis ist auf einen »feurigen Willenstyp«, der alles mitreißt, während die vielen Wasserpunkte einen »nahe ans Wasser gebauten«, anlehnungsbedürftigen Gefühlstyp charakterisieren.

Häufig macht der Anfänger/die Anfängerin dann den Fehler – alternativ denkend –, die Frage nach einem »Entweder – Oder« zu stellen, und in Brachiallösungen zu versuchen, dem einen oder anderen Aspekt den Vorrang einzuräumen. Dieser krampfhafte Versuch, eine widerspruchsfreie Persönlichkeitsstruktur zu konstruieren, entspricht aber nie dem wahren Leben und damit der wahren Persönlichkeitsstruktur, die geradezu von oder aus der Gegensatzspannung ihre Lebendigkeit erhält.

Die vereinfachende Beschreibung, daß der Horoskopeigner eben entweder nur ein durchsetzungsfähiger Willenstyp oder aber ein hingabefähiger Gefühlstyp sein kann, wird ihm sicher weniger gerecht als die Beschreibung, daß er beide Komponenten mit ihrer *anfänglichen* Widersprüchlichkeit und der innewohnenden *Entwicklungsmöglichkeit* zur Synthese in sich trägt.

Ein Entweder-Oder-Denken führt gerade bei astrologischen Interpretationen zu unzulässigen Vereinfachungen, während das kumulative Sowohl – Als auch *am Anfang* für unseren unterscheidenden und urteilenden Verstand zwar weniger griffig erscheint, aber schließlich zu lebendigeren und wahreren Aussagen führt.

2. Die Verteilung der Planeten in den Quadranten

Die Planetenverteilung in den Quadranten ergibt im vorliegenden Horoskop sehr eindeutige Aussagen.

Zunächst einmal können wir feststellen, daß die rechte Horoskophälfte mit neun von zehn zu rechnenden Faktoren (Mondknoten, Glückspunkt oder andere sensible Punkte bleiben bei dieser Auszählung außer Betracht) entscheidend überwiegt.

Im Leben des Horoskopeigners geht es demnach zu »90 Prozent« um die Begegnung, um das Erfahren von Umwelt und Kontakt und nur zu »10 Prozent« um die Eigenperson. Eine so deutliche Dominanz des DU-Bereichs zeigt, daß der Betreffende die Umweltsituation sehr dringend als Katalysator für die eigene Entwicklung braucht, daß es ihm, anders ausgedrückt, nicht gut täte, sich über längere Zeiträume auf sich selbst zurückzuziehen.

Im Gegensatz zu Menschen, die eine starke Betonung der linken Horoskophälfte aufweisen und damit eher viel Zeit für sich selbst aufwenden (auf sich selbst bezogene Persönlichkeitsstruktur), ist es die Aufgabe unseres »Kandidaten«, sich sehr viel mit anderen Menschen auseinanderzusetzen und sich in Beziehungsthematiken einzubringen.

Er wird eher Schwierigkeiten damit haben, sich mit sich selbst zu beschäftigen und sich viel lieber von Situationen oder Menschen, die auf ihn zukommen, anregen lassen.

Ähnlich deutlich wie schon die Links-Rechts-Verteilung fällt hier auch die Betonung der oberen Horoskophälfte (über AC/DC) im Verhältnis zur unteren aus.

Sieben von zehn Planeten (wenn wir den Mars schon als in Konjunktion mit dem DC rechnen, sogar acht von zehn, also »70 Prozent« der Persönlichkeit zeigen hier »Kopfbetonung« in Relation zu »30 Prozent Bauch«.

Das bedeutet, daß der Horoskopeigner primär theoretisch an das Leben herangeht, zunächst die Dinge über den Kopf zu klären versucht und nicht gerade als der Prototyp eines Praktikers verstanden werden kann. Er versucht »oberbewußt« mit seinem »Tagbewußtsein« (also weniger instinktiv-intuitiv) das Leben zu begreifen, es ideell zu fassen.

Die deutliche Betonung des III. Quadranten meint also, daß er sich ideell (Kopf) mit dem anderen (rechts) auseinandersetzt, sich Gedanken um den anderen oder um Begegnungssituationen macht. Zusammenfassend könnten wir zu der Quadrantenverteilung etwa sagen, daß es sich hier um einen Menschen handelt, der sicherlich nicht gerne alleine ist, der sich bevorzugt mit anderen und seiner Umwelt auseinandersetzt, dies vor allem auf eine vorwiegend ideelle, kopfbetonte Art und Weise, und für den der Lebensbereich Partnerschaft (III. Quadrant) der alles andere dominierende ist. So kann bei der vorliegenden Kopf- und Du-Betonung ein geistiges Konzept von Zusammenleben entstehen, zu dessen praktischer Durchführung er allerdings (wenig »Bauch«) anderer Menschen bedarf, an die er die praktischen Angelegenheiten weitgehend delegieren sollte.

3. Der Aszendent

Der Aszendent – hier Schütze – zeigt uns bekanntlich das grundsätzliche Anliegen des Betreffenden, mit dem dieser an sein Leben herantritt. Er beschreibt den unterbewußten Wunsch, aus den »Morgennebeln« ans Tageslicht zu treten, als das Thema des Lebens, das verwirklicht werden möchte.

Bei einem Schütze-Aszendenten ist es das Bedürfnis nach innerer und äußerer Ausweitung und Entwicklung, das aus seiner »Verzauberung« erlöst werden möchte. Hier ist der Drang nach Weite, die Suche nach der Sinnhaftigkeit des Daseins, die »religio« (im Sinne einer Rückbindung an den Ursprung allen Lebens) in die Unbewußtheit gestürzt (AC), so daß der Betreffende den Wunsch in sich spüren wird, sich

besonders mit Weltbildern, Weltanschauungen, Religionen und Lebensphilosophien auseinanderzusetzen.

Es ist sein Anliegen, eine Synthese, einen Sinn im Leben zu finden, Großzügigkeit zu entfalten, mit Siebenmeilenschritten (global) durch die Welt zu gehen (zu reisen), ganz nach dem Motto: »Leben und leben lassen«.

Dabei ist es wichtig, diese Anlage wirklich bewußt leben zu lernen, damit sich nicht aus Großzügigkeit Großspurigkeit und Arroganz entwickeln, damit nicht aus der angelegten Fähigkeit zum Blick für das Ganze, für die Synthese, undifferenziertes Pauschalisieren wird.

Bei bewußtem Verwirklichen dieser Sehnsucht nach Weite wird dann auch keine neureiche »Jet-Set«-Welt (unerlöste Komponente des Schützen: »Duft der großen weiten Welt«), sondern mehr eine innere Ausweitung der Sinnfindung im Dasein entstehen können.

Angelegt sind in dieser Anlage auch Sendungsbewußtsein und eine im weitesten Sinne »missionarische«, »priesterliche« Komponente, die aus dem überdurchschnittlichen religiösen Bezug in Verbindung mit der »feurigen« Darstellungskomponente erwächst.

Da im Beispielhoroskop auch das Zeichen Steinbock noch im 1. Haus mit eingeschlossen ist (die Spitze des 2. Hauses läuft bereits durch Wassermann), muß auch die Steinbockqualität als die Anlage färbend mit einbezogen werden.

Das Anliegen des Horoskopeigners wird also sein, sich mit Armut, Beschränkung, Arbeit und Widerständen sowie (erlöst) mit Klarheit, Bescheidenheit, Ordnung, Strenge und Formung auseinanderzusetzen.

Die Kombination aus Schütze und Steinbock am Aszendenten läßt den Gedanken an die Institutionalisierung (Steinbock) eines Weltbildes der Toleranz (Schütze) aufkommen, insbesondere dann, wenn man dabei an die Verbindung der Zeichenherrscher Jupiter und Saturn denkt, deren Konjunktion ja als »die große Konjunktion«, als

»Religionsstifteraspekt« angesehen wird. Das jovische Prinzip der »religio« ist hier mit dem saturninen Prinzip der Formgebung, der Be-Gründung verbunden.

Hier treffen also im Anliegen wiederum scheinbar sehr gegensätzliche Bedürfnisse aufeinander, nämlich der Drang nach Expansion, Freude an der Fülle und Dynamik (Schütze) einerseits und die Notwendigkeit, sich mit den Beschränkungen, Grenzsetzungen und der strengen Seite des Lebens auseinanderzusetzen (Steinbock) andererseits. Aus dem Vollen schöpfen wollen und mit dem Ernst des Lebens konfrontiert zu werden, den wohlwollenden Gott im Leben zu suchen und doch auch die kalten Gesetze der realen Wirklichkeit akzeptieren zu lernen sind die Polaritäten, die im Lebensmaterial dieser Persönlichkeit bewußt gemacht, akzeptiert und zu einer Synthese gebracht werden wollen.

Zur näheren Definition des Anliegens dient unser nächster Schritt in der Grunddeutung, danach zu sehen, wo der Aszendentherrscher steht, um so feststellen zu können, auf welchen Lebensbereich (Haus) das Anliegen abzielt und wodurch es noch mitgefärbt wird (Zeichen).

In unserem Beispiel steht Jupiter als Aszendentherrscher im 7. Haus und im Zeichen Krebs. Damit zielt das eben beschriebene Anliegen besonders darauf ab, den anderen (7. Haus) auf mütterlich-umsorgende Art und Weise (Krebs) zu erreichen. Der andere soll entwickelt (Jupiter) und gefördert, ihm soll jovial (lat. wörtlich: jupiterhaft), wohlwollend begegnet werden.

Dazu kommt, daß Jupiter als AC-Herrscher hier im *eingeschlossenen* Krebs steht, was den Schluß zuläßt, daß das Wohlwollen nicht nur ganz allgemein auf das Du (7. Haus) gerichtet ist, sondern vor allem auf Kinder (Krebs) oder Mütter (Krebs), die sich in einer – wie auch immer – »eingeschlossenen« Lage befinden. (Eingeschlossene Zeichen haben unter anderem die Bedeutung, daß sich die entsprechenden Zeichenanalogien schwieriger und oft erst mit Verzögerungen ausleben lassen.)

Als Mitherrscher der Anlage will auch noch Saturn berücksichtigt werden. Dieser kann in seiner Position im 8. Haus so verstanden werden, daß ein Anliegen vorhanden ist, im Bereich fester Beziehungen (8. Haus = 2. Haus des 7. Hauses und damit das Haus der zum Bestand gemachten Beziehung[25]) Halt zu bieten (Saturn), diesem Bereich eine feste Form zu geben, ihn zu stabilisieren.

Dieses Anliegen läßt sich aus der inneren Logik des vorliegenden Horoskopes besonders gut verstehen, wenn wir sehen, daß Neptun der an erster Stelle im 8. Haus stehende Planet ist[26] und damit der erste und stärkste Eindruck im Bereich fester Beziehung, das Gefühl der Auflösung, des Verloren-Gehens, gefolgt von Venus im 8. Haus an zweiter Stelle als Ausdruck von Sich-Angezogen-Fühlen, von »oralem« Bedürfnis nach fester Beziehung und schließlich erst an dritter Stelle und damit auch in der zeitlichen Abfolge des Erlebens zuletzt die Stabilisierung und Verfestigung zum Bestand gemachter Beziehung.

Eine andere Ausdeutung von Saturn als Mitherrscher der Anlage im 8. Haus könnte sein, daß es das Anliegen des Betreffenden kennzeichnet, ein vitales (Saturn im Löwen) Leitbild[27] von Stabilität und Sicherheit durch Organisationsformen zu haben.

4. Die Sonne

Mit Hilfe der Sonnenposition im Horoskop können wir als nächstem Schritt in der Grundstruktur ermitteln, mit welcher *Verhaltensweise* der Horoskopeigner sein Anlagebedürfnis umzusetzen versucht. Die Sonne als Symbol für geballte Energie, für die Vitalität und Ausstrahlung eines Menschen, zeigt also das willentliche Sich-Einbringen ins Leben, die Art der Kraft, mit der sich ein Mensch »verwirklicht«.

Als Symbol für den Persönlichkeitskern, für ein Zentrum, können wir die Position der Sonne im Horoskop auch als den Ort deuten, wo der Mensch seinen »Lebensmittelpunkt« setzen möchte.

Die Tatsache, daß die Sonne im vorliegenden Fall im 7. Haus steht, weist uns also darauf hin, daß der Horoskopeigner seinen Lebensmittelpunkt in der Begegnung mit anderen Menschen setzen möchte, daß er seine Lebenskraft vorwiegend in partnerschaftliche Thematiken einbringen will.

Die Position der Sonne im Krebs zeigt dagegen die Art und Weise (Merke: Häuserebene: »Wo«; Zeichenebene: »Wie«) seiner Ausstrahlung. Mit einer Krebssonne verbinden sich archetypische mütterlich-weibliche Ausstrahlung, ein fürsorgliches, behütendes, familiär-orientieres Wesen. Sein Verhalten wird also eher durch weiche, gefühlsbetonte Züge gekennzeichnet sein, durch ein besonderes Empfinden für den Wert von Familie, Heim, Zuhause. Seine Lebensenergie wird von dem Grundgefühl getragen, umsorgen, behüten, ernähren zu wollen, Geborgenheit und Atmosphäre zu vermitteln, psychische Nähe zum anderen herstellen zu wollen und auch in eigener Person besondere Zuwendung zu erwarten. Er wird sich, gemessen am Archetypus männlichen Verhaltens, eher weich geben und sich sehr von seinen Gefühlen leiten lassen. Seine Stimmungsabhängigkeit mag ihn manchmal als etwas launisch (von lat.: luna, der Mond = Krebsherrscher) erscheinen lassen, gibt ihm andererseits aber auch durch sein Einfühlungsvermögen große Situationsnähe.

Seine Verhaltensweise wird sich weniger durch Konsequenz, Gradlinigkeit und Ausdauer (Eigenschaften des Krebsantipoden Steinbock) auszeichnen als durch die Fähigkeit, seelisch-taktierend und über Scheinanpassung zum Ziel zu gelangen. All die genannten Verhaltensmerkmale müssen aber erst unter Mühen erarbeitet werden, da das Krebszeichen und damit auch die Sonne eingeschlossen ist.

Obwohl die Aspekte nach den Grundregeln des hier vorgestellten Deutungssystems primär bei der Feinstruktur des Geburtsbildes berücksichtigt werden, ist es sinnvoller, diejenigen Aspekte, die auf Faktoren der Grundstruktur (wie Sonne, Mond, MC) treffen, in diesem Fall also die Sonnenaspekte, bei der Charakterisierung der Verhaltensweise mitzubeschreiben. Die anderen Aspekte können dann bei der Feinstruktur gedeutet werden.

Hier springt zunächst die Konjunktion der Sonne mit Pluto ins Auge. Dadurch wird eine Tendenz zum Raubbau an den eigenen Vitalkräften angedeutet, eine Neigung, sich ohne ein Gefühl für die Mitte, für sinnvolle Kräfteverteilung zeitweise bis zur Erschöpfung zu verausgaben, bis sich regenerative Erholungsphasen fast zwangsweise einstellen.

Diese Konjunktion weist auch auf eine leitbildhafte Fixierung im Verhalten hin, auf ein manchmal an Fanatismus grenzendes Engagement, das bereit ist, körperliche Opfer für das Ideal zu bringen, eine (ähnlich der Skorpion-Sonne) »Kamikaze«-Konstellation, die modellhafte Ideen über das körperliche Wohlergehen stellt.

Es wird hier ein leitbildhafter, idealer Perfektionismus im Verhalten angestrebt, der leider oft zu doppelbödiger Moral führen muß, da um des über alles gestellten Ideals willen eine Form des Verhaltens gelebt wird, von der der im Augenblick mögliche Inhalt abweicht. Die Modellhaftigkeit des Plutonisch-Skorpionischen errichtet nämlich häufig Übermenschlichkeitsideale, versucht das Unmögliche zu erzwingen und beinhaltet so einen Verdrängungsmechanismus des Organischen.

Andererseits macht dieses absolute »Alles oder Nichts« phasenweise Höchstleistungen möglich, soweit sie nicht schon im Ansatz am plutonischen »Überforderungssyndrom« ersticken. Dieser ideelle Perfektionismus ist als Anspruch aber nicht nur an die eigene Person gerichtet – was besonders bei der hier gegebenen Plutoposition im 7. Haus gilt –, sondern wird ebenso exzessiv an den anderen gestellt. Dies wird – der plutonischen Symbolik zufolge – allerdings in den seltensten Fällen direkt und offensichtlich getan, sondern in der Regel als »psychisch zwingendes Klima« dem anderen »untergeschoben«, oft auch in der Form, daß rein formal ein Anspruch an den anderen geleugnet wird (man möchte sich ja schließlich selbst ideal verhalten), im Gegensatz dazu aber eine Stimmung verbreitet wird, die gleichsam suggestiv das gewünschte Ergebnis erzwingen soll.

Mit letztgenannter Gabe, ein suggestiv-zwingendes Klima zu schaffen, läßt sich auch die bei dieser Konstellation oft vorgefundene Einflußmöglichkeit auf das Kollektiv, auf die Masse, erklären (besonders bei der Position dieser Konstellation im 7. oder auch 10. Haus), welche von dieser suggestiven Ausstrahlung ausgeht. Dieses »Alles oder Nichts«, dieses seelische Spektum von »himmelhoch jauchzend bis zu Tode betrübt« macht einen durchschnittlichen Lebensweg kaum möglich.

Darüber hinaus kann der Konjunktionsaspekt mit der Krebssonne dem Horoskopeigner ein besonderes Feingefühl (im Sinne einer Identifikationsmöglichkeit) für die Probleme von Menschen geben, denen das lebensspendende (Sonne) Moment der Familie (Krebs) geraubt (Pluto) wurde.

Das impulsgebende Trigon des Uranus auf die Sonne verleiht dem Verhalten Impulse zum Reformatorischen, eine Art »Schrittmacherqualität«, wobei die Art dieser »Einfälle zur Veränderung« (Uranus) gefärbt ist von der Erkenntnis, was es heißt, sein Revier verloren zu haben (Uranus im 2. Haus = Revier, in Fische = verloren).

Das impulsgebende Mondsextil wird im folgenden noch näher behandelt.

5. Der Mond

Hieran können wir ablesen, welcher Art die seelische Prägung des Horoskopeigners ist, wie seine Aufnahmefähigkeit, Beeindruckbarkeit und Erwartungshaltung dem Leben gegenüber konstelliert ist und mit welcher Stimmungslage er bevorzugt durch das Leben geht.

Mit einem Mond im Stier ist diese Erwartungshaltung auf die sinnliche Erfahrung einer Gruppengemeinschaft gerichtet. Man möchte hier – besonders auch in der familiären Sphäre des 4. Hauses – sprichwörtlich »Stallwärme« spüren, sich greifbar von anderen angenommen fühlen und auch diese am liebsten in fester Umarmung an sich drücken.

Hier heißt das Motto: Zusammenhalten, Zusammengehören, ein seelisches Schutzrevier bauen. Mit dieser Mondposition erwartet man sich, etwas zu haben, zu besitzen, etwas, was man sich quasi oral »einverleiben« kann. Dies ist ein Gefühlsleben, was der fixen Erde (Stier) entsprechend erst langsam »warm« wird, dann aber um so beharrlicher in seinen Erwartungen an das Gewohnt-Gewordene ist, ein Gefühlsleben, welches ein weit überdurchschnittliches Sicherheitsbedürfnis kennt und sich in seiner Umgebung, die es nach längerer Eingewöhnungszeit akzeptieren gelernt hat, fest verwurzeln möchte. Es ist gekennzeichnet durch die seelische Suche nach dem eigenen Revier, nach dem Platz, wo man hingehört. Besonders dann, wenn ein solcher Platz gefunden wurde, findet eine Abgrenzung dieses seelischen Reviers nach außen statt, so daß der Stiermondtypus es dann »nicht mit jedem kann«, sondern eine recht ausschließliche seelische Bindung an einen Menschen oder eine Gruppengemeinschaft, der er sich zugehörig fühlt, einsetzt, eine Bindung, die man fast mit der konditionierenden Prägung eines gerade entschlüpften Gänsekükens vergleichen könnte.

Nachdem der Mond hier im 4. Haus steht, soll die seelische Verwurzelung in traditionell privater, familiärer Atmosphäre stattfinden, geht die Sehnsucht in Richtung auf ein sicheres und gemütliches Zuhause. Hier möchte man sich in seinem Gefühlsleben nicht der Öffentlichkeit aussetzen (Gegenhaus 10), sondern lieber Schutz finden in einem heimeligen Klima.

Mond im Stier und im 4. Haus könnte also bildhaft mit der Situation umschrieben werden, daß man sich danach sehnt, von einer bodenständig kräftigen, beschützenden Mutter in einem wohlig-gemütlichen Heim fest umarmt und mit kräftigen Butterstullen verwöhnt zu werden.

Trotz dieser eher stabilen Gefühlslage ist durch das Sextil von Uranus zu Mond und das Quadrat von Mond zu Neptun die Wahrnehmung für den Verlust des eigenen Reviers (Uranus auf Fischeboden in 2. Haus) und die Auflösung fester Beziehungen (Neptun in 8) sehr geschärft.

Die bis hierher angedeutete seelische Grundhaltung und Stimmungslage bestimmt über das impulsgebende Sextil zur Sonne deutlich die Verhaltensweise des Horoskopeigners mit.

6. Das Medium Coeli

Die Position des MC gibt uns – wie oben besprochen – einen Hinweis auf das »Über-Ich« des Menschen, auf seine Zielsetzung, seine geistigen Planvorstellungen und Ambitionen, auf seine »Berufung« und auch in gewisser Weise auf das, was als Produkt, als Ergebnis seines Schaffens, als – mit den Worten des Astrologen Döbereiner ausgedrückt – »Erwirktes« entsteht.

Wenn die Himmelsmittel (MC) wie in unserem Beispiel im Tierkreiszeichen Waage steht, so richtet sich der Mensch innerlich darauf aus, Harmonie und Frieden zu erreichen. Er fühlt sich dazu berufen, Gegensätze auszugleichen, Aggressionen zu mindern, Partnerschaftliches zu bewirken. Die Zielsetzung kann hier darin liegen, Kontakte herzustellen (und zwar solche mit festem Bestand und Modellcharakter, da Venus als Herrin von 10 [MC] im 8. Haus steht) oder ganz einfach besänftigend und ausgleichend zu wirken. Ob dabei ein »süßlich-geschöntes« Idealmodell entsteht oder ein ehrlicher Kompromiß aus der Gegensätzlichkeitsspannung, ist mehr eine Niveaufrage des Horoskopinhabers, als aus der Symbolik selbst zu entnehmen.[28]

Noch mehr über die »Absichtserklärung« (MC) können wir erfahren, wenn wir in die Deutung die Position des MC-Herrschers (oder anders ausgedrückt, des Herrn von 10) in Haus und Zeichen mit einbeziehen.

Venus als MC-Herrscherin steht hier im 8. Haus in Löwe. Das zeigt, daß der Horoskopeigner seine Berufung in einer modellhaften idealen Vorstellung (8. Haus) von vitaler (Löwe) Partnerschaft (Venus aus 10/Waage) sieht. Er strebt nach einer Beziehungsform, die sich »wie ein Phönix aus der Asche« (8. Haus) entwickelt, nachdem die alte Form abgestorben ist (8. Haus). Diese Beziehung soll dann ein Leitbild (8. Haus) von Lebensfreude und Selbstbewußtheit (Löwe) darstellen.

Mit der bisher erfolgten Beschreibung ist die Grundstruktur des Horoskopes erfaßt, so daß wir uns nun auf dem Boden der entworfenen Skizze um eine noch differenziertere Deutung bemühen und die »Feinstruktur« erarbeiten können.

7. Die Aspekte

Bei der Deutung von Aspekten im Horoskop gibt es eine Reihe von allgemeingültigen Regeln zu berücksichtigen. Zum ersten erweist es sich meist als sinnvoll, Konjunktionen und Spannungsaspekte (Opposition, Quadrat, Halb- u. Anderthalbquadrat) an den Anfang der Betrachtung zu stellen, da sie als »Manifestationsaspekte« für den Horoskopeigner in der Regel besser greif- und damit begreifbar sind. Der Erfahrungs- und Leidensdruck, der an den Spannungsaspekten entsteht, läßt diese auch mehr unter dem Aspekt der dem Menschen gestellten Lernaufgaben erscheinen, so daß eventuelle Tips zur Erkenntnis und Bearbeitung der dort liegenden Probleme und Aufgaben hier meist angebrachter sind als bei der weichen Aspektreihe (Trigon, Sextil).

Die Konjunktion Sonne/Pluto wurde oben schon bei der Art und Weise des Verhaltens gedeutet.

Wenn wir uns an die bei den Aspekten genannten Orben halten, so liegt in unserem Beispielhoroskop keine weitere Konjunktion vor, da Jupiter und Merkur 6 Grad Abstand voneinander haben und nach unseren Regeln zum Orbis nur 5 Grad gegeben sein dürften.

Freilich handelt es sich – wie oben erwähnt – bei den Orben um Anhaltswerte (die ja auch, je nach astrologischer Schulrichtung, zum Teil erheblich voneinander differieren), so daß es sich im konkreten Einzelfall als sinnvoll erweisen kann, bei nur geringem Abweichen vom »Normorbis« die Konstellation doch einmal zu deuten und eventuell im Gespräch mit dem Horoskopeigner abzuklären, inwieweit er sich vom Deutungsthema persönlich berührt fühlt.

Eine sehr schwer zu handhabende Ergänzungsregel zum Thema Orbis besagt, daß man mit dem Orbis um so großzügiger verfahren sollte, je höher entwickelt die Persönlichkeit des Horoskopeigners ist. Den Entwicklungsgrad eines Menschen abzuschätzen ist aber sehr von der Eigenentwicklung abhängig und führt häufiger zu einer »Demaskierung« des Niveaus des Interpreten als des Horoskopeigners, weshalb diese Regel nur mit Vorsicht und eher restriktiv eingesetzt werden sollte.

Wenn wir im Beispielsfall testweise von einer Konjunktion – trotz der Überschreitung unseres Normorbis – ausgehen und eventuell dabei unterstützend den Gesichtspunkt heranziehen, daß ein Applikationsverhältnis zwischen Merkur und Jupiter gegeben ist (der schneller laufende Merkur nähert sich dem Jupiter und läßt den Aspekt so mit Zeitverlauf exakter werden), so kämen wir zu folgender Deutung:

Weltoffenes (JU) Denken (ME), funktionelle, zweckmäßige (ME) Lebensphilosophie (JU), breite, pathetische (JU), sprachliche Ausdrucksweise (ME), Verbindung (Konjunktion) von Sinn (JU) und Zweck (ME), all das gefärbt durch die Beschäftigung mit Partnerschaft (Konjunktion im 7. Haus) und dem Themenkreis Familie, Kinder, Zuhause (Konjunktion im Krebs).

Mond Quadrat Neptun

Geborgenheits(Mond)-Verlust(Neptun) wird erfahren (90°).
Familien(MO)-Auflösung(NE) wird erfahren.
Mitleiden (Mitgefühl) (NE) mit Kindern (MO) wird erarbeitet (90°).

Mondknoten Quadrat Uranus

Deutet man den Mondknoten klassisch als sensiblen Punkt für Verbindungen, so käme man hier zur Deutung: leidvolle (90°) Unterbrechung der Kontinuität (UR) von Verbindungen (MK).

Sieht man im aufsteigenden MK, wie oben vorgeschlagen, eher einen Hinweis auf das noch zur Abrundung der Gesamtpersönlichkeit zu Integrierende, so weist hier der MK in Schütze und im 11. Haus auf die Lernaufgabe der Entwicklung (Schütze) von freigeistiger Einstellung, von Toleranz im Umgang mit Freundschaften hin, welche in Spannung (90°) zur Sprunghaftigkeit (UR) in den Eigenwertvorstellungen steht. Die Exzentrizität (UR) im eigenen Revier (2. Haus) kann die Philosophie (Schütze) von Freiheit, Gleichheit und Brüderlichkeit (11. Haus), die hier integriert werden soll (MK), gefährden.

Uranus Trigon Sonne und Uranus Sextil Mond

Andererseits kann Uranus im 2. Haus – besonders im Zusammenhang mit entspannenden Aspekten wie hier im vorliegenden Fall – nicht nur als Exzentrizität im eigenen Revier gedeutet werden, sondern auch als das Bedürfnis des Horoskopeigners verstanden werden, etwas »Zukünftiges«, vorerst nur in der Welt der Idee Existierendes (UR) zu realisieren, zum Bestand zu machen (2. Haus) oder »einen Himmel« (altgriech. Uranos = der Himmel) auf Erden (2. Haus: fixe Erde, »die Scholle«) zu schaffen, wozu sicherlich eine gute Portion Exzentrizität – zumindest aus der Sicht der anderen – vonnöten ist.

Dieses Bedürfnis nach Freiheit (Gleichheit, Brüderlichkeit) (UR) im eigenen Revier (2. Haus) unterstützt offenbar dynamisch (impulsgebendes Trigon bzw. Sextil) seine Verhaltensweise (SO) und sein Gefühlsleben (MO).

Mars Sextil Venus und Saturn

Die Tatsache, daß der Horoskopeigner seine agile Energie und Tatkraft (MA in Zwillinge) vorwiegend am Arbeitsplatz (6. Haus) einbringt, fördert rationell und ausgewogen (Sextil) die Harmonisierung (VE) und Stabilisierung (SA) im Bereich fester Beziehungen (8. Haus).

Sonne Sextil Saturn

Die eben genannte Stabilisierung und der Bereich fester Beziehungen werden auch durch die mütterlich-umsorgende Verhaltensweise (SO/Krebs) unterstützt.

Sonne und Mond Quinkunx Mondknoten

Hier stehen die persönlichen Bedürfnisse – Verhalten, Auftreten, Selbstdarstellung (SO) und seelische Erwartungshaltung, Stimmungslage – auf dem Boden stark gruppenbezogenen Erlebens (MO/Stier/ 4. Haus, SO/Krebs/7. Haus) einer Aufgabe gegenüber, die Abstraktionsfähigkeit und philosophische Weitsicht verlangt (MK in Schütze in 11. Haus). Kein Wunder also, daß sich diese Sachlage im »Qual der Wahl-Aspekt« des Quincunx ausdrückt.

Die Integrationsaufgabe des MK verlangt hier das Sprengen kleinbürgerlicher oder »bäuerlicher«, quasi familiär ererbter (MO/ Stier/4. Haus) Vorstellungen, um weltoffene, unübliche Ideen entwickeln zu können.

8. Halbsummen

Das hier gleichsam ins Auge springende Planetenbild ist die Halbsumme (SO = VE = NE/SA).

Um kurz zu wiederholen, wie wir technisch zu diesem Planetenbild gelangen:

Als erste Merkregel ist dazu wichtig, daß wir zur Ermittlung von Planetenbildern *grundsätzlich nur den 90-Grad-Kreis benutzen.* Betrachten wir uns im vorliegenden Beispiel die Venus im 90-Grad-Kreis, so fällt uns auf, daß sie auf der Winkelhalbierenden zwischen Neptun und Saturn liegt oder anders ausgedrückt, daß Neptun und Saturn rechts und links von der Venus im selben Gradabstand stehen. Damit entsteht die für ein Planetenbild typische Symmetrie.

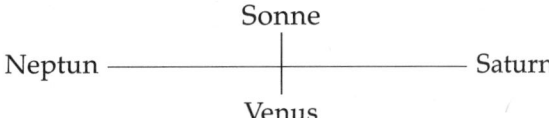

Das gilt auch, wenn wir uns die Sonne betrachten. Würden wir im 90-Grad-Kreis einen Pfeil mit der Spitze auf die Sonne ausrichten, so käme das Pfeilende auf die Venus zu liegen, und wiederum haben dann Neptun und Saturn denselben Abstand nach beiden Seiten zur Sonne (Pfeilspitze).

Bei der Deutung müssen wir berücksichtigen, daß die beiden »flankierenden« Faktoren Neptun und Saturn in die das »Rückgrat« der Symmetriefigur bildende Halbsummenachse einfließen und damit die auf dieser Achse befindlichen Planeten Sonne und Venus färben.

Die Halbsumme SO = SA/NE zeigt eine Sensibilisierung für das Thema Autoritätsverlust, denn die Sonne steht für (väterliche) Autorität, Wärme, Vitalität, und die Halbsummensymbolik von SA/NE kann wörtlich übersetzt werden mit: den Halt (SA) verlieren (NE).

Die Halbsumme VE = SA/NE bedeutet die Konfrontation mit dem Thema Partnerschaftsverlust, da Venus Partnerschaft symbolisiert.

Beides ist ein Hinweis dafür, daß der Horoskopeigner durch die Brille seiner Persönlichkeitsstruktur stärker als andere auf Lebensumstände reagiert, die mit ebendiesen Themen (Verlust in Partnerschaft, Liebesbeziehung, Trennung von einer wärmespendenden väterlichen Autorität) zu tun haben.

Wie wir bei der Auflösung der Identität des Horoskopeigners sehr deutlich erkennen können, führt eine solche Eigenbetroffenheit, und damit die aus der entsprechenden Schwäche resultierende Sensibilisierung für ein Thema häufig dazu, aus seiner größten Schwäche die größte Stärke werden zu lassen.

Der Versuch, das eigene Problem über die Umwelt, mit Hilfe oder an der Umwelt zu bearbeiten, läßt den Menschen oft genug zu einem »Spezialisten« in dem Bereich werden, in dem er anlagebedingt eine persönliche Schwäche mitbringt.

Kein Wunder also, daß sich unser Proband gerade in einem Lebensbereich profiliert hat, der mit Liebes- und Autoritätsverlust zu tun hat, und so unzähligen Menschen geholfen hat, die hier einen Leidensschwerpunkt hatten, also einem Thema, das sich im vorliegenden Horoskop wie ein roter Faden verfolgen läßt, und nicht nur, aber eben auch sehr deutlich in der untersuchten Halbsumme Ausdruck findet.

Neben diesem dominierenden Planetenbild ist auch die Halbsumme SA = VE/UR

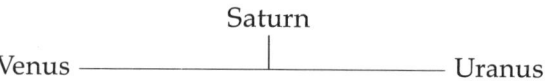

Saturn
Venus ——————————|—————————— Uranus

ein Hinweis darauf, daß der Horoskopeigner in seinem Bemühen um Stabilisierung und Halt (SA) durch die besonders sensibilisierte Wahrnehmung der Unterbrechung der Kontinuität (UR) von Liebesbeziehungen (VE) beeinflußt ist, bzw. daß er eine Institution (SA) für durch außergewöhnliche Trennungen (UR) im Beziehungsbereich (VE) Betroffene schaffen möchte.

Die Halte-, Binde- und Stützkräfte des Saturn wollen bei dieser Halbsumme besonders in Situationen eingesetzt werden, wo Partnerschaften zerbrochen oder aufgesprengt wurden (VE/UR); es soll ein Rahmen, eine Form (SA) neuartiger Partnerschaft (UR/VE) gefunden werden.

Die anderen Halbsummen, die für die Deutung noch in Betracht kommen, sind:

PL = VE/SA
AC = MO/NE
MC = MO/PL
MC = SO/NE
JU = MO/PL

Schon allein die Häufigkeit der an den Halbsummen beteiligten Prinzipien ist ein Indiz dafür, was den Horoskopeigner im Leben vorwiegend beschäftigt.

Bezieht man die o. g. Planetenbilder SO = NE/SA, VE = NE/SA, SA = VE/UR noch mit ein, so kommen wir zu folgenden Häufigkeiten: MO = 3×; VE = 3×; SA = 4×; NE = 4×; PL = 3×; SO = 2×; MC = 2×; AC = 1×; JU = 1× und UR = 1×.

Man könnte schon daraus schließen, daß Trennung (SA) und Verlust (NE), Partnerschaft (VE) und Familie und Geborgenheit (MO), Wandlung (PL) im Vordergrund der Beschäftigung stehen.

Die Interpretation der oben genannten Halbsummen läßt das noch deutlicher werden: Mit PL = VE/SA

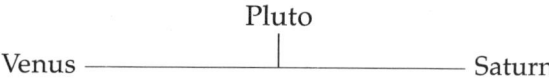

Pluto
Venus ——————————|—————————— Saturn

möchte man gestörte, erschwerte, verhärtete oder getrennte (SA) Beziehungen (VE) einer grundsätzlichen Metamorphose (PL) unterwerfen, Wandel (PL) in Beziehungsarmut (VE/SA) hineintragen oder leitbildhafte Ideen (PL) von stabilen (SA) Beziehungsformen (VE) (erlöste Variante von VE/SA) entwerfen.

Mit AC = MO/NE

AC
Mond ——————————|—————————— Neptun

ist das grundsätzliche Anliegen des Horoskopeigners (AC), sich dem Leben besonders dort zuzuwenden, wo Mutterverlust, Verlust des Zuhauses oder seelische Vereinsamung (MO/NE) droht. Ganz praktisch hat sich diese Konstellation im Leben des Horoskopeigners im frühen Mutterverlust (im 5. Lebensjahr) manifestiert.

Die Konstellation könnte auch als anlagebedingte Fähigkeit zu ausgeprägtem Mitgefühl, zu Mitleidensfähigkeit (NE) mit Kindern (MO) verstanden werden, eine Fähigkeit, die durch die Eigenbetroffenheit sehr verständlich ist. Schließlich zeigt sich hier die Lebenswahrheit, daß wirkliches Verständnis in der Regel durch Eigenerfahrung in demselben Bereich ermöglicht wird.

MC = MO/PL

```
                    MC
                     |
Mond ───────────────┴─────────────── Pluto
```

heißt, daß im Ergebnis (MC) eine Idee, ein Leitbild (PL) von Familie (MO) entstehen soll, daß »die Absichtserklärung an das Leben« (MC) die Idealfamilie (PL/MO) ist, bzw. daß der Horoskopeigner letztere zu seiner Berufung (MC) machen möchte.

MC = SO/NE

```
                    MC
                     |
Sonne ──────────────┴─────────────── Neptun
```

ist – erlöst gedeutet – die Berufung zu einer von Mitgefühl getragenen (NE) Autorität (SO).

Wie sehr die Entwicklungshöhe bei der Interpretation eine Rolle spielt, kann man gut daran sehen, daß dieselbe Konstellation – unerlöst — auch als Schein(NE)-Autorität(SO) mit Öffentlichkeitswirkung (MC) übersetzt werden könnte.

JU = MO/PL

```
                  Jupiter
                     |
Mond ───────────────┴─────────────── Pluto
```

kann – in sehr konkreter Übersetzung – verstanden werden als ein Heilungswunsch (JU und das ihm zugehörige Zeichen Schütze werden zu Recht mit dem Centauren Chiron als einem der bedeutendsten »Heiler«-Figuren der griechischen Mythologie in Verbindung gebracht), welcher durch das Erlebnis des Verlustes/Todes (PL) der Mutter oder mütterlicher, familiärer Geborgenheit (MO) ausgelöst wird, an-

ders formuliert: daß hier die ganze Überzeugungskraft, Heilungsenergie und Vertrauen (JU) dort eingesetzt werden, wo der Tod (PL) der Mutter (oder Familie = MO) verkraftet werden muß.

Man könnte die Halbsumme auch so deuten, daß dem Horoskopeigner Erfolg (JU) besonders aus einem Leitbild (PL) von Mütterlichkeit (MO), manchmal auch aus maskenhaft-perfektionierter Emotionalität (»Krokodilstränen« wäre etwa eine unerlöste Entsprechung für Pluto = Krokodil und Mond = Träne) erwächst.

Diese Halbsumme ist insofern von hervorragender Bedeutung, als Jupiter im vorliegenden Horoskop als Anlage(AC)-Herrscher bei der Deutung besonderes Gewicht zukommt. Schließlich zeigt Jupiter hier beim Schütze-Aszendenten das Grundanliegen des Horoskopeigners auf.

9. Die Mondphase

Werfen wir übungshalber zunächst einen kurzen Blick auf die rechnerische Ermittlung der Mondphase.

Um den hierfür entscheidenden Gradabstand zwischen Sonne und Mond zu ermitteln, verwandeln wir zunächst deren Tierkreispositionen in Gradwerte[29]:

Sonne = 1 Grad 14 Min. Krebs
= 91 Grad 14 Min.
Mond = 4 Grad 50 Min. Stier
= 34 Grad 50 Min.

Nun wird der Gradabstand (= die Mondphase) zwischen Sonne und Mond nach der Formel: Mondwert minus Sonnenwert errechnet. Falls dabei der Mondwert – wie in unserem Beispiel – kleiner als der Wert für die Sonne ist, muß zu ihm vor der Subtraktion 360 hinzugezählt werden. Unsere Rechnung lautet also: 360 Grad + 34 Grad 50 Min. − 91 Grad 14 Min. = 303 Grad 36 Min.

Der Abstand von 303 Grad 36 Min. bezeichnet einen Mondphasentyp des IV. »Mondquadranten«, also im abnehmenden letzten Viertel, bei analoger Gleichsetzung des »Mondkreises« mit dem Tierkreis demnach den Mondphasentyp »Wassermann«.[30] Diese Wassermann-Mondphase bedeutet, daß sich der Horoskopeigner in seinem Entwicklungszyklus in einer Phase befindet, in der es nicht etwa um den Aufbau der eigenen Persönlichkeit geht (= zunehmende Mondphasen), sondern um die Einbindung ins Kollektiv (abnehmende Mondphase).

Dabei hat er innerhalb dieser abnehmenden Mondphasen ein Stadium erreicht, bei dem die letzte kardinale Erfahrung das »Eintreten des Mondes in den Schatten« war, denn im abnehmenden Viertel (270 Grad Abstand ist analog: Steinbock-Mondphase) beginnt ja die dunkle, unbeleuchtete Fläche des Mondes die helle zu überwiegen.

Wir hatten bei der Deutung der Mondphasen schon besprochen, daß dieses Stadium des Mondzyklus' für die Erfahrung steht, daß das physische, das organische und das psychische Moment (Mond) im Leben immer mehr an Kraft verliert, bis an Neumond ein neuer kraftspendender Impuls für den neuen Zyklus erfolgt.

In der Wassermann-Mondphase wird der dadurch entstehenden Existenzangst nicht, wie noch in der Steinbock-Mondphase (270–300 Grad Abstand zwischen Sonne und Mond), begegnet, für die der Ruf nach »law and order«, nach einem Rückgriff auf »alte Werte« typisch wäre, sondern wassermanntypisch durch revolutionär-erfinderische »Flucht nach vorne«. Hier sollen demnach unter Abkehr von althergebrachten Methoden neue Modelle dem weiteren Schwund des Lunaren (Mutter, Heim, Geborgenheit) vorbeugen. So kennzeichnet die Wassermann-Mondphase Menschen mit revolutionären sozialen Ideen, »Schrittmacher« sozialer Entwicklung, zumindest kann man an dieser Mondphase eine dementsprechende Aufgabenstellung (Horoskop als Lernaufgabe) für den Betreffenden ablesen.

Inwieweit er dieser Aufgabe gerecht werden kann, hängt wiederum weitgehend von seinem Entwicklungsniveau ab.

Bei der Betrachtung der Mondphase fällt hier auch noch auf, daß der einzige Planet, der vom Mond noch zu überlaufen ist, bevor er wieder in der Konjunktion mit der Sonne einen neuen Zyklus beginnt, Mars ist. Alle anderen Planeten liegen in der bereits entfalteten Mondphase, nur Mars »wartet noch auf Erlösung« im laufenden Zyklus.

Dies ist ein besonderer Hinweis darauf, daß das kämpferische Moment im Leben, die Fähigkeit zur Durchsetzung (hier vor allem in Vermittlungssituationen [MA Zwillinge] im Bereich Partnerschaft [MA Spitze 7. Haus[31]]), gelernt werden soll, während die in der bereits entfalteten Mondphase liegenden Planeten und die ihnen entsprechenden Eigenschaften (erlöst oder unerlöst) eher schon als von Geburt an »mitgebracht« erachtet werden können.

10. Der Glückspunkt

Wie Sie sich erinnern werden, berechnen wir den Glückspunkt nach der Formel: AC + Mondphase (oder ausführlich: AC + MO − SO), was hier zu einem Glückspunkt von 24 Grad Waage führt: AC = 21 Grad Schütze = 261 Grad + 303 Grad (Mondphase) = 564 Grad. Da der Wert über 360 Grad liegt, müssen wir noch 360 abziehen und gelangen so zu 564 − 360 = 204 Grad, was 24 Grad Waage entspricht.

Die Bedeutung des Glückspunktes hatten wir im zweiten Teil (S. 81) folgendermaßen umschrieben:

»Wenn es dem Horoskopeigner gelingt, das Licht der Bewußtheit (SO) auf sein Anliegen (AC) zu werfen..., dann wird er sich in dem Zeichen und in dem Haus seines Horoskopes verwirklichen, in dem sein Glückspunkt steht, denn dort trägt dann der Mond seiner Mondphase seelisch und körperlich die solare Energie aus.«

Das bedeutet in unserem Beispiel, daß der Horoskopeigner bei Bewußtwerdung (SO) über sein eigentliches Anliegen (AC) seine

Person in den Dienst einer gesellschaftlichen (Glückspunkt in 10) Befriedigungs- oder Ausgleichsaufgabe (Glückspunkt in Waage) stellen müßte oder: sich öffentlich (10. Haus) mit dem Thema Partnerschaft (Waage) auseinandersetzen sollte.

In diesem Fall verspricht der Glückspunkt besonders große persönliche Ausstrahlung und subjektives Glücksgefühl.

11. Die Mondknotenachse

Die Mondknotenachse verstehen wir als wesentliches Indiz für die Entwicklungsrichtung des Menschen auf seinem Weg durch das (oder auch die vielen...) Leben. Der absteigende Mondknoten markiert dabei häufig einen konditionierten Weg des geringsten Widerstandes, einen Fluchtweg vor der Weiterentwicklung zurück in den »Mutterleib« (Kind bleiben wollen) und kann so als Achillesferse der Persönlichkeit verstanden werden.

Mit dem absteigenden Mondknoten im 5. Haus im Zwillinge ist also auf die Gefahr eines »Rückfalls« in Überheblichkeit, Machtstreben, Geltungssucht oder anderer unerlöster Fünfthausqualitäten sowie von oberflächlicher Geschwätzigkeit, Schläue und listiger Täuschung (unerlöste Zwillinge) hingewiesen.

Es empfiehlt sich, wie ich schon im zweiten Teil des Buches bei der Besprechung der Mondknotenphase erwähnte, den absteigenden Mondknoten zunächst einmal auf unerlöste Art und Weise zu deuten, da er ja auch nur dann zur Gefahr für die Entwicklung werden kann. Erlöste Eigenschaften eines Prinzips haben keinen haftenden, bindenden Charakter und können so auch nicht entwicklungshemmend wirken.

Durch die unerlöste Interpretation des absteigenden MK kann man sich aber sehr gut testen, ob man wirklich frei von den entsprechenden »Fallen« ist.

Erst nach der Abklärung des absteigenden MK ist es dann sinnvoll, auf die durch den aufsteigenden MK aufgezeigte Entwicklungsrichtung einzugehen.

Hier liegt der aufsteigende MK im 11. Haus in Schütze. Das bedeutet, daß ein Fortschreiten in der persönlichen Entwicklung des Horoskopeigners, in seinem Heil-Werden, seinem Individuationsweg besonders dort stattfinden wird, wo er lernt, aus dem Zweifel und der Ungläubigkeit (Zwillinge) zum Vertrauen (Schütze) hinzufinden, und zwar vor allem zu einem Vertrauen auf die »Freiheit, Gleichheit und Brüderlichkeit« (11. Haus) der Menschen. Seine Entwicklungsperspektiven liegen dort, wo es ihm gelingt, sich freizumachen von hierarchischen Vorstellungen, von Zeitzwängen und Kontrollbestreben, von Ehrgeiz und mechanistischer Alltagsmonotonie (erlöstes 11. Haus), wo es gelingt, sinnvolle (Schütze) Reformen (11. Haus) durchzuführen und den Glauben an das Leben (Schütze) zu entdecken und zu bewahren.

12. Die Planetenrückläufigkeit

Rückläufig ist hier als einziger Planet, wie wir der Berechnungstabelle links unten im Horoskop entnehmen können, Uranus. Nach unseren Deutungsrichtlinien würde das aussagen, daß in der Vorgeschichte des Horoskopeigners »Schockerlebnisse« (UR) im eigenen Revier (2. Haus), wie etwa Vertreibung und Flucht liegen könnten, die in der jetzigen Existenz gerne zu »deja vu«- Empfindungen führen. Nimmt der Betreffende zu entsprechenden Themenkreisen Stellung, so wird das bei seinem Auditorium den Eindruck hinterlassen, daß hier alte Lebenserfahrung und nicht nur akademisch angelesenes Wissen vermittelt wird, da die Rückläufigkeit gleichsam »Erfahrungssubstanz« aus diesem »Tunnel« in die Vergangenheit fließen läßt.

Gleichzeitig wird dadurch das Bedürfnis des Horoskopeigners gegeben sein, das heutige Leben in den Dienst der Verarbeitung von Schockerlebnissen in Vorleben zu stellen.

Damit hätten wir uns eine Überblick verschaffende Diagnose der Charakterstruktur unseres »Probanden« erarbeitet. Von dieser die Grundfärbungen der Persönlichkeit skizzierenden Basisdeutung könnte man nun noch sehr viel ausführlicher ins Detail gehen, indem das Horoskop beispielsweise unter dem Aspekt jedes einzelnen Planeten und der damit verbundenen Symbolanalogien betrachtet werden könnte, etwa nach dem Muster:

Merkur: Welcher Art ist die Sprech- und Denkweise, Vermittlungsgabe, die Geschäftstüchtigkeit, Verwertungsgabe des Betreffenden?

Venus: Wie steht es um die Anziehungskraft, die Erotik, die Genußfähigkeit, den Charme, die Höflichkeit, die Fähigkeit zu Ausgleich und Diplomatie?

Mars: Wie ist es um die Durchsetzungskraft, die Fähigkeit, Entscheidungen zu treffen, bestellt, wo und auf welche Weise wird Aggressionsverhalten am stärksten deutlich, wie steht es um die männliche Triebenergie etc.?

Jupiter: Wo (Haus) und auf welche Weise (Zeichen) wird das Optimum im Leben gesucht, wo möchte er Vertrauen erfahren und spenden, mit der Sinnhaftigkeit des Daseins und der »religio« in Kontakt kommen. Wo soll die größte Entwicklung stattfinden? Wie steht es um die Toleranz?

Saturn: Wo sitzen die Urangst, die stärksten Abwehrmechanismen, aber auch der ernsthafteste und gründlichste Ansatz zur Beschäftigung mit dem Leben und welcher Art ist jene Urangst? Welcher Art sind die Grundsätze und Maximen?

Uranus: Wo und wie zeigt sich das Bedürfnis nach Freiheit, Originalität, geistiger Kreativität, Grenzüberschreitung und Erkundung des Neuen, Unüblichen, wo und wie soll reformiert und verändert werden?

Neptun: In welchem Lebensbereich und auf welche Art und Weise wird der Betreffende Lähmung, Unsicherheit und Täuschung am deutlichsten wahrnehmen, aber auch Hingabe, Transzendenz und selbstlose Liebe? Wo und wie kann er sich verlieren etc.?

Pluto: Wo liegen der größte Perfektionswunsch und damit Selbstüberforderungstendenzen und Schuldgefühle? Auf welche Art verstrickt sich der Betreffende in Abhängigkeiten, beeinflußt er suggestiv und sieht er sich solcher indirekter Machtausübung ausgesetzt etc.? Wo finden die entscheidenden »Mauserungsprozesse« statt, grundsätzliche Wandlungen und Neubeginne?

Dabei ist zu untersuchen, in welchem Tierkreiszeichen und in welchem Haus der betreffende Planet steht, welche Lebensbereiche er dominiert (d. h. aus welchem Haus er kommt) und wie er aspektiert ist.

Eine andere Möglichkeit, das Horoskop noch weitergehend zu interpretieren, wäre es etwa, alle einzelnen, durch die zwölf Häuser beschriebenen Lebensbereiche (z. B. 2. Haus: Vermögenssituation, Verwurzelung, Hordentrieb und Trieb zu horten etc., 3. Haus: Kommunikation, Geschäftsbeziehung, »Kameradschaft« etc., 4. Haus: Familie, Heim, Zuhause etc.) noch differenzierter zu untersuchen.

Dazu müßte dann geklärt werden, welches Planetenprinzip das entsprechende Haus beherrscht und wo dieser Planet tatsächlich steht (etwa »Herrscher von 4 in 10...«), welche Planeten in dem betreffenden Haus stehen, woher sie kommen und wie sie aspektiert sind und vieles mehr.

Sie können daran ermessen, welch ein komplexes System der psychologischen Analyse die Astrologie darstellt. Es kann aber nicht die Aufgabe dieses Buches sein, alle Möglichkeiten, die in der astrologischen Interpretation liegen, anzusprechen, sondern eben dabei zu helfen, zunächst einmal durch eine systematische Grunddeutung eine Ausgangsbasis und auch einen Überblick zu schaffen. Wichtiger als die Aneinanderreihung von unzusammenhängenden Einzelaussagen, die vielleicht auch ein sehr sorgsam programmierter Computer bewerkstelligen kann, ist eine Grundstruktur der Persönlichkeit zu erarbeiten, an der sich der »rote Faden« der Lebensaufgabe des Horoskopeigners erkennen läßt.

Was freilich ergänzend zur Struktur des Radixhoroskopes besonders bei Beratungen herangezogen werden sollte, ist die aktuelle Situation, in der sich der Horoskopeigner im Augenblick der Beratung befindet. Ein Blick auf die gebräuchlichsten Prognosetechniken der Astrologie wie Transite, Progressionen, Rhythmenlehren etc. bringt diese zeitliche Dimension der Betrachtung hinzu.[32]

Doch zurück zu unserem Beispielhoroskop. Es handelt sich dabei um das Geburtsbild von *Hermann Gmeiner*, dem Begründer der SOS-Kinderdörfer.

Hermann Gmeiner wurde am 23. 6. 1919 um 19.30 Uhr in Alberschwende (Vorarlberg) als Sohn armer Bergbauern geboren. Schon im Alter von fünf Jahren starb seine Mutter und ließ ihn mit acht Geschwistern zurück.[33]

Nach dem Krieg studierte Hermann Gmeiner Medizin in Innsbruck, wo er unter dem Eindruck der vielen Nachkriegswaisen und aufgrund seiner eigenen Erfahrung des frühen Mutterverlustes die Idee entwickelte, diesen Kindern zu helfen. Er gab sein Studium auf und gründete den Verein »societas sozialis«, dessen Anfangsbuchstaben bei der Namengebung der berühmtem SOS-Kinderdörfer Pate standen. Bereits 1949 konnte aus den Monatsbeiträgen von nur einem österreichischen Schilling das erste Dorf in Imst gebaut werden.

Den weitgespannten Schütze-Zielen folgend plante Gmeiner weltweit solche Dörfer anzulegen. So entstanden 230 SOS-Kinderdörfer und 400 Sozialeinrichtungen wie Lehrwerkstätten und Jugendhäuser für Heranwachsende in 85 Ländern der Erde. Allein 1986, im Todesjahr Gmeiners, kamen noch einmal 120 Dörfer und ergänzende Bauten hinzu.

Gmeiners Erfolg führte ihn im Leben mit Persönlichkeiten wie dem Dalai Lama, Indira Gandhi, Königin Elizabeth von England und vielen anderen zusammen.

Wenn Sie sich mit der Kenntnis der Identität nun nochmals die Horoskopdeutung durchlesen, so werden Sie erkennen können, wie sehr Gmeiner ein Beispiel für die Möglichkeit ist, mit Eigenproblemen kreativ umzugehen, ein Beispiel auch dafür, daß die größte Schwäche eines Menschen zugleich auch seine größte Stärke werden kann.

So finden wir nicht nur im Mond in Stier im 4. Haus das ländliche Zuhause wieder, sondern vor allem auch in vielen Horoskophinweisen (z.B. AC = MO/NE; H. von 1 [JU] = MO/PL) den frühen Mutterverlust. Hermann Gmeiners Ausspruch, »wir können keine normale Familie sein, wir sind eine Scheinfamilie; aber wir sind der denkbar beste Ersatz für das Elternhaus«, kann beispielsweise wörtlich in der Halbsumme AC = NE/MO (NE = Schein, MO = Familie) abgelesen werden.

Auch in vielen anderen Ereignissen seines Lebenslaufes können wir die astrologischen Analogien in seinem Horoskop gespiegelt finden. Wie könnte man beispielsweise eine Persönlichkeit astrologisch deutlicher umschreiben, die für weit mehr als 30000 elternlose Kinder ein neues Zuhause geschaffen hat, als durch einen Schütze-Aszendenten (klassisches Symbol der Fülle, aber auch der Organisationsgabe) in Verbindung mit einer so ausgeprägten Krebsbetonung (Kinder, Zuhause).

Wie könnte man klarer einen Menschen beschreiben, der seinen Lebensschwerpunkt so stark in und mit der Umwelt erlebt und der doch keine eigene Familie gegründet und seine Braut im Krieg verloren hat, als durch 5 (!) Planeten mit der Sonne im 7. Haus der Begegnung, durch Neptun und Saturn im 8. Haus der festen Bindung und der »Braut« (Venus) in der Halbsumme zwischen diesen beiden Planeten.

Mit all diesen Lebensdaten die Grundstruktur des Horoskopes noch einmal zu betrachten, macht es möglich, bis in Details hinein nachzuvollziehen, wie gut dieser Mann – bei all dem subjektiven Schmerz, der dieses Leben begleitet haben mag – zu seiner im Geburtsbild ausgedrückten Lebensaufgabe hingefunden hat.

Beispielhoroskop 2

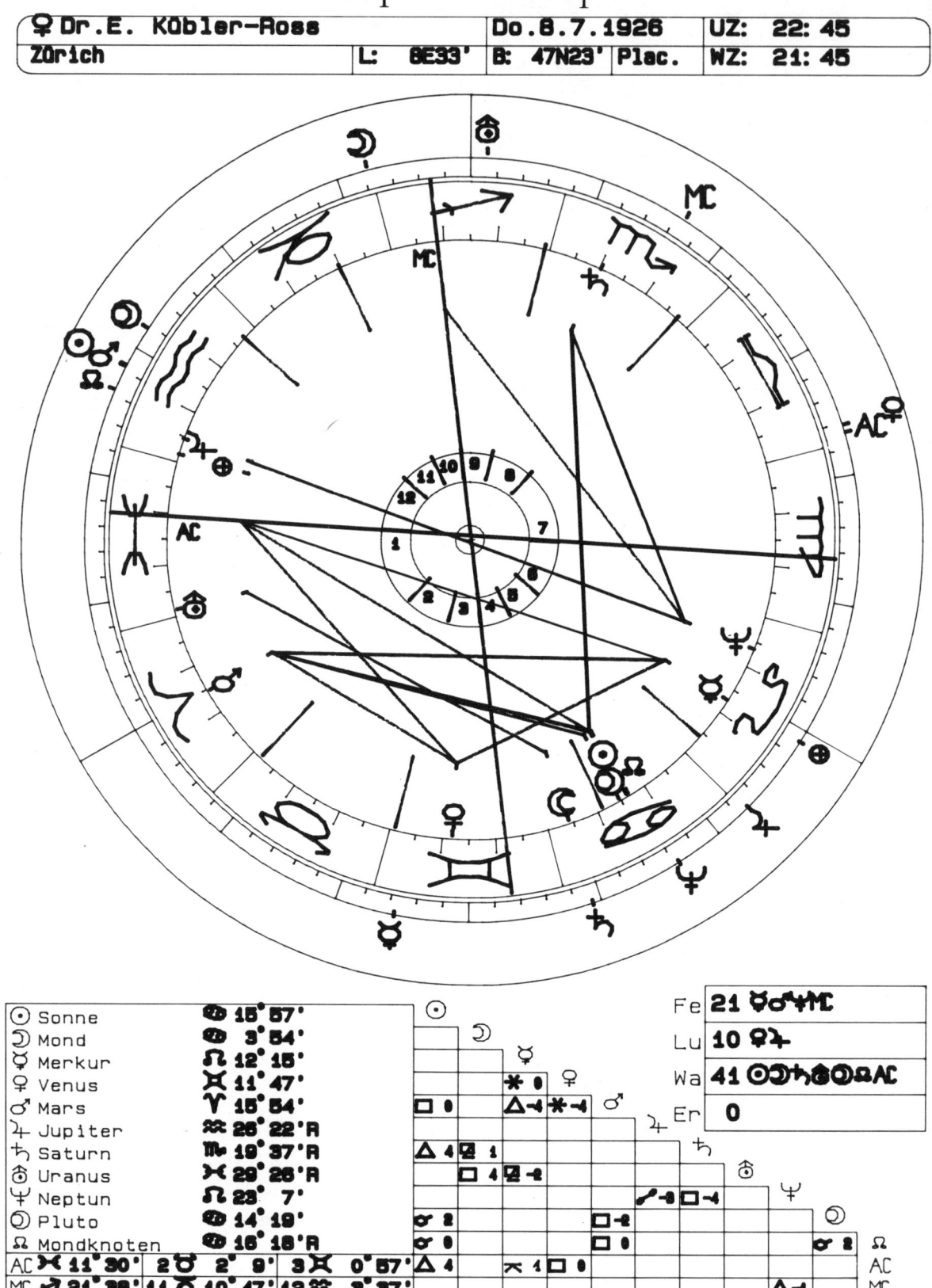

☿ Dr.E. Köbler-Ross		Do.8.7.1926	UZ: 22: 45
Zürich	L: 8E33'	B: 47N23' Plac.	WZ: 21: 45

☉ Sonne	♋ 15° 57'	
☽ Mond	♋ 3° 54'	
☿ Merkur	♌ 12° 15'	
♀ Venus	♓ 11° 47'	
♂ Mars	♈ 15° 54'	
♃ Jupiter	♒ 26° 22' R	
♄ Saturn	♏ 19° 37' R	
♅ Uranus	♓ 29° 26' R	
♆ Neptun	♌ 23° 7'	
♇ Pluto	♋ 14° 19'	
☊ Mondknoten	♋ 16° 18' R	

| AC ♓ 11° 30' | 2 ♉ 2° 9' | 3 ♊ 0° 57' |
| MC ♐ 21° 38' | 11 ♑ 10° 47' | 12 ♒ 3° 37' |

Fe	21	♉ ♂ ♃ MC
Lu	10	♀ ♃
Wa	41	☉ ☽ ♄ ☊ ♇ ☊ AC
Er	0	

Wenden wir uns nun einem Horoskop zu, welches – sowohl in der praktischen Bewältigung des Lebens als auch in den entsprechenden Symbolanalogien – große Ähnlichkeiten zu dem Hermann Gmeiners aufweist.

Das Horoskop, welches ich Ihnen jetzt vorstellen möchte, ist das Geburtsbild von Dr. Elisabeth Kübler-Ross, einer Frau, die durch ihren Einsatz für humanes Sterben, Sterbebegleitung, gleichsam als »Hebamme nach drüben«, bekannt geworden ist.

1. Die Elementverteilung

Wenn wir uns das Bild betrachten, so fällt uns schon bei der Betrachtung der Elementverteilung ein sehr spezifisches Profil in der enormen Dominanz des Wassers und dem »fehlenden« Erdelement auf.

Schon hieran kann man den schwachen Bezug zur materiell-greifbaren Existenz und den dafür um so stärker zur »wäßrigen« Traum- oder Astralwelt ablesen. Mit 0 Erdpunkten ist eine gewisse »Inkarnationsschwäche«, eine Schwierigkeit »Fuß zu fassen« in der materiellen Welt erkennbar, eine Disposition, die sich auf vielerlei Weise zeigen kann, angefangen von der Schwierigkeit, im Leben Substanz (Geld, Vermögen, auch körperliche »Depots« wie etwa Fett) anzuhäufen, bis hin zu der Neigung, greifbaren Tatsachen (Erde) weniger Bedeutung beizumessen als Gefühlen und seelischem »Klima« (Wasser).

Ganz sicher entsteht bei einer derartigen Elementverteilung kein Interesse an einem materialistisch orientierten Leben, an einer Freude an gegenständlichem Besitztum; daher wird sich auch nur geringe Begabung in diesem Bereich entwickeln.

Im Vordergrund steht dagegen seelisches Engagement (Wasser), das mit überdurchschnittlicher Willensenergie (21 Punkte Feuer) umgesetzt werden möchte, also – wie bei H. Gmeiner – eine leidenschaftliche Temperamentsgrundlage.

Die – nur – zehn Luftpunkte sind wiederum ein Indiz für eine nicht sehr diplomatische Grundhaltung, für eine geringe Bereitschaft, »sein Fähnchen nach dem Wind zu richten« oder auch nur das Leben relativierend-neutral zu betrachten. Dafür ist die schon im Wasserelement liegende Bereitschaft, von Stimmungen beeinflußt zu werden und sozusagen seelisch am anderen »netzend« mitzufühlen und mitzuleiden, zu groß.

2. Die Verteilung der Planeten in den Quadranten

Die Quadrantenverteilung weist die Horoskopeignerin als eine Person aus, die vorwiegend auf die Begegnung mit dem Du ausgerichtet ist (6 Planeten einschließlich der beiden sogenannten »Lebenslichter« Sonne und Mond auf der rechten Horoskophälfte), im Gegensatz zu dem Horoskop Hermann Gmeiners aber einen sehr viel praktischeren, »bauchbetonteren«, persönlich-emotionaleren Umgang mit dem anderen (untere Horoskophälfte betont) pflegt. Der hier vor allem besetzte II. Quadrant meint eine intimere, psychisch intensivere, nähere Form der Begegnung als der eher kopfbetontere, »intellektuellere« und damit distanziertere III. Quadrant.

Daß hier acht von zehn zu rechnenden Faktoren unterhalb der AC/DC-Linie, also in der »Nachthälfte« des Horoskopes liegen, ist ein Hiwneis daauf, daß es der Horoskopeignerin um eine praktische Verwirklichung ihrer Anliegen geht und sie sich von unterbewußt-instinktiven, intuitiven Aspekten leiten läßt.

Diese »Bauchbetonung« und der damit verbundene praktische Lebensansatz mag uns bei der fehlenden Erdbesetzung etwas verwundern.

Aber gerade eine solche *vermeintliche* Widersprüchlichkeit kann uns wieder ein willkommener Anlaß sein zu erkennen, daß die astrologische Denkweise sich mit dem Versuch, Leben in widerspruchsfreie Entweder-Oder-Kästchen zu pressen, nicht vereinbaren läßt. Bei genauem Hinsehen liegt hier auch kein echter Widerspruch vor, sondern das Angebot zu einer Synthese, die lauten könnte: sich von einer nicht materialistischen, sondern sehr gefühlsbetonten, idealistischen Betrachtungsweise ausgehend auf konkrete Nähe zum anderen einzulassen.

3. Der Aszendent

Der Fische-Aszendent weist auf ein Anlagematerial hin, welches hypersensibel ist und kennzeichnet einen Menschen, der »(leider) in dieser Welt, aber nicht von dieser Welt« ist, ein sehr labiles, zerbrechliches Anliegen, in dem viel Mitleidsfähigkeit liegt, ein Anliegen, welches »das Wunderbare« in den Alltag tragen möchte (Neptun als Herr von 1 in 6).

Mit einem solchen Aszendent möchte man den Worten zwischen den Zeilen lauschen, mit feinsten »Antennen« spüren und erspürt werden, im Alltäglichen (6. Haus) das Staunen lernen und auf sensible Weise anderen dienen bzw. sich anpassen.

Neptun als Herrscher von 1 in 6 weist auf die Fähigkeit, sich am Arbeitsplatz zu tarnen, sich in Situationen konkreter Alltäglichkeit »einnebeln« zu können. Soweit das Wunder, das mystische Element, nicht in der täglichen Arbeit gefunden werden kann, wird sich Neptun als ein Bedürfnis, sich dieser nüchternen Welt zu entziehen, zeigen, schon als Selbstschutzmechanismus, da wir es hier mit einer sehr fragilen, durchlässigen Anlage zu tun haben.

Im besten Sinne macht dieses Anliegen eine meditative Offenheit für die alltäglichen Sorgen und Probleme möglich, für eine Empfänglichkeit und Einfühlungsbereitschaft in Krisensituationen und Krankheiten im weitesten Sinne des Wortes (das 6. Haus, in dem der Anlageherrscher Neptun steht, ist traditionell das Haus der Krankheit – besonders im Hinblick auf psychosomatische Aussteuerungen).

Die eigene Verletzlichkeit ist so die Voraussetzung für Mitleid mit allem Kreatürlichen, besonders dort, wo sich ein dieser Schöpfung-Ausgesetzt-Sein zeigt. Das »Elfenhafte« dieser Anlage lebt in dem Gefühl, vom Diesseitigen – wie in der Mythologie von Pan – gejagt und sprichwörtlich »vergewaltigt« zu werden. Das rohe, sinnlich Diesseitige des Pan ist ein Gleichnis für die aus der Sicht des Fische-Aszendenten ähnlich rohe Welt, die ohne entsprechende Integration auch oft genug als »Panik«-auslösend empfunden wird.[34]

Eigentlich fühlt sich der Fische-betonte Mensch der »anderen« Welt (nennen wir sie, um ihr einen Namen zu geben, Traumwelt, Astralwelt, »Jenseits«) viel eher verbunden, viel mehr dort zu Hause, als »dieser« Welt, für die er nicht geschaffen scheint, für die er zu schwach, zu »schade« oder ihr nicht gewachsen zu sein scheint. Daher könnten wir beim Fische-Aszendenten von einer »Schwäche zu inkarnieren« sprechen, von einer »Sehnsucht nach drüben«.

Das Grenzauflösende, Transzendierende der Fische-Anlage wird hier noch ergänzend verstärkt durch Uranus im 1. Haus, da das »Uranische« ja ebenfalls ein surreales Moment beinhaltet. Ein schwacher Gegenpol zu dieser eher »unwirklichen« Anlage wird durch den eingeschlossenen Widder als zweites, das Anliegen kennzeichnendes Prinzip gesetzt, schwach deshalb, weil Mars als sogenannter 2. Herrscher (oder Mitherr) der Anlage im eingeschlossenen Widder steht, ein Indiz dafür, daß sich die durch Mars repräsentierten Qualitäten (wie Durchsetzung, Entscheidung, Tatkraft, Aggression etc.) erst langsam im Laufe des Lebens eröffnen lassen.[35]

In erster Linie symbolisiert der Fische-Aszendent in Verbindung mit Uranus in 1 das Bedürfnis Grenzen zu überschreiten, und zwar mehr die Grenzen »nach drüben« als »von drüben hierher«.

Sicherlich gäbe es noch viele andere Möglichkeiten, eine solche Anlage umzusetzen, als gerade eine »Wegbegleitung nach drüben« im Sinne der Sterbehilfe.[36] Doch stellt diese sicherlich eine anlagegemäße Verwirklichung dar.

Die zweite mitbestimmende Komponente der Anlage, nämlich Widder/Mars, mag zur Durchsetzungsfähigkeit des Anliegens positiv beitragen, könnte sich bei Scheitern der Ambitionen aber auch selbstzerstörerisch (autoaggressiv) auswirken.

4. Die Sonne

Betrachten wir uns die Verhaltensweise der Horoskopeignerin, nämlich den Sonnenstand, so weist die Sonne im Krebs auf ein mütterlich-umsorgendes Verhalten hin, welches auch eine »Bühne« (5. Haus) für den Selbstausdruck braucht. Die Verbindung mit der Pluto-Konjunktion kann einerseits zu perfektionistischen Ansprüchen an das eigene Verhalten führen, zu einem Wunsch, in leitbildhafter, beispielgebender Funktion durch die eigene Art aufzutreten, andererseits aber auch zu einem »Selbstüberforderungssyndrom«. Pluto vermittelt durch seine modellhaften Maßstäbe oft genug das Gefühl, trotz aller eingebrachten persönlichen Kraft nicht zu genügen, einen fast unstillbaren Hunger nach »mehr«, dem scheinbar dadurch entsprochen werden kann, daß man über die persönliche Ausstrahlung hinaus noch eine überpersönliche »Denkmalfunktion« erfüllt. Hier dominiert also mehr die Vorstellung von der eigenen Persönlichkeit als deren unmittelbare Natürlichkeit.

Im Zusammenhang mit der (mit-)leidensfähigen Fische-Anlage kann sich durch den Pluto-Aspekt ein »Mutter-Theresa-Syndrom«[37] der Selbstaufopferung entwickeln.

Oft genug ist hier nicht mehr eine Freiwilligkeit zu helfen gegeben, sondern eine Art höhere Gewalt, ein sich berufen oder gezwungen fühlen, zu helfen.

Freilich kann man die Pluto-Konjunktion mit der Krebssonne (auf der Basis des Fische-Aszendenten) auch als spezielle Ausprägung der Urweiblichkeit sehen, nämlich der der »verschlingenden Mutter«, einem Archetypus, wie er in der Mythologie in Figuren wie der Hindugöttin Kali oder der ägyptischen Isis Ausdruck findet.

Es gibt den Aspekt der Leben schenkenden Urmutter und den der Leben nehmenden, verschlingenden Urmutter, die schöpferische und die zerstörende Komponente des Zyklus' des Weiblichen. Die Verbindung mit Pluto (Hades), dem Herrn des Schattenreiches der Toten, setzt den Akzent auf diesen »nehmenden« Aspekt der Weiblichkeit.

Könnte es eine deutlichere Entsprechung zwischen Sterbehilfe und der astrologischen Symbolik geben, als ein mütterlich umsorgendes Geleiten (Sonne in Krebs) in das »Schattenreich« (PL), hinüber ins Jenseitige, nach dem sich die Anlage (AC in Fische) so sehnt? Da ist einmal das Mitleid mit jeder Kreatur, die dieser Existenz und ihren Werten und schmerzlichen Begrenzungen ausgesetzt ist (AC in Fische), und das in den Tod (PL) hinein Umsorgen (Krebs), als das dem Aszendenten dienende Verhalten.

Die Tatsache, daß die Sonne hier im 5. Haus steht, kann als Hinweis gewertet werden, daß die genannten Aufgabenstellungen in der Rolle der nicht nur Begleitenden, sondern Führenden übernommen werden möchten. Die Löwe-Komponente des 5. Hauses zeigt nämlich ein Bedürfnis, im Mittelpunkt zu stehen, ein Bedürfnis, welches sich eigentlich mit dem auf Tarnung bedachten Fische-Anliegen nicht so ohne weiteres auf einen Nenner bringen ließe, wäre der Anspruch des Fische-Aszendenten nicht schon durch die Art des Tuns so gänzlich befriedigt.[38]

5. Der Mond

Auch die Mondposition als Indikator für die Stimmungslage, mit der Frau Kübler-Ross durch das Leben geht, ist ein Hinweis auf ihre Fähigkeit, sich emotional mit Menschen und Situationen identifizieren zu können. Das emotionale Klima, Stimmung und Atmosphäre werden mit dieser Mondposition sehr ausgeprägt – in Verbindung mit dem Fische-Aszendenten und der später zu besprechenden Mondphase manchmal bis an Schmerzgrenzen – wahrgenommen.

Besonders im Zusammenhang mit dem Uranus-Quadrat kann hier eine an frühkindliche Erfahrungen erinnernde Sensibilität für die Gefahr »fallengelassen zu werden« (Uranus-Mond-Quadrat als Symbol nicht nur für den aktiven »Nestflüchter«, sondern auch für den »Sturz aus dem Nest«) gegeben sein oder auch das Erleben einer »unfaßbaren«, unberechenbaren Mutter, die wie ein tanzendes »Irrlicht« die Positionen und Standpunkte wechselt und damit keine feste Identifikationsmöglichkeit und keinen Halt anbietet.

Es liegt dann nahe, sich selbst als Kompensation dafür in die Rolle der jederzeit verfügbaren »Mutter« zu zwingen (PL/SO). Zu zwingen deshalb, weil die Erfahrung der ungreifbaren Mutter letztlich, wie wir am Geburtsbild ablesen können, eine Projektion der eigenen emotionalen Ungreifbarkeit bzw. Standpunktlosigkeit darstellt. Letztere kann als Schutzmechanismus vor der überstarken Teilnahme an den Gefühlen anderer, gleichsam uranustypisch als Flucht davor verstanden werden.

In anderer Form kann der Krebsmond für sich allein schon als periodischen (Periode = Mondzyklus) Schwankungen unterworfene Stimmungslage erlebt werden, insbesondere aber in Verbindung mit dem Uranus-Quadrat, welches auf sehr plötzlich, unberechenbare Veränderungen der Gefühle von einem Moment zum anderen hinweist. Schließlich können wir in der Mond-Uranus-Verbindung noch ein weiteres Indiz für die Motivation zur Sterbehilfe finden, wenn wir nämlich Mond als Symbol für die stoffliche Welt in ihrem Werden und Vergehen verstehen (Mond = mater = Materie = Matrix) und Uranus als Symbol für die Aufhebung der Polarität, als Symbol für Absprung oder Flucht, so kann die Kombination aus beiden Prinzipien als Flucht vor der materiellen Welt gedeutet werden.

6. Das Medium Coeli

Noch deutlicher erkennbar wird das Lebensthema von Frau Kübler-Ross bei der Betrachtung der Finalität (MC) ihres Geburtsbildes. Jupiter als Herrscher von 10 im 12. Haus in Wassermann kann auf sehr konkrete Weise verstanden werden als die Absichtserklärung (MC), im Krankenhaus (12. Haus) auf außergewöhnliche Art und Weise (Wassermann) Heilung, Glauben, Vertrauen, Sinnhaftigkeit, »religio« (alles Jupiterentsprechungen) zu vermitteln.

Anders ausgedrückt würde Jupiter in 12 bedeuten, daß Frau Kübler-Ross ihr »Optimum«, ihre größte Entfaltungsmöglichkeit (JU) in Situationen der Abgeschiedenheit, dem Klima des »Verwehens«, »Vergehens«, Verschwindens, des Abschlusses eines Zyklus (oder konkretere Begriffe für das 12. Haus: »Gefängnis, Kloster, Krankenhaus, Einsamkeit, Refugium etc.) sieht. »Religio« und Vertrauen zu finden in »Endzeitstimmungen« wäre eine Kurzformel für diese Konstellation.

Die Tatsache, daß Jupiter hier aus dem 10. Haus kommt, ist auch ein Hinweis darauf, daß es sich hier nicht um subjektive Glaubensmomente handelt, sondern um solche, die sprichwörtlich von oben (MC) kommen, die überpersönlich erfahren und als »Berufung« (10. Haus) aufgefaßt werden.

7. Die Aspekte

Das gesamte Aspektengefüge[39] weist hier deutlich auf den II. Quadranten mit Schwerpunkt auf dem 5. Haus, also dem Haus der »Geburt« (im Gegensatz zum »Haus der Schwangerschaft« 4), welches hier freilich zum Haus der »Geburt nach drüben« wird (PL). Von den Spannungsaspekten fallen hier besonders die Marsquadrate auf Sonne und Pluto, das Neptun-Quadrat zu Saturn und die Neptun-Opposition zu Jupiter ins Auge. (Das Quadrat zwischen AC und Venus sollte dagegen eher mit Vorsicht betrachtet werden, da es schon bei einer geringen Ungenauigkeit der

Geburtszeit wegen des sich schnell mit Zeitablauf ändernden AC unwirksam würde).

Mars Quadrat Pluto

Dieser Aspekt weist auf eine Tendenz zu unökonomischem Umgang mit den Urenergien (MA) hin, eine Neigung, Energien entweder geradezu verbissen, leidenschaftlich und exzessiv bis an Grenzwerte hin zu verausgaben, oder aber in den darauf sich einstellenden passiv-erschöpften Regenerationsphasen gänzliche Energielosigkeit zu empfinden. Alles oder nichts, totale Verausgabung oder ausgelaugte Schwäche sind hier häufig anzutreffende Muster.

Eine andere Interpretation dieses Aspekts wäre die Auslegung, daß Energie und Entscheidungskraft (MA) nur dann zur Verfügung stehen, wenn es entsprechende Leitbilder oder (fixe) Ideen gibt, für die sich nach Ansicht des Horoskopeigners »der Einsatz lohnt«. Die Energie des Mars fließt hier förmlich über das Impulsquadrat in die Idee (PL) und stimuliert somit das ohnehin schon große Bedürfnis nach Selbstaufopferung (SO/PL) bis an einen Punkt, der aus der Sicht eines Menschen mit anderer Persönlichkeitsstruktur schon als »Masochismus« bezeichnet werden könnte.

Mars Quadrat Sonne

Diese Konstellation kann als Autoritätskonflikt verstanden werden, als Bedürfnis, Autoritäten (im Sinne der solaren Autorität: »Typ Brustton der Selbstüberzeugung«) in der Außenwelt ebenso anzugreifen (MA) wie im eigenen Inneren. Damit fällt es sicherlich nicht leicht, ein starkes Selbstwertgefühl im Sinne einer Überzeugung von sich selbst zu entwickeln. Der intensive Leistungsanspruch (MA in Widder in Widderhaus 1) gerät häufig in Konflikt mit dem seelisch anpassungsbedürftigen Verhalten (SO/Krebs), eine Reibung (Quadrat) zwischen Durchsetzung und Hingabe.

Neptun Quadrat Saturn

Dieser Aspekt deutet darauf hin, daß in der Persönlichkeit ein Konflikt (Quadrat) gegeben ist zwischen der Beeinflussung (NE) durch Vernunft, Nutz- und Zweckdenken (6. Haus) und dem Bedürfnis, Halt (SA) in der Beschäftigung mit dem Tod (8. Haus) zu finden.

Eine andere Deutungsvariante wäre es, eine Spannung zwischen der Hingabe (NE) an die Erfordernisse der konkreten alltäglichen Situation (6. Haus), also einem Bedürfnis, intuitiv (NE) situationsadäquat (6. Haus) zu sein, und prinzipiellen, grundsätzlichen (SA) Leitbildern (in Skorpion im 8. Haus) zu konstatieren.

Die Tatsache, daß der Impuls hier von Neptun zu Saturn läuft, läßt vermuten, daß sich eher die Intuition gegenüber den Grundsatzerwägungen durchsetzen wird.

Neptun Opposition Jupiter

Eine mögliche Interpretation dieser Stellung ist die einer sich nach Vereinigung sehnende Antithese zwischen der feinfühligen Anpassung (NE) an die vorgefundene Alltagsrealität (6. Haus) und dem Glauben (JU) an das potentiell Mögliche (12. Haus), zwischen der erspürten (NE) Gebundenheit des Lebendigen (Löwe) an die Grenzen der konkreten Wirklichkeit (6. Haus) und dem Vertrauen (JU) auf die Grenzenlosigkeit (12. Haus) der Schöpfungskraft der Idee (Wassermann).

Mars Sextil Venus

Für den im eingeschlossenen Zeichen stehenden Mars ergibt sich durch diesen Impulsaspekt die Möglichkeit, sich über Venus in 3 zu äußern. Das bedeutet, daß die eigentlich eher verkapselte Urenergie sich mittels diplomatischer (VE) Kontaktaufnahme (3. Haus) oder Alternativen aufzeigender (VE) Kommunikation (3. Haus) verwirklichen möchte. Die Tatkraft und Energie (MA) fließen hier in das Bemühen ein, das nähere Umfeld (3. Haus) zu befrieden (VE).

Mars Trigon Merkur

Interessanterweise führt auch der zweite reibungslose (Trigon) Kanal für die martialischen Energien in ein Kommunikationsthema (ME), nämlich in Vermittlungsfunktionen (ME) im Bereich der Anpassung an die Umwelt (6. Haus) oder in die Aufgabe, katalysatorisch (ME) in Krisensituationen (6. Haus) zu wirken. Ein weiterer Deutungsansatz wäre etwa, Energien (MA) in das Durchdenken und Analysieren (ME) des Themenkreises Krankheit/Gesundheit (überlieferte Bedeutungen des 6. Hauses) zu investieren.

Venus Sextil Merkur

Die oben genannte Aufgabe der Venus in 3, nämlich das nähere Umfeld (3. Haus) zu befrieden, unterstützt offenbar (stützendes, impulsgebendes Sextil) die Katalysatorenwirkung des Merkur in 6, ebenso wie die freundliche (VE) Selbstdarstellung nach außen (3. Haus)[40] zur Neutralisierung (ME) in Anpassungs- und Aussteuerungssituationen (6. Haus) beiträgt.

Dieser Aspekt weist, wie schon die Position der Venus im merkurbeherrschten 3. Haus auf die Gabe ausgewogenen (VE) sprachlichen Ausdrucks hin.

Sonne Trigon Saturn

In diesem Aspekt[41] liegt die Möglichkeit, das weiche, gefühlsbetont-abhängige Verhalten (SO) über eine Disziplin, die zum Leitbild erhoben ist (SA in 8) zu stabilisieren. Neben dem Konjunktionsaspekt mit Pluto, der sich, wie oben erwähnt, ähnlich auswirkt, liegt im Trigon zum 8. Haus-Saturn das Bestreben, der Eigenperson (SO) etwas Leitbildhaftes, Vorbildliches zu geben (8. Haus), und zwar vor allem mit Hilfe von Strenge und Selbstdisziplin (SA).

Eine Ausstrahlung (SO), die sich auch über den konturgebenden, Form (bzw. Format) vermittelnden Saturn – wie hier – äußert, erhält durch diesen Aspekt etwas Ernsthaftes, durch leidvolle Erfahrung »Geprägtes«, einen asketischen Zug, der das Kindliche einer Krebssonne (Krebs-Sonne oder Mond im 5. Haus entspricht dem sogenannten »Kindchenschema« der Verhaltenspsychologie) überdeckt.

Schließlich könnte man dieses Trigon auch unter dem Aspekt sehen, daß das Verhalten, die persönliche Wärme (SO) einfließen möchte (Impulstrigon) in die Aufgabe, im Tod (8. Haus) eine Stütze (SA) zu sein.

Auch hier sehen wir wieder sehr deutlich, wie ein Mensch sinnvollerweise Eigenproblematik durch »Spezialisierung« auf dieses Thema bearbeiten und lösen kann, wenn wir in Betracht ziehen, daß Saturn im 8. Haus eine besondere Angst (SA) vor dem Tod (8. Haus) aufzeigt. Wohl dem, der einen so kreativen Weg findet, seine Eigenängste zu bearbeiten, besonders dann, wenn er (sie) sich auch über die Motivation des eigenen Tuns bewußt ist.

Die übrigen, noch nicht besprochenen Aspekte (NE Trigon MC, ME Quincunx AC, VE Quadrat AC) möchte ich hier deshalb übergehen, weil nur sehr geringe Ungenauigkeiten in der Geburtszeit diese Aspekte unwirksam machen würden und deshalb ohne zuverlässige Geburtszeitkorrektur im Wege eines persönlichen Gespräches als solide Deutungsgrundlage wegfallen.

8. Die Halbsummen

Planetenbilder, die für die Deutung in Betracht kommen, sind im 90-Grad-Kreis leicht auszumachen. Da ist einmal der von Jupiter und Saturn flankierte Neptun, also die Halbsumme NE = JU/SA, bildlich dargestellt,

Neptun

Jupiter ——————————|—————————— Saturn

die schon deshalb besonders bedeutsam ist, weil es sich bei Neptun um den Herrscher von 1 handelt. Auf erlöster Ebene meint diese Halbsumme, daß das sensible Empfinden, das Mitleiden sprichwörtlich begleitet wird (»flankierende Planeten«)

von religiösen (JU) Standpunkten (SA), daß das Bedürfnis zu helfen (NE) ein tief (SA) religiöses (JU) ist oder auch, daß der religiöse Standort (JU/SA) ein mystischer (NE) ist.

Letzteres läßt sich auch aus dem Planetenbild SO/MO = JU/NE

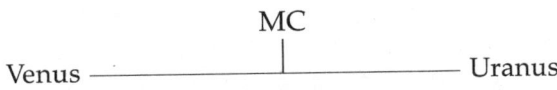

schließen, welches ein Hinweis darauf ist, daß aus der Gesamtpersönlichkeit (SO/MO) Entwicklung (JU) als etwas Fließendes (NE) erfahren wird, etwa im Sinne Heraklits »panta rei« (altgriech.: Alles ist im Fließen, in ständiger Bewegung).

An der Halbsumme MC = VE/UR

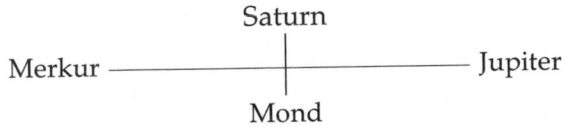

kann man ablesen, daß der Beruf im Sinne von Berufung (MC) immer wieder die Erfahrung der Unterbrechung (UR) von Beziehung (VE) mit sich bringt, die Befreiung (UR) von Bindung (VE) oder auch ganz einfach durch eine außergewöhnliche Form (UR) von Partnerschaft (VE) gekennzeichnet ist.

Betrachten wir uns noch die Halbsumme SA = ME/JU,

$$\text{Saturn}$$

Merkur ——————|—————— Jupiter

Mond

so gibt uns dieses Planetenbild näher darüber Auskunft, wie die Aufgabe, eine Stütze im Tod zu sein (SA in 8) verwirklicht werden kann, nämlich über die Vermittlung (ME) von Vertrauen (JU), über das sinngebende (JU) Gespräch (ME). An dieser Halbsumme »hängt« auch noch das Gefühl (MO), wie wir an der Opposition von Mond und Saturn im 90-Grad-Kreis erkennen können. Mond liegt also auf derselben Halbsummenachse wie Saturn, so daß wir auch ein Planetenbild MO = JU/ME be-

kommen, welches uns zeigt, daß die Vermittlung von Vertrauen (JU/ME) auf mütterliche Art und Weise (MO) erfolgt.

Ich hoffe, daß Sie anhand dieser Halbsummenbeispiele die immer wieder vorzufindende Scheu vor den Planetenbildern ein wenig abbauen konnten. Wenn man sich an die Grundregel hält und zur Auffindung der Planetenbilder nur den 90-Grad-Kreis benutzt, so kann es technisch zu keinen Problemen kommen, da auch indirekte Planetenbilder auf diese Weise leicht gefunden werden können. Das deuterische Problem der Kombination mehrerer Symbolfaktoren miteinander verliert sich mit zunehmender Symbolkenntnis immer mehr.

9. Die Mondphase

Sehr stimmig zum bisher ermittelten Persönlichkeitsbild zeigt sich auch die Mondphase und die daraus folgende Aussage.

Doch lassen sie uns vor der Deutung noch einmal die technische Ermittlung der Mondphase wiederholen:

Die Mondphase ist der Gradabstand zwischen Sonne und Mond, der sich seit der letzten Sonne-Mond-Konjunktion entwickelt hat und errechnet sich nach der Formel Mond-Sonne.

Der Mond hat hier den Wert 94 Grad (90 Grad für das Tierkreiszeichen Krebs + aufgerundet 4 Grad für die Gradposition im Krebs) und die Sonne den Wert 106 Grad (90 Grad für Krebs + aufgerundet 16 Grad für die Position im Krebs). Da der höhere Sonnenwert rechnerisch nicht von dem geringeren Mondwert subtrahiert werden kann, müssen wir zu dem Mondwert 360 Grad hinzurechnen. Das ergibt für die Mondphase folgende Rechnung: 360 + 94 − 106 = 454 − 106 = 348 Grad. Diese Gradzahl entspricht im Tierkreis 18 Grad Fische, also einer Mondphase, welche Fischesymbolik beinhaltet.

Diese Mondphase kurz vor Neumond wird von Dane Rudhyar (in seinem in der Bibliographie erwähnten Buch *The Lunation Cycle*) sehr bildhaft als »balsamic moon«

bezeichnet, ein Begriff, der bei jedem in Symbolik versierten Astrologen die Fischesymbolik anklingen läßt.[42]

In dieser Phase hat der Mond die ihm bei der letzten Sonne-Mond-Konjunktion (Neumond) übertragene solare Energie schon fast den ganzen Zyklus hindurch ausgetragen, kann fischetypisch als körperlich und seelisch erschöpft und – durch die vielen Erfahrungen, die im Zyklus schon hinter ihm liegen als mitleidsfähig erachtet werden.

Der »balsamic moon«-Typus ist in fast allen Lebenslagen gekennzeichnet durch das unbestimmte Grundgefühl »Das kenne ich doch schon irgendwie alles, habe es durchlebt und durchlitten«, und kann sich oft nur wundern über die Ambitioniertheit anderer Menschen, was das sichtbare Leben angeht. Er hat eben nicht mehr viel vor (dafür aber um so mehr hinter) sich, durchblickt – oder besser ausgedrückt:« durchahnt – die Vordergründigkeit der Dinge, auf die andere noch »wild« sind und kann oft nicht verstehen, wie sich diese an Zielvorstellungen festmachen, deren Ergebnisse er schon als sehr vergänglich erfahren hat. So liegt eine – allerdings oft sehr unbewußte – Weisheit, eine manchmal etwas resignativ anmutende Abgeklärtheit in dieser Fische-Mondphase, was aus dem Ausklingen des Mondphasenzyklus verständlich wird.

Die eigene konstitutionelle Schwäche bringt mitfühlende Nähe zur leidenden Kreatur und am ehesten noch ein Engagement in sozialer Richtung mit sich, so wie es in den Mondphasen kurz vor Vollmond um den »letzten Schliff« in der Entwicklung der Eigenpersönlichkeit geht, so kann die Fische-Mondphase kurz vor Neumond als entsprechende Entwicklungsphase verstanden werden, was das Kollektiv angeht. Hier wird die mit Vollmond beginnende Einbindung in die Gesellschaft zu einer letzten differenzierten Entfaltung gebracht, einem Zugehörigkeitsgefühl, welches durch den Begriff »Kommunion« noch am ehesten umschrieben werden kann.[43]

Betrachtet man die Mondphase als zyklische Entwicklungsreise des Mondes von Neumond zu Neumond (Sie erinnern sich: Neumond stellt sich in der Horoskopgrafik als Sonne-Mond-Konjunktion dar und beschreibt damit die Situation, in der der Mond/die Mater/die Matrix/die Materie/mit dem solaren Energie/Geist-Impuls aufgeladen wird, um in der etwa 29tägigen Reise bis zur nächsten Vereinigung mit der Sonne diesen Impuls zu »materialisieren« = inkarnieren), so hat der Mond in der hier zur Debatte stehenden Fische-Mondphase schon eine lange Reise hinter sich und dabei schon alle Planeten, die in der bereits entfalteten Phase liegen, in gewisser Weise verwirklicht. Bis zur neuerlichen Vereinigung mit der Sonne liegt hier nur noch Pluto vor ihm.

Das bedeutet, daß es hier vor allem um die Verwirklichung des Prinzips Pluto geht, daß die Beschäftigung damit sprichwörtlich noch bevorsteht.

Wie könnte diese Symbolik aber treffender erfüllt werden, als durch eine intensive Auseinandersetzung mit dem Tod (Pluto als klassisches Symbol für den Tod stammt hier auch noch aus dem »Todeshaus« 8).

10. Der Glückspunkt

Als »individualisierte Mondphase« steht er hier im Wassermann im 12. Haus und deutet an, daß das größte Glücksgefühl, die größte Stimmigkeit in Situationen erlebt wird, wo das Ende (12. Haus als Ende eines Zyklus) als Befreiung (Wassermann) und als sinnvolle Entwicklung (Konjunktion Mondknoten/Jupiter) erfahren wird. Kurz gefaßt könnte man diese Konstellation als einen »glücklichen (JU) Absprung (Wassermann) ins Nichts (12. Haus) interpretieren.

Eine andere Deutungsmöglichkeit wäre etwa: Im Alleinsein (erlöst: All-Eins-Sein = 12. Haus) plötzlich (= Wassermann) Einblick in die Sinnhaftigkeit der Dinge (JU) erhalten oder: In der Meditation (12. Haus) eine Fülle (JU) von Einfällen/»Erfindungen« (Wassermann) erleben.

Wie bei allen anderen Symbolkombinationen gäbe es natürlich trotz der durch die Symbolik klar abgesteckten Grenzen noch eine Unzahl anderer Interpretationen. So könnte man hier etwa von Glückserlebnissen (Mondknoten) bei Spontan(Wassermann)-Heilungen (JU) in »letzter Stunde« (12. Haus) oder im Krankenhaus (altüberlieferte Bedeutung des 12. Hauses) sprechen oder glückbringenden Trance-Erlebnissen (12. Haus) mit Geist(Wassermann)-Heilern (JU) bzw. Heil-»Geistern« (healing spirits).

Gerade in der Fülle der zulässigen Symbolkombinationen liegt dann ein Entwicklungsspielraum für den Horoskopeigner, der durch den entsprechend geschulten Astrologen angeregt werden kann.

11. Die Mondknotenachse

Sie verläuft hier vom 11. zum 5. Haus und deutet damit auf die Aufgabenstellung hin, sich praktisch-kreativ verwirklichen zu lernen. Die Vergangenheit mit ihrer konditionierenden Wirkung liegt hier (absteigender MK in 11) im Unpersönlich-Ideellen, während der Ansatzpunkt für die nächsten Schritte in die Individuation (nördlicher MK) im privat-emotionalen Engagement liegt.

Die »Achillesferse« der Persönlichkeit, der »Treibsand«, wo ein »Versacken« in alten Konditionierungen droht (südlicher MK), liegt hier in der gewohnten Flucht in zu Eis erstarrten, gedanklichen Glaspalästen (absteigender MK in Steinbock in 11), der Entwicklungsweg führt in warmen Gefühlsausdruck, in persönliche Zuwendung und situationsadäquaten, spielerischen, kindlich-offenen Selbstausdruck. Hier (aufsteigender MK in Krebs in 5) soll Augenblicksbezogenheit und eine Ausstrahlung mütterlicher Hingabe integriert werden, Nähe und Intimität als Gegengewicht zu einer Vergangenheit, die hierarchische Distanziertheit und kühle gedankliche Arroganz verrät. Im Märchen könnte man den absteigenden Mondknoten mit dem Bild der kaltherzigen Königin beschreiben, die einsam in ihrem Eispalast herrscht, gefangen in unnahbarer Intellektualität, einsam und verbittert, sich unverstanden fühlend, eine Figur wie der »Homunculus« in Maria Szepes' Roman *Der rote Löwe*.[44]

Hier liegt also auch die Aufgabe, sich aus der Neigung zur Distanziertheit, aus einem von geistiger Überheblichkeit herrührenden Hierarchieempfinden (absteigender MK) zu lösen und zu einer familiären Nähe hinzufinden, die den anderen warmherzig, unabhängig von seinen »geistigen Qualitäten« und seinem gesellschaftlichen Stand, annehmen kann.

Das Marsquadrat auf den MK zeigt, daß das Bedürfnis, in der Leistungsfähigkeit die Erste zu sein (Mars in 1 möchte gerne »Spitze« sein) dem Individuationsweg (MK) in die Quere kommen (Quadrat) kann.

Dennoch ist hier die Konjunktion von Sonne und Pluto mit dem nördlichen MK sowie die Ansammlung von vier weiteren Planeten in der Umgebung des nördlichen MK eine große Hilfe dabei, den Entwicklungsweg finden zu können.

Konjunktionen mit dem absteigenden MK oder eine deutliche Betonung der Horoskophälfte, in der dieser liegt, zeigen dagegen in der Regel eher eine starke Gebundenheit an die Konditionierungen aus Vorleben oder anderen Vorerfahrungen.

12. Die Planetenrückläufigkeit

Bei der Frage nach möglichen Konditionierungen denken wir selbstverständlich auch noch an die Rückläufigkeit von Planeten, die ja, wie im ersten Buchteil erwähnt, eine Art Kanal in die Vergangenheit schafft. Je nach dem Entwicklungsniveau des Horoskopeigners kann diese Verbindung mit Vorerfahrungen etwas Förderliches haben, weil etwa früher erarbeitete Kenntnisse und Fähigkeiten über den Kanal der Rückläufigkeit in die Gegenwart »transportiert« werden können und gleichsam eine Art »Rückerinnerungseffekt« (Deja-vu-Phänomen) dafür sorgt, alterworbenes Wissen auch heute zur Verfügung zu haben. Andererseits können durch den Rückläufigkeitstunnel natürlich auch alte Laster und Unsitten in die Gegenwart einfließen, wobei – unabhängig von der Qualität des über den Tunnel Zugänglichen – die Gefahr besteht, der Einzigartigkeit der heutigen Situation nicht gerecht zu werden, weil die Rückerinnerung monotone Wiederholungen nahelegt. Nur ein sehr bewußter Umgang mit den »alten« Fähigkeiten, der sie der heutigen, neuen Situation anzupassen und zu modifizieren vermag, umschifft diese Wiederholungsgefahr.

Der rückläufige Jupiter in 12 weist darauf hin, daß gerade das religiöse Moment durch Vorerfahrungen gefärbt ist und demgemäß auch heutige Berührungen mit dem Thema Religion diese alten Erfahrungen »restimulieren« können. Das Thema »plötzlicher Durchbruch zum Vertrauen in letzter Stunde« (JU/Wassermann/12) dürfte demnach ein altbekanntes sein.

Mag sein, daß diese Vorerfahrungen mit zum Berufsweg beigetragen haben, da man natürlich besonders gerne dort nach Vertrauen (JU) sucht, so man es schon einmal gefunden hat,. Hier wurde schon früher das Glück am Ende eines Zyklus gefunden (12. Haus), wo es auch jetzt wieder entdeckt werden möchte.

Der rückläufige Saturn in 8 zeigt, daß Todesangst ein erinnerungsträchtiges Phänomen ist, beladen mit schon bewußten, oder noch aus dem Unterbewußten nach oben drängenden Rückerinnerungen, und daß es schon immer ein Bedürfnis war, im Tod Halt, Sicherheit und Stütze (Saturn) zu

finden. Was man sich selbst ersehnt, gibt man gerade deshalb unterbewußt (gleichsam als Vorleistung) gerne anderen, in der Hoffnung auf das Gesetz »actio gleich reactio«, weil man darin eine gewisse Gewähr sieht, in der letzten Stunde selbst auch nicht allein sein zu müssen.

Uranus in 1 rückläufig kann als Hinweis auf frühere Schockerlebnisse gewertet werden, die die Körperlichkeit betrafen, als »Austrittserfahrung«, in der die Seele den Körper fluchtartig verlassen hat. Es kommt darin auch ein altes Bedürfnis zum Ausdruck, die Grenzen der Körperlichkeit zu sprengen, sich aufzulehnen gegen das »Gefängnis« der Materie.

Wie schon im Horoskop Hermann Gmeiners ist auch bei Frau Kübler-Ross der Wunsch erkennbar, den Himmel (altgriech. Uranos = Himmel) auf Erden (im I. Quadranten = Materie) finden zu wollen oder das Irdische wenigstens surreal zu überhöhen; beide greifen hier auf Vorerfahrungen (Rückläufigkeit) zurück.

Auch an diesem Beispielhoroskop können wir sehr gut ablesen, wie ein Mensch seine »Schulaufgabe« Horoskop aufgenommen, bearbeitet und zu einem beeindruckenden Ergebnis geführt hat. Der Lebensweg und die im Geburtsbild angelegten Aufgaben decken sich, so daß man von einer Verwirklichung der Talente sprechen kann. Unangenehme Korrekturen durch Schicksal (althochdeutsch: das zum Sal = Heil Geschickte) finden in der Regel im Leben eines Menschen auch nur dort statt, wo er seine Aufgabe nicht findet und erfüllt, nicht aber, wo – wie hier – sinnhafte Horoskoperfüllung stattfindet.

Beispielhoroskop 3

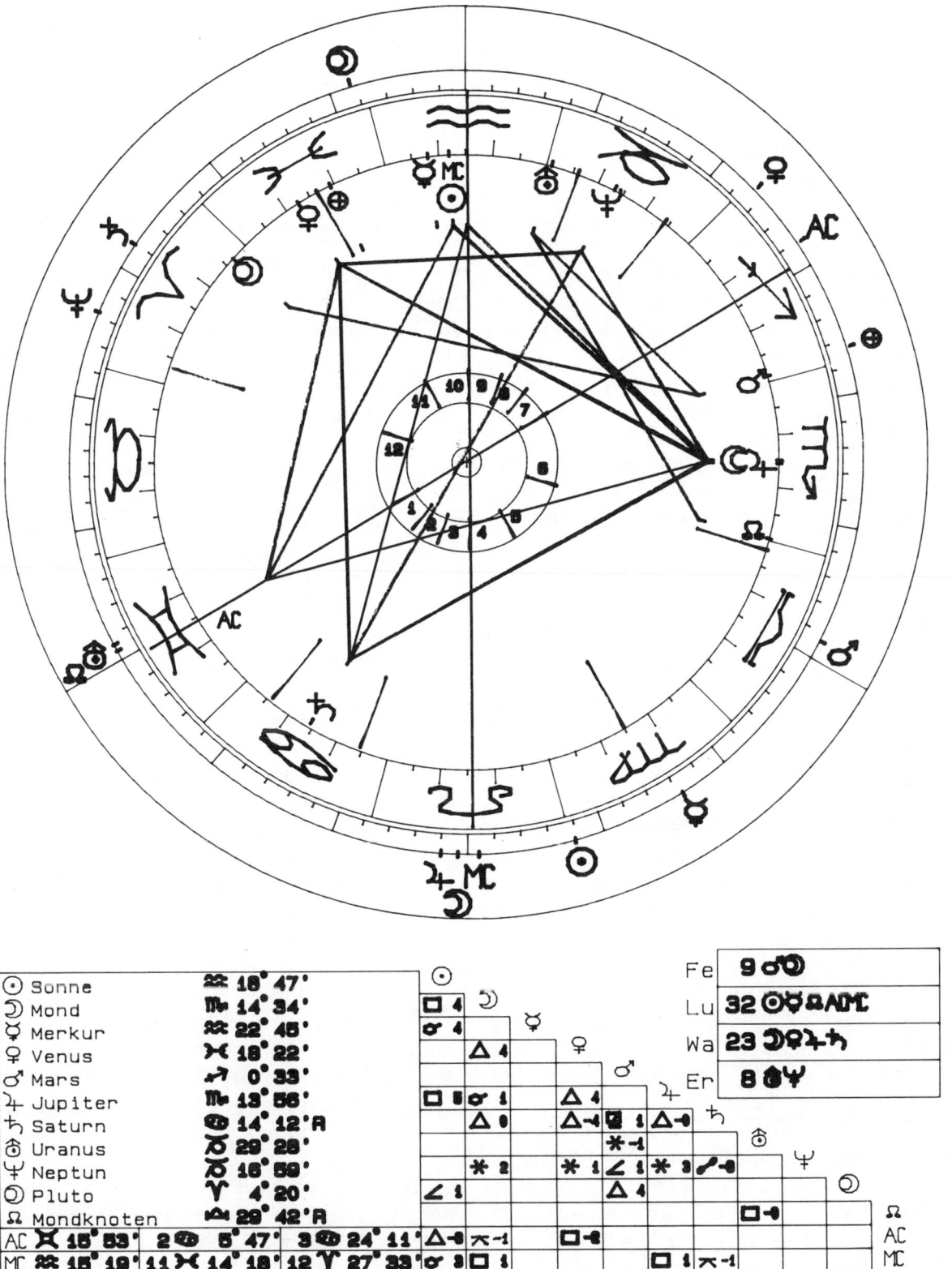

☉ Sonne	♒ 18° 47'				Fe	9 ♂☉
☽ Mond	♏ 14° 34'				Lu	32 ☉☿♀☊A♑
☿ Merkur	♒ 22° 45'				Wa	23 ☽♀♃♄
♀ Venus	♓ 18° 22'				Er	8 ⊕♅
♂ Mars	♐ 0° 33'					
♃ Jupiter	♏ 13° 56'					
♄ Saturn	♋ 14° 12' ℞					
⊕ Uranus	♌ 29° 28'					
♆ Neptun	♌ 16° 59'					
♇ Pluto	♈ 4° 20'					
☊ Mondknoten	♎ 29° 42' ℞					

	☉	☽	☿	♀	♂	♃	♄	⊕	♆	♇	☊		
☉		□ 4											
		♂ 4											
☽			△ 4										
☿													
♀	□ 5 ♂ 1		△ 4										
♂		△ 0	△-4 □ 1	△-0									
♃				*-1									
♄	* 2		* 1 ∠ 1	* * ♂ /-0									
⊕	∠ 1			△ 4									
♆								□-0				Ω	
AC ♓ 15° 53'	2 ♋ 5° 47'	3 ♋ 24° 11'	△-0 ⊼-1		□-0							AC	
MC ♒ 15° 19'	11 ♓ 14° 18'	12 ♈ 27° 33'	♂ 3 □ 1			□ 1 ⊼-1						MC	

123

Die Auflösung, um wen es sich bei dem abgebildeten Horoskop handelt, finden Sie am Ende der Horoskopbesprechung, so daß Sie sich zunächst ganz unvoreingenommen mit dem Bild auseinandersetzen können.

1. Die Elementverteilung

Schon die Elementverteilung ist hier wegen der starken Abweichung von der Durchschnittsverteilung sehr aussagekräftig. Sie weist auf eine Persönlichkeit hin, die durch geistige (Luft) wie seelische (Wasser) Anpassungsfähigkeit besticht.

Die Durchsetzungselemente Feuer und Erde sind hier sehr schwach ausgeprägt, so daß wir hier einen Mann (männliches Horoskop) vor uns haben dürften, der sich eher durch Klugheit, Schläue und Witz (Luft) sowie durch Einfühlungsvermögen und Gespür für Situationen (Wasser) im Leben bewähren dürfte, als durch Willensstärke (Feuer) und Prinzipientreue (Erde).

Hier herrscht nicht cholerisch-hitziges Temperament vor und auch nicht »erdhaft«-traditionelle Festigkeit, sondern quirlige Luftigkeit und wäßrige Verträumtheit.

Dieser Mann wird dazu tendieren, Luftschlösser zu bauen, sich vorwiegend in der »Freiheit der Gedanken« zu bewegen, wie dies einem »Luftikus« mit 32 Luftpunkten zusteht. Daneben wird er gerne »eintauchen« in die wäßrigen Gefilde der Seele, um »Traumreisen« zu unternehmen.

Bei dieser Dominanz an Gedankenwelt und Traumwelt bleibt naturgemäß nicht mehr viel für die konkrete, irdisch-reale Welt (Erde = nur 8 Punkte) übrig. Wir werden hier also keinen materialistischen Menschen vor uns haben, der seinen Sinn vorwiegend in der Auseinandersetzung mit der greifbaren Realität sieht, der gleichsam mit vier Beinen auf dem Boden der sichtbaren Welt steht, sondern vielmehr einen, der in der Welt der Träume, Gefühle, Ideen beheimatet ist.

Auch zeigt die Temperamentsverteilung, daß hier gradliniger, intensiver Energieeinsatz, »brennpunktbezogenes« Sich-Durchsetzen viel weniger (Feuer = 4 Punkte) im Vordergrund steht, als reagible Vielseitigkeit, die gerne einmal das Fähnchen nach dem Wind dreht und die Relativität der Dinge vor zielgerichtetes Engagement stellt.

2. Die Verteilung der Planeten in den Quadranten

Besonders auffällig ist die Betonung der oberen Horoskophälfte, also der Quadranten III und IV, die wir als »Kopfbetonung« interpretieren können. Wir haben es hier also mit einem Mann zu tun, der sehr kopforientiert ist, den wir eher als Theoretiker denn als Praktiker ansprechen dürfen.

Die »oberbewußte« (Taghälfte des Horoskopes) Verarbeitung des Lebens dominiert hier gegenüber der instinktiv-unterbewußten der Nachthälfte.

Von den vier Quadranten ist der IV. Quadrant am stärksten besetzt, was auf überdurchschnittliche Beschäftigung mit überpersönlichen bzw. unpersönlichen Dingen schließen läßt.

Die Kombination zwischen der Luftbetonung (insbesondere auch mit dem Zwilling-Aszendenten und der Wassermann-Sonne) und der Dominanz der oberen Horoskophälfte (vor allem dem IV. Quadrant) läßt schon an dieser Stelle die Schlußfolgerung auf einen »Intellektuellen-Typus« zu.

Am geringsten ist hier der Bezug zur eigenen Körperlichkeit ausgeprägt (nur ein Planet im I. Quadranten), während der seelische Quadrant II mit drei Faktoren auf einen Schwerpunkt in der Beschäftigung mit unterbewußten Bilderwelten hindeutet.

Wie wir später im Detail noch sehen werden, ist in dieser Persönlichkeit in der Tat eine Ambivalenz zwischen einer geradezu »sterilen« Geistigkeit (Zwillinge-AC, Sonne in Wassermann in 10, Sonne Konjunktion Merkur etc.) und einer leidenschaftlich-tiefgründigen Seele (Mond im Skorpion) gegeben.

Die Verteilung zwischen linker und rechter Horoskophälfte lasse ich hier bewußt unerwähnt, weil hier eine 50/50-Verteilung gegeben ist, die keine aussagekräftige Deutung zuläßt.

3. Der Aszendent

Der Zwillinge-Aszendent kennzeichnet das Anliegen eines »Erzählers«, eines Menschen, der »neugierig« auf das Leben ist und alles, was er zur Kenntnis nimmt, gerne an andere weitergeben möchte. Die geistige Flexibilität, die funktionale, unverbindliche Informationsaufnahme, das sprichwörtliche Interesse (lat. = dazwischen sein), Vermittlung und Austausch sind hier die Ansatzpunkte für das Leben. Es will neugierig ausgekundschaftet werden, durch Bezeichnung der Kommunikation erschlossen werden, so daß mittels der Sprache zur Kenntnis Genommenes ausgetauscht werden kann. Dabei bleibt es oft bei einem fotografisch-flüchtigen ersten Blick, einer erst einmal technisch-oberflächlichen, wenig persönliche Beteiligung zulassenden »Sachverhaltsaufnahme«, zumal die Fülle der Information mehr reizt als deren Vertiefung (dies wäre mehr Aufgabe des anderen merkurialen Zeichens Jungfrau).

So betrachtet kennzeichnet der Zwillinge-Aszendent eine journalistische »Berichterstattungsmentalität«, welche quirlig mit Neuigkeiten handelt.

Als Herrscher von 1 wird Merkur hier seiner »Götterbotenqualität« besonders gerecht, da er in der Himmelsmitte, am Zenit und im Himmelszeichen Wassermann (altgriech. Uranos = Himmel) steht. Das Interesse gilt hier besonders überpersönlichen (MC), zukunftsweisenden (Wassermann) Dingen, dem, was in Zukunft sein wird (MC = Ergebnishaftigkeit, Finalität).

Man könnte gleichsam von einem Anliegen der Berichterstattung über zukünftige (Wassermann) Ereignisse (MC) sprechen.

Hier wird die »neugierige Nase« des Zwillinge-Aszendenten in Dinge gesteckt, die erst in der Form der »Absichtserklärung«, der causa finalis existieren und den Charakter der Erfindungsgabe (Wassermann) in sich tragen.

Eine andere Interpretationsmöglichkeit hieße: Berichterstattung über revolutionäre Bewegungen in der Gesellschaft (10. Haus). Hier möchte viel nachgedacht, besprochen und be(ge)schrieben werden über Außergewöhnliches, Erfindungsreich-Abenteuerliches (Wassermann), welches im Blickpunkt der Öffentlichkeit (10. Haus) steht, über Macht (Merkur Konjunktion Sonne) und Experimentierfreude (Sonne Wassermann).

Merkur als Anlageherrscher in 10 in Wassermann kann auch den Wunsch umschreiben, durch Witz und Originalität in Sprache und Schrift gesellschaftliche Bedeutung zu entfalten, durch den eigenen »Esprit« bekannt und für andere verbindlich zu werden. Eine Erfüllung eines solchen Anliegens könnte beispielsweise ein geistreicher Conferencier oder origineller Moderator sein, ein bekannter Science-fiction-Autor, ein Karikaturist, der Persönlichkeiten der Gesellschaft im Visier hat oder ein Fotograf, der vor allem Bilder über modernste Technik macht (etwa Fotografieren von Raketen). Schließlich könnte man etwa auch an einen Fachjournalisten im Computerbereich denken. Ich habe es hier schon bei der Anlage gewagt, konkretere Bilder zu entwerfen, da ein Blick durch die anderen wichtigen Faktoren der Grunddeutung (wie etwa Verhalten/Sonnenstand und Finalität/MC) keine wesentlichen Abweichungen von der in der Anlage sichtbaren Grundlinie erkennen lassen.

4. Die Sonne

Betrachtet man sich nämlich den Sonnenstand als Symbol für das Verhalten, für die Art der Energie, mit der das Anliegen verwirklicht werden möchte, so bestätigt uns die Wassermann-Sonne im 10. Haus in Konjunktion mit Merkur alles bei der Anlage schon Angesprochene. Bei einer solchen Nähe zwischen Anlage und Verhalten können wir von einem sehr direkten Menschen sprechen. Hier kann das Anliegen ohne Umwege, unmittelbar umgesetzt werden, eine Situation, die wir sonst regelmäßig nur bei einem Löwe-Aszendenten vorfinden, da ja dort der Anlageherrscher (= Sonne) immer auch das Verhalten (= Sonne) bestimmt.[45]

Bei einer Wassermann-Verhaltensweise können wir uns ein sehr eigenwilliges Auftreten vorstellen, etwa einen schrulligen Professor, einen bunten Hund oder ein Original. Besonders in Verbindung mit den vielen Luftpunkten der Elementauszählung und der Betonung der oberen (Kopf) Horoskophälfte gilt für die Wassermann-Sonne der Satz: »Die wahren Abenteuer finden im Kopf statt.«

Hier liegt der Schwerpunkt sicherlich nicht auf der Erfahrung der bizarr-erfinderischen Ideen, was eher bei einer Betonung des I. Quadranten der Fall wäre, sondern auf der Freude am Gedankenspiel. Die Erfindungsgabe möchte hier theoretisch (10. Haus) zu Papier gebracht oder zur Diskussion gestellt werden, ein heller Kopf, erfindungsreicher Denker, geistreicher Schriftsteller, revolutionär und Grenzen sprengend in seiner Denkweise und in seinem Auftreten in der Öffentlichkeit. Die Konjunktion der Sonne mit Merkur zeigt die Wendigkeit im Verhalten, Klugheit und Gewitztheit, die sich davor hütet, sich auf irgend etwas festzulegen, sondern darauf bedacht ist, die Relativität der Dinge im Auge zu behalten.

Der geflügelte Götterbote Hermes/Merkur regt das Verhalten zu Reisen (oder noch neutraler formuliert: zum Unterwegs-Sein) an und begünstigt so die schon in der Wassermann-Sonne liegende Unstetheit und Unruhe. Diese wird sich sicherlich auch in einer assoziativ-sprunghaften Gedankenflucht äußern, aber nicht nur auf die mentale Komponente der Persönlichkeit be-

schränkt bleiben, sondern auch dem Gesamtverhalten etwas Nervös-Irritiertes vermitteln. Wollte man die Persönlichkeit mit einem Tierbeispiel illustrieren, so könnte man etwa an einen nervös zittrigen Windhund mit bebenden Flanken und flackerndem Blick denken. Nicht umsonst haben in der astromedizinischen Betrachtungsweise sowohl Merkur als auch Uranus (Wassermann) den stärksten Bezug zum Nervensystem.[46]

Die Volksweisheit »Genie und Wahnsinn liegen nahe beieinander« ist ein Spruch, der auf die Symbolik des Wassermanns zutrifft. Das ihm innewohnende Bedürfnis Grenzen zu sprengen, schafft Zugang zum Außernormalen in jeder Hinsicht. Blicke über (übliche Bewußtseins-)Grenzen hinaus zu werfen kann Genie, aber auch Absonderlichkeit bedeuten, Freiheit, aber auch Desorientierung. Diesen doppelbödigen Wassermann-Aspekt beschreibt die bildhafte Umgangssprache mit: »Der hat ja einen Vogel«, denn die Wassermannsymbolik des Vogels oder Vogelfluges bezeichnet Freiheit einerseits, aber auch das »Abheben« ins Surreale.

5. Der Mond

Die Mondposition im Skorpion und im 6. Haus weist auf ein emotionales Bedürfnis nachzubohren (Skorpion) und analytisch zu forschen (6. Haus) hin, auf einen seelischen Drang, Hintergründe aufzudecken. Auf keine andere Mondposition paßt das Sprichwort »Stille Wasser gründen tief« so sehr wie auf den Skorpion-Mond. Hier geht es darum, die Abgründe der Seele zu »sezieren«, und immer wieder den Finger in die Wunde, nicht genügen zu können, zu legen. Der Pegel der Gefühlsausschläge reicht hier von »himmelhoch jauchzend« bis »zu Tode betrübt«.

Mit der Mondposition im Skorpion ist auch oft die seelische Erwartungshaltung (Hoffnung) auf eine »bessere Welt«, auf eine Modellvorstellung von Leben gerichtet, was sich bisweilen aus der nagenden

Unzufriedenheit mit der gegebenen Situation erklären läßt. Diese Stimmungslage kann – insbesondere im Hinblick auf die Position im 6. Haus – auch mit dem Bild einer »Alchimistenküche« verglichen werden, einer »Hexenmeisterstimmung« inmitten von Retorten und Destillationsapparaten, dunstigem und dampfendem Gären (Skorpion) in Verbindung mit wissenschaftlichem Ehrgeiz (6. Haus).

Die Seele ringt so mit sich selbst, sucht über sich selbst hinauszuwachsen, als Phönix aus der Asche geläutert zu werden.

Zwischen der heiter-komödiantisch wirkenden Ausstrahlung und Verhaltensweise (SO/Wassermann) und der grüblerisch in sich gezogenen Gefühlslage (MO/Skorpion) besteht sicherlich eine große Spannung (im Quadratsaspekt doppelt deutlich erkennbar), die Gemeinsamkeit nur im Rütteln an Etabliertem finden kann – ein Zug, der diesen beiden Tierkreiszeichen innewohnt.

Seelisch ist das Mittel der Wahl dazu eher die passiv-trotzige, unterminierende Verweigerung (Skorpion), vom Verhalten her dagegen ironisches oder sarkastisches Nicht-ernst-nehmen (Wassermann).

6. Das Medium Coeli

Die Finalität liegt hier im »Aufrütteln« von Weltbildern (Uranus als Herrscher von 10 in 9), im prophetischen Verkünden einer Zeitenwende (Uranus im labilen letzten Grad von Steinbock im Übergang zu Wassermann), in einer Zielvorstellung und Absichtserklärung (MC), ein Prometheus seiner Zeit zu werden.[47]

In dieser Uranus-Position liegt gleichsam die Vision eines neuen Zeitalters, ein »Aufblitzen« (UR) von Zusammenhängen (9. Haus), ein Aufzeigen der »Quantensprünge« (UR) in der Entwicklung (9. Haus). Die Perspektive (MC) dieses Mannes liegt im Sendungsbewußtsein (9. Haus) seiner Ideenwelt (UR), im blitzartigen Freilegen (UR) menschheitsgeschichtlicher Entwicklung (Steinbock/9. Haus).

Soweit die Grundstruktur der Persönlichkeit. Wenden wir uns nun der Feinstruktur zu:

7. Die Aspekte

Eine sehr markante Aspektfigur, die in ihrer Gesamtheit ins Auge springt, ist die Drachenfigur mit der mittleren Oppositionsachse Neptun/Saturn, die durch die Trigone und Sextile von Jupiter und Venus auf diese Opposition entspannt wird.

Die Hauptspannung in dieser Figur, die als »harter« Aspekt zur Manifestation drängt, ist die *Opposition Neptun/Saturn,* die gerade in der Form, wie wir sie hier im Beispiel vorfinden (Achse Krebs/Steinbock; Achse 2. Haus/8. Haus) auf vielerlei Art und Weise das Thema »Traum und Realität« symbolisiert.

Alleine schon die Verbindung von Neptun (Traum) und Saturn (»harte« Realität) steht für dieses Thema. Ein zweites Mal kehrt es wieder in der Oppositionszeichenverbindung Steinbock (Realität) und Krebs (Traum), und schließlich können wir es in der Häuseropposition 2. Haus (greifbare Substanz = »Stierhaus«) zu 8. Haus (fixe Idee = »Skorpionhaus«) als Themengegensatz von diesseitigem Pragmatismus (2. Haus) und ideeller Astralwelt (8. Haus) wiederfinden.

Neptun als der eine Pol der Oppositionsachse macht durchlässig für das durch das 8. Haus repräsentierte kollektive Unbewußte, für Wissen aus der Askasha-Chronik; Saturn als anderes Polende sucht faktische und praktische »Erdung« im 2. Haus, möchte die Essenz, den Kern (SA) des Erspürten (NE) im 2. Haus zum Bestand machen, verdinglichen.

In der ideellen Welt (8. Haus) Erahntes (NE) soll über die Oppositionsspannung als Wahr(SA)-Traum(Krebs) sich verdichten (2. Haus).

Die an die Oppositionsachse angelehnten *Trigon-* und *Sextilaspekte* wirken erleichternd und unterstützend für die durch das oben genannte Thema gestellten Aufgaben. Konkret können *Jupiter* und *Mond* im Skorpion im 6. Haus beispielsweise als erhabene (JU) Gefühle (MO) im besessenen Forschen (Skorpion) am Arbeitsplatz (6. Haus) oder als Weitblick (JU) und emotionale Identifikation (MO) im analytischen Arbeiten (6. Haus) an Hintergründigem (Skorpion) verstanden werden, was die Eingebung (NE) unterstützt (Sextil JU/NE).

Venus in Fische im 11. Haus (dem Haus, aus dem Neptun hier kommt) zeigt sinnliche Freuden (VE) beim »Heraufdämmern« (Fische) von Geistesblitzen (11. Haus), Zu-Friedenheit (VE) im Sich-Verlieren (Fische) in kreativer Geistigkeit (11. Haus), was unterstützenden Einfluß (impulsgebendes Trigon VE/SA) auf die Fähigkeit zu Wahrträumen (SA/Krebs) hat. Letzteres (SA) wiederum hilft (Trigon JU/MO) hin zur Freude an der alltäglichen Arbeit (JU/MO im 6. Haus).

Schließlich wirkt sich die zuversichtliche Einstellung (JU/MO) am Arbeitsplatz (6. Haus) über das *Trigon* zur *Venus* hin auch dynamisierend (Trigon) auf den »Appetit« (VE) zu erfinden (11. Haus) aus.[48]

Der Spannungsaspekt *Jupiter Quadrat Sonne* zeigt in der Regel ein Selbstbewertungsproblem an. Es fällt mit diesem Aspekt oft schwer, die Mitte zwischen Selbstüber- und Selbstunterschätzung zu finden. In welche Richtung das Pendel eher ausschlägt, kann man häufig mit Hilfe der Elementverteilung ermitteln. Liegt der Schwerpunkt nämlich eher auf den männlichen Elementen Feuer und Luft, so kommt es leichter zur Selbstüberschätzung, bei Dominanz der weiblichen Elemente Wasser und Erde tendiert der Betreffende dagegen mehr zur Unterschätzung seiner Fähigkeiten.

In unserem Beispiel läßt sich freilich keine klare Richtung ausmachen, da das Verhältnis der weiblichen Elemente zu den männlichen ausgewogen ist (36/36). So ist besonders im Hinblick auf den Extreme fördernden Skorpionboden, auf dem Jupiter steht, anzunehmen, daß es hier zu starken Schwankungen in beide Richtungen kommen dürfte, entweder in der Form, daß

Arbeitserfolge (JU/6) oder üppige Erträge (JU = Üppigkeit; Ertrag und Verwertung = »Jungfrauhaus« 6) sprichwörtlich über das Quadrat zur Sonne »zu Kopf steigen« (wörtliche Deutung des Jupiterimpulses auf die am »Scheitel« stehende Sonne) oder aber ein Sinnhaftigkeits(JU)-Zweifel (Skorpion) das öffentliche (10. Haus) Auftreten (SO) hindert (Saturnaspekt Quadrat in unerlöster Form).

Sonne Quadrat Mond verdeutlicht die innere Anspannung zwischen tiefgründiggärender Seele (MO/Skorpion) und heiter-ironischem Verhalten, zwischen »Luftikus« (SO/Wassermann) und grüblerischer Gefühlshaltung.

Mars als Herrscher des 12. Hauses in 6 trägt Impulse (MA) aus dem Reich der Möglichkeiten (12) in die sichtbare Welt der Meß- und Wägbarkeit (6. Haus), tritt quasi als Botschafter des noch (im Urchaos befindlichen) Ungeschaffenen tatkräftig für dessen Nutzbarmachung und Verwertung (6) ein und fördert dadurch (impulsgebendes *Sextil* und *Uranus* in 9) ein revolutionäres, zukünftiges Weltbild.

Das *Trigon* von *Mars* auf *Pluto* weist darauf hin, daß die Arbeitsintensität (MA/6) wesentlich dazu beiträgt (eine weitere mögliche Formulierung für den »Jupiteraspekt« Trigon), · umwälzende (PL) Erfindungen (11. Haus) zu machen.

Als letzter zu besprechender Aspekt bleibt uns noch das *Quincunx* von der *Sonne* auf *Saturn*, da ich die Aspekte auf die Achsen AC und MC wegen der möglicherweise geringfügig unexakten Geburtszeit außer acht lassen möchte.

Als »Sehnsuchtsaspekt« verstanden, können wir die Verbindung der Sonne mit Saturn hier als Sehnsucht einer sehr kopfbetonten Persönlichkeit nach »Erdung« deuten, einem Wunsch danach, daß die »Abenteuer im Kopf« als Eigenerfahrung faßbar werden möchten. Sehen wir dagegen im Quincunx mehr den »Qual der Wahl-Aspekt«, der auf Entscheidungsnot hinweist, so könnte er als Schwierigkeit gedeutet werden, ob nun mehr dem geistigen Höhenflug (SO/Wassermann/MC) oder konkretem Realitätssinn (SA/2) der Vorzug gegeben werden soll, ob der utopische (SO/Wassermann) oder der realistische (SA) Aspekt der entscheidendere sei.

Eine weitere Interpretationsmöglichkeit läge darin, in dem Aspekt eine Unsicherheit, ein Schwanken (neptunische Qualität des Quincunx) zwischen reduziertem Eigenwertempfinden (SA im Eigenwerthaus 2) und exentrischer Selbstdarstellung in der Öffentlichkeit (SO/Wassermann/10) zu sehen.

8. Die Halbsummen

Was die Halbsummen anbetrifft, so handelt es sich bei unserem Beispielhoroskop um ein recht außergewöhnliches, denn wir können im 90-Grad-Kreis eine selten gefundene Symmetrie sehr vieler Horoskopfaktoren zu einer Halbsummenachse finden, nämlich folgende:

SO/JU = SO/MC = VE/SA = AC/NE = MA/UR, oder grafisch ausgedrückt:

Sonne	Jupiter
Sonne	MC
Venus	Saturn
AC	Neptun
Mars	Uranus

Bei ein wenig mehr (unüblicher) Großzügigkeit bezüglich der Orben für Planetenbilder könnte man sogar das gesamte Horoskop als Symmetrie betrachten, mit der Sonne auf der Halbsummenachse, den flankierenden Faktoren ME/JU, ME/MC, MA/MK, MA/UR, AC/NE, VE/SA und Pluto auf dem gegenüberliegenden Pol der Halbsummenachse.

Aber selbst, wenn man sich genau an die üblichen Orben hält, kristallisiert sich hier eine Planetenbildsymmetrie gleichsam wie ein sechseckiger Schneekristall (nochmals

Wassermannsymbolik) heraus, welche die Außergewöhnlichkeit dieses Mannes unterstreicht.

Deuten wir das oben gezeichnete Planetenbild, so könnten wir neben vielen anderen innerhalb der Symbolgrenzen gegebenen Interpretationen beispielsweise zu folgenden Aussagen gelangen:

Der öffentliche, überpersönliche (MC) Ruhm (JU) der Persönlichkeit (SO) ist in Zusammenhang zu sehen mit seiner klaren Ästhetik, dem klassischen Formempfinden (SA/VE) und seiner zurückhaltenden Höflichkeit (SA/VE), mit seiner intuitiven Anlage (NE/AC), seinem Pioniergeist (MA/UR) und seiner Entschlossenheit, sich für das Ungewöhnliche und Neue einzusetzen (MA/UR). Seinen großen Erfolg als Schriftsteller können wir ablesen an den Halbsummen SO = JU/ME und SO = MC/ME.

Vielleicht dämmert Ihnen aufgrund der letzten, konkreteren Hinweise schon ein wenig, um wen es sich in unserem Beispiel handeln könnte.

Doch wenden wir uns vor der Auflösung doch noch den weiteren Komponenten des Horoskopes zu, und betrachten uns als nächstes:

9. Die Mondphase

Bei einem Gradabstand von 266 Grad zwischen Sonne und Mond haben wir es nach der Mondphasenastrologie mit einer Persönlichkeit zu tun, die sich in einer Schütze-Entwicklungsphase befindet (240 bis 270 Grad Abstand zwischen Sonne und Mond entspricht, wie im 2. Teil besprochen, der Schützesymbolik).

Der Mond ist auf seiner Wanderung seit der letzten Konjunktion mit der Sonne (Neumond) schon über das Vollmondstadium objektiver Erkenntnis hinausgelangt und befindet sich im III. Mondquadranten, dem des Intellekts.

Er hat also bereits die Stadien der individuellen, persönlichen Entwicklung (zunehmende Mondphasen) hinter sich, steht nicht mehr so sehr unter dem Drang subjektiver, körperlicher und emotionaler Entfaltung, sondern hat die Bild und Ideen schaffende Vollmondsituation als Ausgangspunkt für seine Weiterentwicklung und seine Einbindung ins Kollektiv (abnehmende Mondphase).

Das schützehafte Mondphasenstadium kann begriffen werden als Bedürfnis, nach bildhaft-objektivem Erfassen (180–210 Grad) und dessen Verdichtung zur Modellvorstellung (210–240 Grad) diese Idee sendungsbewußt anderen mitteilen zu wollen (240–270 Grad). In gewisser Weise finden wir also in dieser Mondphase die »missionarischen« Eigenschaften, die wir vom Schützeprinzip kennen, wieder.

Die Planeten, welche der Mond auf seiner Reise bis zur neuerlichen Vereinigung mit der Sonne noch vor sich liegen hat, die also in diesem Leben noch vorrangig bearbeitet werden sollen, sind: Jupiter (gerade aktuell), Mars, Neptun und Uranus. Daraus können wir entnehmen, daß zunächst religiöse, weltanschauliche und Glaubensfragen zur Bearbeitung anstehen, gefolgt vom Thema Durchsetzung, Initiativkraft und Mut, sowie schließlich vom Umgang mit Phantasie, Intuition und geistiger Kreativität.

10. Der Glückspunkt

In der Position des Glückspunktes finden wir den roten Faden, der dieses Geburtsbild durchzieht, wieder. Er bestätigt als »individualisierte Mondphase« (Sie erinnern sich: Glückspunkt = AC + Mondphase) das intuitive Naturell des Horoskopeigners und weist darauf hin, daß dieser »seine glücklichsten Stunden« dort empfindet, wo er durch sein Ahnungsvermögen, durch seine »feinen Antennen« (Fische) Bedeutung entfaltet (10. Haus) und damit die Gesellschaft (10) beeinflußt.

11. Die Mondknotenachse

Der südliche Mondknoten im Widder in 12 deutet darauf hin, daß es zu den eingefahrenen alten Gewohnheiten gehören könnte, im Hintergrund seine Aggressionen mit sich abzumachen, bildlich ein Symbol für die »geballte Faust in der Tasche«. Es empfiehlt sich ja, besonders in Beratungssituationen, den absteigenden Mondknoten zunächst einmal in seinen unerlösten Entsprechungen zu deuten, um das Augenmerk auf mögliche Fallstricke durch alte Konditionierungen zu lenken. Erlöste Interpretationen fesseln ja nicht, so daß hier keine Gefahren lauern. Nachdem freilich mögliche Gefahren angesprochen wurden, ist es ebenso wichtig, den absteigenden Mondknoten auf erlöste Art und Weise zu deuten, um so einen Weg aufzuzeigen, wie man sich von der Bindung an die Vergangenheit zu lösen vermag. In der Regel ist es erst danach sinnvoll, die im nördlichen Mondknoten liegenden, zu integrierenden Aufgabenstellungen anzusprechen. Denn ein krampfhaftes Anstreben der Qualitäten des aufsteigenden MK, ohne sich vorher vom absteigenden MK gelöst zu haben, führt nur zu mehr Anspannung und dem subjektiven Empfinden von Unfähigkeit.

Wenn wir also dem Horoskopeigner beratend zur Seite stehen wollten, so könnte nach dem Hinweis auf die alte Konditionierung in Punkto heimlicher Aggression, »zornigem Aufstampfen im stillen Kämmerlein« (ähnlich wie ein rückläufiger Mars in 12 ist der südliche MK in Widder in 12 ein »Rumpelstilzchensymbol«) das Aufzeigen der erlösten Qualität dieser Konstellation folgen zu lassen, etwa »seine ganze Tatkraft in den Dienst der Phantasie stellen«, »Pionierarbeit im Bereich des Potentiellen, Möglichen« zu leisten oder »zweckfreies (absichtsloses) Tun zu üben«.

Erst danach ist der Weg frei für die Arbeit am nördlichen Mondknoten, der in seiner Position in Waage in 6 den diplomatischen Umgang in Anpassungssituationen meint.

Nach meiner Beratungserfahrung wird die Aufgabenstellung, die durch den nördlichen Mondknoten vorgegeben ist, in aller Regel als sehr schwierig empfunden. In den wenigsten Fällen wird diese Aufgabe gerne angenommen oder gar freudig begrüßt. Das mag daraus verständlich sein, daß der absteigende MK wie Treibsand die Möglichkeit bereit hält, in »kindliche Regression« zurückzufallen (unerlöste Mondsymbolik des südlichen MK), und sich in der alten Konditionierung gleichsam faul als »Stubenhocker« der Entwicklung zu entziehen, während der aufsteigende Mondknoten den Heldenmut (»Löwenmut« = Sonnensymbolik des nördlichen MK) voraussetzt, sich auf seinem Individuationsweg in unbekanntes Neuland zu wagen.

Wagt man sich also an die Aufgabenstellung des nördlichen MK heran, so befindet man sich in der Lage des Märchenhelden, der, bevor er zum »Märchenprinzen« werden kann, erst einmal »auszog, um das Fürchten zu lernen«.

In unserem Beispiel mag es einleuchten, daß ein Mann, dessen Schwerpunkte in den rebellischen Zeichen Wassermann und Skorpion liegen, die Lernaufgabe freundlicher, diplomatischer Anpassung im Alltagsumgang nicht gerade freudig aufgreifen wird. Wer mag schon gerne als exzentrischer »bunter Hund« mit gärend-explosiver Stimmungslage »Handküßchen verteilen«.

Hier liegt in der Mondknotenachse also – neben vielen anderen Interpretationsmöglichkeiten – die Entwicklungslinie vom heimlich-zornigen Rumpelstilzchen hin zum ehrlich empfundenen »Küß die Hand gnä' Frau« als Ausdruck der Akzeptanz »blaublütiger Umgangsformen«.[49] Ein anderer Ausdruck für diese MK-Achsenbesetzung wäre zu lernen, nicht nur ein »Arrangement« (Waage), sondern seine Harmonie in der Alltäglichkeit des Lebens (6. Haus) zu finden, »seinen Frieden zu machen« (Waage) mit der nüchternen Realität des Daseins (6) und nicht den Kampfaspekt des Lebens (Widder) zu verleugnen oder heimlich zu »ertränken« (12. Haus).

12. Die Planetenrückläufigkeit

Rückläufig ist hier nur Saturn, woraus man ableiten kann, daß es sich bei dem Horoskopeigner um einen Menschen handelt, der sich kaum von seiner Vergangenheit einholen läßt (in der Durchschnittsverteilung finden wir ca. zwei rückläufige Planeten). Der Bereich, in dem hier ein »Draht zur Vergangenheit« besteht, ist hier das existentielle Sicherheitsbestreben, das Bedürfnis Halt (SA) zu finden in einer Form häuslicher (2. Haus) Geborgenheit (Krebs), ein traditionelles Bild von trutziger Schutzburg, die das eigene Revier durch Mauern gegen die Außenwelt abschirmt.

Hier könnte auch eine altbekannte Angst davor bestehen, existentiell darben zu müssen, die zu sparsamer bis geiziger Einstellung im Finanzbereich führen kann oder doch wenigstens Wert auf solide (SA) Anlagepolitik legt, ein – allerdings nur scheinbarer – Widerspruch zur abenteuerlichen »Luftikus«-Mentalität in der Ausstrahlung.

Kommen wir nun zur Auflösung der Identität des Horoskopeigners. Es handelt sich hier um das Geburtsbild des französischen Schriftstellers Jules Verne.

Jules Verne kann als Pionier der Science-fiction-Literatur bezeichnet werden, was sich nicht deutlicher als in der Symbolik Zwillinge/AC und Wassermann/Sonne ausdrücken könnte. Mit elf riß er von zu Hause aus. Als er zurückgeschickt wurde schwor er, daß er nur noch in der Vorstellung reisen wolle, ein Versprechen, das er in seiner literarischen Produktivität erfüllte.

Verne war sehr interessiert an Geographie und Luftfahrt (Wassermann) und schrieb eine Abhandlung über die mögliche Erforschung Afrikas per Ballonfahrt. Dieses Werk wurde zunächst von vielen Verlegern verschmäht, bis schließlich einer, P. J. Hetzel, ihn anwies, es in der Form einer erdachten Abenteuergeschichte zu schreiben. Das Ergebnis, *Cinque semaines en ballon (Fünf Wochen in einem Ballon)*, 1863, brachte Jules

Verne neben großem Erfolg einen lebenslangen Vertrag mit seinem Verleger.

Die meisten seiner Bücher sind Abenteuergeschichten (Wassermann/Zwilling = der Abenteuer-Erzähler) in fernen Ländern, die wohl berühmteste davon erschien 1873: *In 80 Tagen um die Erde,* in der wassermanntypisch die Fortbewegung per Luft (Ballon) wieder eine vorrangige Rolle spielt. Bemerkenswert sind in den Geschichten die geradezu seherische Gabe Jule Vernes für die technische Entwicklung. In seinen »Klassikern« sieht er in wassermännisch-genialer Vorausschau Raumfahrt, Unterseeboot, Helikopter, künstliche Satelliten, raketengesteuerte Geschosse und in gewisser Weise auch die Atomkraft vorher.

Wunderschön können wir in seinen Geschichten eine getreue Abbildung seines Horoskopes wiederfinden, etwa die Ballonweltreise in 80 Tagen nicht nur in der Wassermann-Sonne am MC, sondern vielleicht noch deutlicher im Uranus (Flug) im 9. Haus (Weltreise). Sein Roman *De la terre à la lune* (1865) beschreibt den ersten Flug zum Mond als Ausdruck derselben Symbolik, während die 1870 und 1875 erschienenen Werke *Vingt mille lieues sous les mers (2000 Faden unter der Meeresoberfläche)* und *L'ile mysterieuse (Die mysteriöse Insel)* sowie das 1864 erschienene *Voyage au centre de la terre (Reise zum Mittelpunkt der Erde)* neben dem wassermännischen »Abenteuertouch«

ganz sicher auch den Mond im Skorpion mitbearbeitet. Kapitän Nemos Kämpfe mit Kraken und Meerungeheuern sind deutlicher archetypischer Ausdruck seiner Skorpionseele, ebenso wie die U-Boot-Fahrt und das Forschen in den unergründlichen Gewässern der Seele. Auch das Höhlenlabyrinth, das den Großteil des Weges zum Mittelpunkt der Erde ausmacht, ist ein prächtiges Symbolbild für Skorpion. In seinem *Kurier des Zaren* finden wir die Symbolik Merkur (Kurier) Konjunktion Sonne im 10. Haus (des Zaren) wieder.

Weniger bekannt sind Vernes historische Geschichten, in denen sein leidenschaftliches Bekenntnis zu Freiheit (Wassermann) deutlich wird, so zum Beispiel, wenn er in *A Family Without a Name* die fruchtlose Revolte der Francokanadier von Quebec gegen die britische Oberherrschaft beschreibt. Hier wird vor allem der Charakter der Wassersymbolik in Form des Freiheitskampfes und der Revolution sichtbar.

Auch mit Jules Verne haben wir also ein anschauliches Beispiel dafür vor uns, wie ein Mensch das »morphogenetische Feld«[50], welches ihm durch die *Zeitqualität* im Augenblick seiner Geburt, also sein Horoskop, vorgegeben war, durch sein Werk mit Leben erfüllt hat, die Chancen und Möglichkeiten, die in seiner Persönlichkeitsstruktur gegeben waren, voll genutzt hat.

Beispielhoroskop 4

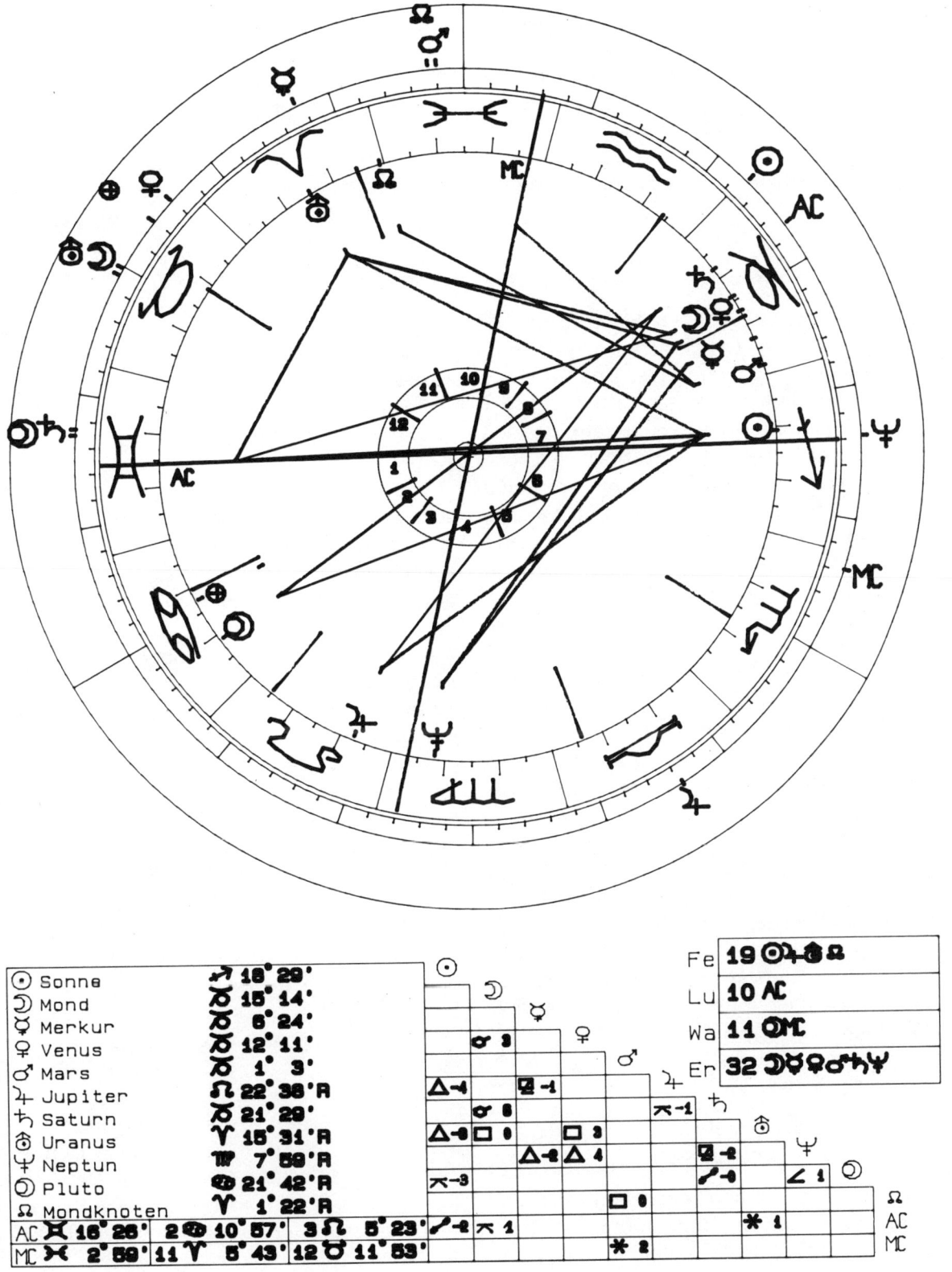

	Sonne	⊙	↗ 18° 29'								Fe	19 ⊙ ☿ ♀ ♀ Ω
☉	Sonne		↗ 18° 29'								Lu	10 AC
☽	Mond		♑ 15° 14'								Wa	11 ⊙ MC
☿	Merkur		♑ 6° 24'								Er	32 ☽ ♀ ♀ ♂ ♄ ♇
♀	Venus		♑ 12° 11'									
♂	Mars		♑ 1° 3'									
♃	Jupiter		♌ 22° 38'R									
♄	Saturn		♑ 21° 29'									
⚇	Uranus		♈ 15° 31'R									
♆	Neptun		♍ 7° 59'R									
♇	Pluto		♋ 21° 42'R									
☊	Mondknoten		♈ 1° 22'R									

AC	♓ 16° 26'	2 ♋ 10° 57'	3 ♌ 5° 23'	
MC	♓ 2° 59'	11 ♈ 5° 43'	12 ♉ 11° 53'	

Wie Sie an dem abgebildeten Horoskop sehen können, haben wir es hier wieder mit einem »Erzähler« (Zwillinge-AC) zu tun, der sein Feld aber eher in grundsätzlichen (Steinbockbetonung) philosophischen (Schütze-Sonne) Bereichen sucht, nicht, wie im vorigen Beispiel, in surrealen, abenteuerlichen (Wassermann).

Doch lassen Sie uns der Übung halber auch hier wieder mit der Temperamentslage beginnen.

1. Die Elementverteilung

Das deutliche Überwiegen des Erdelements weist uns auf eine melancholische Grundfärbung des Temperamentes hin, auf einen Menschen, dem es um das *Grund*sätzliche, Prinzipiell-Gültige des Lebens geht, der den Weg der konkreten Erfahrung sucht. Der Lebensweg eines Menschen mit so vielen Erdpunkten ist häufig durch die Zwänge der materiellen Welt gekennzeichnet, kann ein Gefühl der Begrenzung durch die Umstände vermitteln, ein Gefühl, daß nur das, was durch die eigene – oft leidvolle – Erfahrung belegt ist, Gültigkeit besitzt.

19 Feuerpunkte zeigen aber auch ein Bedürfnis nach überdurchschnittlicher willensbetonter Durchsetzung, so daß man aufgrund der Elementverteilung auf einen »Enthusiasten« (Feuer) mit festen Grundsätzen (Erde) schließen kann.

Die Anpassungsfähigkeit (Luft und Wasser) ist hier sicherlich nicht besonders stark ausgeprägt, es wird weniger um ein diplomatisches Sein-Fähnchen-nach-dem-Wind-hängen gehen oder um ein seelisches Mitschwingen, als darum, Erfahrungswissen (Wahrheiten im Sinne der Wortableitung: Wahrheit ist, was war) (Erde) mit Feuer und Flamme zu verkünden.

2. Die Verteilung der Planeten in den Quadranten

Wir haben hier einen Menschen vor uns, dem es sehr um die Begegnung geht (sieben von zehn Faktoren in der rechten Horo-

skophälfte, davon sechs in den für Begegnung spezifischsten Häusern 7 und 8), obgleich er sich dort oft einsam fühlen wird (6 Planeten im Steinbock).

Auf diese Konstellation könnte der Ausspruch von Mauriac, »man kann wohl nirgends so einsam sein, wie unter vielen Menschen«, zutreffen, denn die »kristalline« Abgeschlossenheit, welche durch die Steinbockbetonung angezeigt wird, läßt den Horoskopeigner in Begegnungssituationen gleichsam »im Glaskasten sitzen«.

So zentral, wie hier Umwelt als Katalysator für die Eigenentwicklung ist, so deutlich liegt ein Schwerpunkt auch auf der theoretischen »Kopfhälfte«, der Tageshälfte des Horoskopes. Das in der Erdbetonung ausgedrückte Bedürfnis nach Konkretheit, Praktikabilität, Erfahrung wird also viel »über den Kopf« gelebt werden müssen, so daß die Anwendbarkeit von Theorien, Planspiele mit dem Ziel, Theoretisches umzusetzen, wichtig werden. Dabei steht, wie wir später noch deutlicher sehen werden, nicht die Eigenperson im Vordergrund, sondern die Umsetzung mit Hilfe oder durch die anderen (III. Quadrant). Idee (obere Horoskophälfte) und Begegnung (rechte Horoskophälfte) sind demnach Schwerpunkte im Leben dieses Menschen.

3. Der Aszendent

Wie schon oben erwähnt haben wir es hier wieder mit dem Anliegen eines »Erzählers« zu tun. Das Grundbedürfnis, mit dem dieser Mann ins Leben getreten ist, ist das der Vermittlung. Hier möchte eine Botschaft an den anderen gelangen (Herrscher von 1 in 7, Spitze 8), in der es um Grundsätzliches (Merkur als Herrscher von 1 in Steinbock) geht. Das Aufzeigen der Relativität (Zwillinge-Merkur) von Standpunkten (in Steinbock) ist hier ebenso Anliegen wie mit Hilfe des Intellektes (ME) richtungsweisende (Steinbock) Anstöße zu geben (Merkur Konjunktion Mars) oder journalistisch-locker (Zwillinge-Merkur) über den Kern/Ernst des Lebens (Steinbock) zu referieren.

Hier möchte sich ein sophistisch-wendiger Geist mit Grundsatzfragen des Lebens auseinandersetzen und das Destillat an andere (7. Haus) vermitteln.

Betrachten wir uns – vorgreifend – den Anlageherrscher schon hier unter dem Aspekt der Halbsummen, so fällt uns im 90-Grad-Kreis die Einbindung von Merkur (als Herrscher von 1) in das Planetenbild ME = JU = MA/VE auf. Die merkuriale Beredsamkeit bekommt dadurch eine Färbung dahingehend, besonders gerne über Themen mit religiösem, philosophischem (JU) Charakter oder über erotische Anziehung (VE/MA) zu referieren. Leidenschaftliches (VE/MA) oder charmant(VE)-aggressives(MA) »Plaudern« über Lebensphilosophien (JU), ethische (JU) Anmerkungen (ME) über erotische Anziehung und Sexualität (MA/VE) könnten danach zu den Lieblingsthemen des Horoskopeigners gehören.

4. Die Sonne

Die Verhaltensweise und die Ausstrahlung kann – auf weltlicher Ebene betrachtet – den Eindruck eines »Mannes von Welt« hinterlassen, der durch »Weitgereistheit« den »Duft der großen weiten Welt« verbreitet, der durch pauschalisierende Großzügigkeit und eine »no problem«-Mentalität besticht, immer ein »public relations«-wirksames Lachen auf den Managerlippen oder – weniger karikaturistisch überzogen ausgedrückt – einen Menschen, der seinen Horizont lexikalisch zu erweitern sucht, der von Optimismus und Begeisterung getragen für sein – momentanes – Engagement wirbt und der sich durch ferngesteckte Ziele absetzen möchte von der Enge des Alltäglichen.

Auf geistiger Ebene zeigt die Schütze-Sonne die Fähigkeit zu abstrahierendem Überblick, mit allerdings oft verächtlich-arrogantem Seitenblick auf die aus seiner Sicht »spießige Enge« des Spezialistendenkens.

In der Regel finden wir bei entwickelteren Schütze-Sonnen auch einen stark religiösen Einschlag, der, von einem Urvertrauen in die Sinnhaftigkeit der Existenz ausgehend, ohne lehrmeisterliche Enge missionierend wirkt.

Das Sendungsbewußtsein schützebetonter Persönlichkeiten ist fast nie (im Gegensatz zu Jungfrau oder Steinbock) von einem warnenden oder drohenden Zeigefinger begleitet, sondern baut auf die Überzeugungskraft von Einsicht und Begeisterungsfähigkeit.

Je nach Entwicklungsebene kann sich eine Schütze-Sonne also zwischen den Positionsmarken von hoher Hochstapelei und neureichem Protzen bis hin zu einer von wahrer Philosophie (altgriech. Weisheitsliebe) durchdrungenen Persönlichkeit bewegen, welche sich durch innere Weite und aus Einsicht geborener Toleranz auszeichnet.

Spiritualität in der Bedeutung der Erkenntnis von Sinnzusammenhängen in der Existenz und die Fähigkeit, das daraus erwachsende Urvertrauen an andere weiterzuvermitteln, ist das im Schützen angelegte priesterliche Moment.

Wir werden bei dem Horoskopeigner also im Verhalten eine Persönlichkeit erwarten, die durch großzügiges, tolerantes, weitblickendes Auftreten, durch eine bejahende Einstellung zum Leben auffällt.

Eine lexikalisch breite Bildung, die sich weniger durch Detailwissen als durch interdisziplinären Überblick, weniger durch faktisch-beschreibendes Wissen als durch Bedeutungsinhalte und gleichnishaft-zusammenfassende Sinnzusammenhänge auszeichnet, wird demnach das Mittel (SO) sein, die Anlagebedürfnisse umzusetzen.

Sicherlich ist hier ein gewisser Widerspruch zwischen der informativen Sachlichkeit (Zwillinge-Aszendent mit Herrscher von 1 in Steinbock) einerseits und der pathetisch-ausholenden missionarischen Geste andererseits im Verhalten angelegt.

Es kann aber nicht die Aufgabe einer guten astrologischen Interpretation sein, diese Ambivalenz künstlich zu vereinfachen, sondern vielmehr gerade diese Widersprüchlichkeit als Ausdruck des Lebendigen im Menschen aufzuzeigen.

Bezeichnenderweise hat gerade der Horoskopeigner auf die Paradoxie des Lebens immer wieder hingewiesen – vielleicht ebendeshalb, weil die Widersprüchlichkeit besonders deutlich in ihm selbst aufscheint.

Wir können bei der Formulierung des Geburtsbildes ebendiesen Widerspruch, der sich zwischen dem Zwillinge-Aszendent einerseits und der Schützesonne andererseits ergibt, z. B. folgendermaßen sprachlich umsetzen:

Der Horoskopeigner hat die Aufgabe, die Sinnhaftigkeit (Schütze) der Relativität der Dinge (Zwillinge) aufzuzeigen und auf die Bedeutung (Schütze) der Polarität (Zwillinge) aufmerksam zu machen.

Er soll einen journalistisch-lockeren (Zwillinge) Überblick über religiöse und philosophische Themenkreise (Schütze) geben und als humoristischer (Schütze) Erzähler (Zwillinge), als schwungvoll missionierender (Schütze) Händler von Information (Zwillinge) seine Rolle auf der Bühne des Lebens spielen.

In der Sonnenposition fließen zwei Trigone wie über ein Halbsummenbild ein, nämlich die von Jupiter und Uranus. Daraus läßt sich die Aufgabe ableiten, neue Impulse im philosophischen oder religiösen Bereich zu setzen, befreiend (UR) hinsichtlich rigider religiöser Muster zu wirken (dieser Aspekt ist im Geburtsbild doppelt ausgedrückt, nämlich auch noch durch Uranus als Herrscher über das 9. Haus mit seiner Spitze im Wassermann). Die Ausstrahlung der Persönlichkeit ist also wiederum die eines Revolutionärs im Bereich weltanschaulicher oder religiöser Themenkreise.

5. Der Mond

Von der Stimmungslage her gesehen kann man den Horoskopeigner als einen sehr problematischen Menschen betrachten.

Schon die Position des Mondes im Steinbock, seinem Exilzeichen, läßt eine Neigung zur Schwermütigkeit erkennen. Hier können sich Eindrücke und Empfindungen nur schwer der Wandelbarkeit des Moments anpassen, wie dies eigentlich in der Natur des Mondes liegen würde, sondern sehen sich übergeordneten, unpersönlichen Regeln und Normen ausgesetzt.

Häufig wurde bei dieser Mondposition die frühkindliche Erfahrung emotionaler Ablehnung (als Projektion für die mitgebrachte eigene Gefühlsreserve der Umwelt gegenüber) erfahren, Kindheit also als seelisch karg, als gefühlsarm erlebt. Eine Schuldzuweisung an die Umwelt soll damit freilich nicht erfolgen. Die wäre genauso unfruchtbar wie der Versuch, die Schuld in der Eigenperson zu suchen, so nahe diese beiden Ansätze dem Horoskopeigner bei seiner Mondposition im 8. Haus auch liegen mögen.

Die Unsinnigkeit von Schuldzuweisungen wird schon von dem Stoiker Epitket im 5. Kapitel seines Traktates zur Ethik treffend und kurz zusammengefaßt, wenn er sagt: »Den Ungebildeten erkennt man daran, daß er anderen Vorwürfe macht, wenn es ihm schlechtgeht, den philosophischen Anfänger daran, daß er sie sich selbst macht. Der wahrhaft Gebildete macht solche Vorwürfe weder einem anderen noch sich selbst.«[51]

Der Horoskopeigner bringt von der Anlage so viel Flexibilität im Denken mit (Zwillinge), daß er sicher schon früh die Gefahr erkennen konnte, in Schuldzuweisungen und Ursachenforschung Energie zu vergeuden, die in dem unmittelbaren Eingehen auf die aktuelle Situation besser aufgehoben wäre. Dies wird auch durch seine philosophische Grundhaltung (Schütze) sehr gefördert.

Daher ist die Position des Mondes in seinem Exilzeichen Steinbock wohl weniger als durch die Exilierung bedingte Schwächen zu betrachten, sondern als Chance zur »conjunctio oppotitorum«, einer Vereinigung der Gegensätze, wie sie am Ende der

»Entwicklungsspirale Tierkreis« ohnehin erfolgt. So gedeutet muß ein Steinbockmond nicht als »seelische Zwangsjacke« oder als »Gefühlskorsett« erfahren werden, sondern kann auch eine Erlösung finden in Stille und Reinheit (Steinbock) der Gefühle.

Das joviale Schütze-Verhalten wirkt sicherlich nach außen hin humorvoller und »lauter« als die durch bittere Erfahrung gereinigte Seele, die in ihrer Position im 8. Haus schon manche Federn in ihren vielen Mauserungs- und Metamorphoseprozessen lassen mußte.

In Verbindung mit der Venus-Konjunktion und dem Uranus-Quadrat besteht seelisch zwar auch eine Veranlagung zu einem »gläsernen« (UR), spröden Ästhetizismus (VE), quasi einer »Art-Deco-Seele«, zumal Planeten im 8. Haus auch gerne in Modellhaftigkeit erstarren.

Auf entsprechend hohem Entwicklungsniveau kann sich dieselbe Konstellation aber auch als ein zufriedenes (VE) Ruhen in überirdischer (UR) Klarheit und Stille (SA) erfahren lassen.

Gesundheitlich liegt freilich in der Mondposition, die ja auch immer ein Symbol für die Leibhaftigkeit darstellt, eine arge Infragestellung, da der Mond – aus dem Substanzhaus 2 kommend – in das klassische »Todeshaus« 8 geht und damit frühen körperlichen Substanzverlust andeutet.

6. Das Medium Coeli

Das Fischezeichen, das für die Finalität hier ausschlaggebend ist, ist in besonderem Maße und mehr als alle anderen Tierkreiszeichen je nach Entwicklungshöhe verschieden zu interpretieren, denn es stellt – auf eine Tierkreisebene[52] bezogen – das höchstentwickelte Zeichen des Tierkreises dar.

So kann ein Fische-MC (ähnlich wie ein Neptun im 10. Haus) sich auf unentwickelteren Ebenen als Unbestimmtheit und Unklarheit der Motivationen und Absichtserklärungen an das Leben äußern, als »vernebelte Perspektive«, als angstauslösende Unsicherheit über das, was sein wird oder als eine »fata morgana« oder ähnliche Sinnestäuschungen bezüglich zukünftiger Entwicklungen.

Versteht man das MC als den »Scheitelpunkt« nicht nur bezogen auf die makrokosmische Himmelsmitte, sondern auch auf den Mikrokosmos Mensch und damit den Kopf, so kann man in einem unentwickelten Fische-MC auch diffuse, verschwommene Gedankenwelten sehen, ein gedankliches Spielen mit Potenzen, die sich nicht konkretisieren und damit auch nicht realisieren lassen.

Gerade dieser Gesichtspunkt macht es leicht, eine Brücke zu erlösteren Entsprechungen derselben Symbolik zu schlagen.

Ist es denn nicht eine große Kunst, gedanklich absichtslos zu bleiben, sich nur in Räumen des Potentiellen zu bewegen, ohne Wunschvorstellungen, dies auch realisieren zu müssen?

Könnte das nicht gerade auch im Sinne eines Kernsatzes östlicher Philosophie, nämlich den des absichtslosen Daseins verstanden werden?

Schaffen wir uns nicht gerade in der platonischen Ideenwelt unseres Kopfes (MC) durch unsere konkreten Wünsche und Absichten die Voraussetzungen für neue Inkarnationen im Sinne der buddhistischen oder hinduistischen Religionsvorstellung, und könnte nicht gerade dieses »Offenlassen«, dieses gedankliche Sein in einem Raum des »Ich bin in allem und alles ist in mir« die Notwendigkeit weiterer Inkarnierens auflösen?

Voraussetzung dafür ist sicherlich, daß diese Offenheit angstlos erlebt werden kann, denn nichts macht Menschen nach meiner Erfahrung in astrologischen Beratungen und psychotherapeutischer Arbeit mehr Angst als die Offenheit, Freiheit und Unbestimmtheit des Seins.

Den meisten Menschen ist – drastisch ausgedrückt – eine bekannte Hölle lieber als ein unbekannter Himmel.[53]

So gesehen kann eine mentale (MC) Haltung meditativer Offenheit die höchste erreichbare Bewußtseinsstufe (kosmisches Bewußtsein) darstellen, ein Zustand, in dem Gedanken »wie Wolken am Himmel« vorüberziehen, natürlich und ohne durch berechnende, zweckdienliche Absichten »verunreinigt« zu sein.

Wo die Haut zum Himmel (MC) hin so durchlässig ist, kann das kleine Ich wie ein Tropfen im Ozean mit dem Kosmos eins werden, kann die Subjektivität des Denkens transzendiert werden und Eingebung erfahren werden.

Ein Rest von Schleier (Fische/Neptun) mag verhüllen, täuschen, verzerren. Doch mit dieser Unsicherheit, die von der Evolutionsstufe abhängt, müssen der Betroffene selbst und die, die ihn einschätzen wollen, leben.

Neptun als Herrscher von 10 steht hier im 4. Haus in der Jungfrau. Das könnte bedeuten, daß als Ergebnis (Finalität/MC) des Wirkens der Persönlichkeit Unterbewußtes transparent (oder bei geringerem Niveau: verschleiert) wird. Es geht hier um ein ahnungsvolles Ertasten seelischer Tiefen (4. Haus) auf analytische Art und Weise (Jungfrau). Hier wird methodisch (Jungfrau) Unterbewußtes durchlässig gemacht (NE).[54]

Zusammenfassend könnten wir zur Grundstruktur des Horoskopeigners sagen:

Es handelt sich hier um einen Menschen, der vom Temperament her ein melancholischer Mensch mit starken Grundsätzen und viel Begeisterungsfähigkeit ist, sich aber aufgrund seiner Prinzipientreue nicht sehr diplomatisch oder anpassungsbereit (Elemente) verhält.

Er ist von seiner Gesamtpersönlichkeit her stark kopfbetont und sehr auf Begegnung mit der Umwelt eingestellt, wobei die Begegnungsart eine vorwiegend theoretische, distanzierte sein dürfte; er wird sich zwar oft unter vielen Menschen bewegen, allerdings subjektiv sehr isoliert sein (Quadrantenverteilung).

Es geht dieser Persönlichkeit um Wissensvermittlung (AC, Zwillinge), die auf den Kern der Dinge, auf Grundsätzliches gerichtet ist (ME als Herrscher von 1 in Steinbock) und richtungsweisend, leitbildhaft wirkt (ME durch die Konjunktion mit Venus eventuell schon Spitze 8; Anlage/AC).

Die Umsetzung, das Verhalten, die Ausstrahlung der Person hat etwas humorvoll Weltmännisches, strahlt Sendungsbewußtsein und priesterliches Missionarstum aus. Ein Bedürfnis zu pauschalisieren, einen lexikalischen Überblick zu geben und sich besonders mit Themenkreisen wie Philosophie, Weltanschauungen und Religionen auseinanderzusetzen, tritt dabei in den Vordergrund (Verhaltensweise/Sonne).

Die seelische Grundhaltung ist dabei – besonders gemessen an der jovial-problemlosen Art und Weise des Auftretens – sehr ernsthaft, in sich gezogen, von melancholischer Färbung. In gewisser Weise könnte man sogar von einer »isolierten Seele« oder abstrakter Gefühlswelt sprechen (Gefühlswelt/Mond).

Letztendlich strebt die Persönlichkeit auf eine meditative Geisteshaltung hin mit dem Ziel der systematischen Öffnung unterbewußter Bereiche (Finalität/MC).

Nach dieser Kurzfassung der Grobstruktur wollen wir uns wieder den feineren Schattierungen zuwenden.

7. Die Aspekte

Von den Aspekten auf die Sonne wurde schon die halbsummenähnliche Aspektierung *Jupiter Trigon Sonne Trigon Uranus* angesprochen, die nicht nur die reformerischen Qualitäten im philosophischen Bereich andeutet, sondern aus dem Aspekt *Jupiter Trigon Sonne* eine hohe Überzeugungskraft erkennen läßt. Jupiter im 3. Haus ist an sich schon ein Indiz für überzeugende (hier findet sich im Wort auch die Wurzel »Zeu«, die Bezug zu Zeus = Jupiter und dessen zeugende und überzeugende

Wirkung hat) Vermittlungsgabe. Dies gilt um so mehr, als Jupiter hier auf dem ihm sehr gemäßen Boden des »Ausstrahlungszeichens« Löwe steht und ein impulsgebendes Trigon (Jupiteraspekt) auf die Sonne im außenwirksamen 7. Haus wirft. Das verleiht dem Auftreten einen Werbewirksamen, barock-üppigen Anstrich und zeigt eine Freude an der Darstellung nach außen.

Die *Sonne* ihrerseits gibt einen *Trigon*impuls auf *Uranus* in 11 ab, ein Hinweis auf die Freude an Gags, Pointen, Überraschungseffekten und geistiger Eigenwilligkeit.

Das Zusammentreffen der jovischen und der uranischen Energie in der Sonne zeigt den starken Bezug des Horoskopeigners zu Humor (JU) und Witz (UR) ebenso wie die Fähigkeit zu geistigen Höhenflügen und synthetischen Betrachtungen (JU) aus der Vogelflugperspektive (UR).

Das Quinkunx von Pluto in 2 auf Sonne in 7 könnte ein Hinweis auf die Schwierigkeiten und Lernaufgaben (»Qual-der-Wahl«-Aspekt) sein, die Neigung zu Extremen im Umgang mit Besitz (PL in 2) mit der geistigen Weite im Auftreten (SO in 7 in Schütze) auf einen Nenner zu bringen. Pluto im 2. Haus bringt oft zwanghafte, wie von höherer Gewalt gesteuerte Metamorphosen im Vermögenssektor, die in der Skala vom Sozialhilfeempfänger bis hin zum Plutokraten (!) mit Rolls-Royce-Sammlung hin und her springen. Revier-(2. Haus)-Verlust(PL) kann man hier ebenso antreffen wie gieriges Anhäufen meist heimlicher (Schwarzgeld) Schätze. Dabei bedingt der eine Pol innerhalb des Extremspektrums von Pluto gerade den anderen, was bedeutet, je mehr und je verbissener Vermögen angehäuft wird, desto eher droht ein Bilanzausgleich durch Totalverlust.

An *Mond*aspekten fällt zunächst als harter Aspekt das *Quadrat* zu Uranus ins Auge. Hierdurch wird, wie oben angedeutet, die schon durch den Steinbock-Mond naheliegende Gefühlsisolation eher verstärkt. Die Tendenz der Seele »auszutreten«, sich durch Flucht emotionaler Nähe zu entziehen, sich unverbindlich zu verhalten, ist durch diesen Aspekt vorgezeichnet. In Verbindung mit der Steinbock-Färbung entsteht ein Bild von der »Seele unter der Käseglocke«, einer Seele, die wie ein Brutkastenkind (Steinbock = schützende Abgrenzung, Uranus = Glas) vor Infektion geschützt werden muß.

Ausgleichend und beruhigend wirkt da sicher die *Konjunktion* mit *Venus*, wenn sie nicht zu kosmetischer Schönfärbung mißbraucht wird (Venus-Uranus-Mond = gefahr einer künstlichen Puppenstubenwelt/ »Barbie-Puppen-Glück«).

Eine hilfreiche Unterstützung kann die Seele *(Mond)* durch das impulsgebende *Trigon* mit *Neptun* aus dem 4. Haus erwarten. Wird Neptun hier nicht auf der minderen Ebene der Illusion, sondern als erarbeitete (Jungfrau-)Intuition erlebt (Neptun in Jungfrau ist auch ein schönes Symbol für Achtsamkeits- oder Arbeits-Meditation, beides sind Jungfrau-Entsprechungen), so kann diese Energie über das Trigon zum Mond die seelische Enge (MO/Steinbock) lösen helfen.

Auch die Gedankenwelt und das sprachliche Ausdrucksvermögen (ME) wird durch das Neptun-Trigon mittels Phantasie und Ahnung beflügelt. Derselbe Aspekt verleiht die Gabe, sich intellektuell nicht fassen zu lassen, glitschig wie ein Fisch ausweichen zu können, wenn Festlegung droht. Meditative Exkurse (NE) im Gespräch, welches sich immer wieder um denselben Kern dreht (ME/Steinbock) kennzeichnen so Denk- und Ausdrucksweise (ME).

Daß dabei in das als Anlageprinzip (Zwillinge-AC) so wichtige Denken über das Planetenbild ME = VE/MA Venusisches und Martiales einfließen, verleiht der Sprache eine geradezu erotische Ausstrahlung oder verleitet zu einer Freude an Verbalerotik.

Das *Quadrat* von *Mars* auf den *Mondknoten* zeigt die Gefahr, die Eigenentwicklung (Mondknotenachse als Entwicklungsachse) dadurch zu gefährden, daß die Umwelt (7. Haus) polemisch herausgefordert wird (MA). In unerlöster Form könnte sich Mars in 7 nämlich als fatale Neigung zu polemischen Spitzen gegen andere zeigen, während eine die Entwicklung nicht gefährdende erlöste Eigenschaft derselben Konstellation wäre, anderen Initialzündungen zu vermitteln, direkt, ehrlich und mit Mut und Zivilcourage der Umwelt zu begegnen.

8. Die Halbsummen

Bei der Betrachtung von Planetenbildern kann man auch so vorgehen, daß man die wichtigsten Faktoren des Horoskopes nacheinander daraufhin untersucht, ob sie Bestandteil einer oder mehrerer Halbsummen sind. Dabei ist die Betrachtungsebene bei Halbsummen wiederum der 90-Grad-Kreis.

Auf diese Weise würde sich hier zunächst für den Aszendenten das Bild AC = VE/JU ergeben, das heißt, der AC steht in der Halbsumme (Winkelhalbierende) von Venus und Jupiter.

Interpretierend kommen wir etwa zu der Aussage: Es ist das Anliegen (AC) des Horoskopeigners, sich mit Ästhetik (VE) und Philosophie (JU) auseinanderzusetzen, Religion (JU) und Erotik (VE) miteinander zu verbinden.

Ich möchte, weil ich dies für sehr wesentlich halte, an dieser Stelle noch einmal darauf aufmerksam machen, daß sich das Entwicklungsniveau eines Menschen aus dem Geburtsbild und seiner Symbolik nicht entnehmen läßt. Dies festzustellen ist mir schon deshalb wichtig, weil es unter Astrologen leider – wie natürlich in anderen Berufsständen auch – eine Reihe von Scharlatanen und Wichtigtuern gibt, die mit bedeutsam gerunzelter Stirn den okkulten Unsinn verbreiten, man könne etwa aus einem Horoskop ersehen, ob ein Mensch

eine »alte Seele« bzw. wie weit er schon entwickelt sei.

Bei ein wenig logischem Denkvermögen müßte dagegen klar sein, daß in jeder Symbolik das gesamte Entwicklungsspektrum von unerlösten bis zu erlösten Entsprechungen liegt.

Ob ich etwa aus der obigen Halbsumme ableite, daß es sich um einen Menschen handelt, dessen Anliegen (AC) es ist, den »Duft der großen weiten Welt« (JU) durch seine Parfümiertheit (VE) zu verbreiten, sich blasiert (VE) in Szene zu setzen (JU), und dem es gefällt, ein beschönigendes, unehrliches (VE) Weltbild (JU) zu errichten, oder ob ich dieselbe Konstellation als Anliegen interpretiere, sich ganz in den Dienst von Frieden (VE) und Sinnhaftigkeit (JU) zu stellen und ein besonders ausgewogenes, befriedendes (VE) Weltbild (JU) zu vermitteln, liegt nicht an der vorgegebenen Symbolik, die beide Interpretationen zuläßt, sondern an dem geistigen Horizont dessen, der interpretiert. Aus jedem Horoskop läßt sich mit der entsprechenden Einstellung und Intention ein Verbrecher oder ein Heiliger machen.

Ich möchte in diesem Zusammenhang aber ebenso entschieden Kritikern der Astrologie entgegentreten, die meine obige Einlassung für die These mißbrauchen wollten, in ein Horoskop könne man eben beliebig hineinlesen, was man wolle. Wenn man sich nämlich fundierter mit Symbolik auseinandergesetzt hat, wird man diese als einen Interpretationsrahmen erkennen, der klare Deutungsgrenzen vorgibt. Nur bei sehr oberflächlicher und undifferenzierter Kenntnis der Symbolik erscheint diese schwammig und unspezifisch.

Wenn Sie sich also *wertend* mit einem Horoskop auseinandersetzen, sollten Sie sich immer darüber im klaren sein, daß Ihre Bewertung des Niveaus, auf dem der Horoskopeigner seine Symbolik lebt, oft mehr über Ihr eigenes Niveau preisgibt als über das des Interpretierten.

Die Gefahr, Eigenes in ein Horoskop projektiv hineinzulesen, ist immer gegeben und sollte nicht davon abhalten, eine Interpretation zu wagen, zumal Sie auf diese Weise auch noch eine Menge über sich selbst erfahren können.

Möchte man in einer Beratungssituation dem anderen wirklich helfen, so ist *wertfreie* Deutung eine wichtige Voraussetzung.

Da es aber fast unmöglich ist, mit unserer von Wertungen strotzenden Sprache wertfrei zu bleiben, ist die probateste Methode noch die, eine sehr unerlöste Interpretation als in der Persönlichkeit liegende Gefahr anzusprechen und im Anschluß daran eine möglichst erlöste Deutung derselben Symbolik als ebenso in ihm angelegte mögliche Entwicklungsperspektive anzubieten. Es bleibt dann dem Beratenen überlassen, seinen derzeitigen Standort in der Skala von unerlöst bis erlöst zu erspüren und damit sich selbst einzuschätzen, ohne sich gegenüber der Einschätzung des Beraters verteidigen zu müssen.

Hier liegt, wie Sie sicherlich bemerkt haben, auch die große Chance, von der abstempelnd-wertenden Vulgärastrologie Abstand zu nehmen und eine Entwicklungsastrologie anzubieten, die das Horoskop als Lernaufgabe und Reifungsmöglichkeit begreift und innerhalb jeder beliebigen (!) Symbolik Erlösungsmöglichkeiten aufzeigen kann.

Sicherlich bleibt nach wie vor die Tatsache bestehen, daß es Menschen gibt, die ihr Horoskop auf erlösteren Ebenen leben und solche, die noch in unerlösteren Entsprechungen derselben Symbolik gefangen sind. Die Chance esoterischer Astrologie liegt aber gerade darin, klarzustellen, daß die Konstellation einen Menschen nicht im faktischen Sinne determiniert, oder anders ausgedrückt, daß man nicht aus der »Schulaufgabe« (Horoskop), die ein Mensch mit seiner Geburt übernommen hat, bereits die Note (das konkrete Ergebnis) ablesen kann, sondern daß dies von der Art und Weise abhängt, wie bewußt sich ein Mensch dieser Aufgabe (Horoskop) zuwendet.

Insofern erübrigt sich auch der weitverbreitete Streit über den unterschiedlichen Lebensweg sogenannter astrologischer Zwillinge (Menschen mit – fast – identischen Horoskopen), aus dem oft ein Argument gegen die Wirksamkeit der Astrologie abgeleitet wird. Nach dem oben eingenommenen Blickwinkel ist es nur natürlich, daß dieselben »Schulaufgaben« (Horoskope) bei verschiedenen Schülern nicht zu denselben Ergebnissen führen.

Aufgabe esoterisch helfender Astrologie ist es aber, gerade Schülern, die mit ihrer Aufgabe (der im Horoskop in sehr differenzierter Form ausgeworfenen Aufgabe, sein Schicksal zu meistern) nicht zurechtkommen, durch Aufklärung über die Aufgabenstellung Nachhilfe zu leisten.

Kommen wir zurück zur Betrachtung der Planetenbilder unseres Beispielhoroskopes.

Nach dem AC können wir auch die Sonne auf ihre Einbindung in Halbsummen untersuchen und stellen fest, daß die Sonne im 90-Grad-Kreis auf der Winkelhalbierenden zwischen Merkur und MC sowie zwischen Mond und Jupiter bzw. Uranus und Jupiter liegt. Grafisch dargestellt ergibt sich somit ein Halbsummenstrukturbild wie folgt:

Sonne

Merkur	——————————	MC
Mond	——————————	Jupiter
Uranus	——————————	Jupiter

oder in Kurzform ausgedrückt: SO = ME/MC = MO/JU = UR/JU.

Eine der vielen möglichen Interpretationen könnte lauten: Die Persönlichkeitsverwirklichung (SO) erfolgt über sprachliche oder literarische (ME) Veröffentlichung (MC) oder: Die Persönlichkeit (SO) entfaltet ihre (gesellschaftliche) Bedeutung (MC) durch Vermittlungstätigkeit (ME) oder: Der Horoskopeigner stellt seine Verhaltensweise in den Dienst der Vermittlung (ME) überpersönlicher Ordnung (MC) (SO = ME/MC).

Er sucht bei seinem Auftreten (SO) ein breites (JU) Publikum (MO), oder: Er stellt seine Ausstrahlung (SO) in den Dienst des Seelen(MO)-Heils(JU) oder: Er hat in seiner Ausstrahlung (SO) natürliche (MO) Überzeugungskraft (JU) (SO = MO/JU).

In seinem Verhalten (SO) ist er witzig (UR) und humorvoll (JU) oder: Sein Auftreten (SO) ist exzentrisch (UR) und pathetisch (JU/MO) oder: Er stellt sein Verhalten in den Dienst geistiger Anregungen (UR) zu weltanschaulichen Themenkreisen (JU) (SO = UT/JU).

Der Mond steht im 90-Grad-Kreis (mit 1 Grad Orbis) in der Halbsumme von Jupiter und Neptun (MO = UR = JU/NE) und befindet sich auf derselben Achse mit Uranus. Das ergibt folgendes Bild:

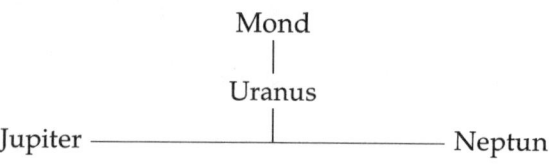

Mond
|
Uranus
|
Jupiter ——————————— Neptun

Dieses Planetenbild weist auf eine hochgradige Empfindsamkeit (MO/UR = »Gefühlsantenne«) für die Bereiche Meditation (NE) und Religion (JU) hin.

Die in dieser Konstellation angesprochene Labilität ist sicherlich, so viele Chancen sie auch bietet, eine problematische, weil aus astromedizinischer Sicht hierin ebenfalls eine Disposition zu zentralnervösen Störungen (MO/UR = mögliche Störung im Nerveneiweiß; in Verbindung mit JU/NE = Zellwachstumsstörung) gegeben ist.

Wenn diese Konstellation in unerlöstere Entsprechungen abgeleitet wird, könnte sie als seelische Irritation (MO/UR) und Vertrauensschwund (JU/NE) erfahren werden.

Am Merkur hängen neben der schon mehrfach erwähnten Halbsumme MA/VE auch noch PL/SO und SA/SO:

Merkur

Mars ————————————— Venus

Pluto ———————————— Sonne

Saturn ——————————— Sonne

Damit bieten sich als Gesprächs-, Vortrags- oder Literaturthemen (ME) neben Erotik und Leidenschaft (MA/VE) besonders die Spannungsverhältnisse von Leben (SO) und Tod (PL), Sein (SO) und Sich-Wandeln (PL), Spiel (SO) und Verpflichtung (SA), Lust (SO) und Leid (SA/PL). Das Planetenbild bedeutet demnach auch, daß diese Themenkreise das Denken (ME) des Horoskopeigners vorwiegend beschäftigen und daß er diese Bereiche, da Merkur hier der Herrscher der Anlage (AC) ist, zum zentralen Anliegen der Person gemacht werden.

Bei ein wenig Großzügigkeit im Umgang mit den Orben bei Halbsummen ist auch noch an die Halbsumme NE = AC/MC zu denken. Eine solche Großzügigkeit kommt aber wohl nur bei Halbsummen in Frage, an denen die sehr schnell laufenden Achsen AC und MC beteiligt sind, und sicherlich nicht, wenn man dazu den mittleren Faktor um mehr als zwei Grad (entspricht etwa acht Minuten Geburtszeitdifferenz) verschieben muß.

Neptun
|
Aszendent ——————————— Medium Coeli

Die Halbsumme zeigt, daß Anliegen und Ergebnis des Lebensweges über die Symbolik des Neptun miteinander verknüpft und damit die neptunischen Analogien Bindeglieder auf dem Weg sind, das »im Morgennebel Verwunschene« (AC) in das klare, schattenlose (!) Licht der Mittagssonne (MC) zu heben. Meditation, Selbstlosigkeit, Mitleid und Hingabe (NE) sind hier also Wege aus der Unbewußtheit in die Bewußtseinsklarheit.

9. Die Mondphase

Wir haben hier bei einem Abstand zwischen Sonne und Mond von 27 Grad eine »Widder-Mondphase«, d. h. eine Geburt in den ersten Tagen nach Neumond, was eine drängende Aufbruchsstimmung als Grundfärbung der Gesamtpersönlichkeit umschreibt.

Der Mond ist in dieser Position also gerade von dem solaren Impuls aufgetankt, geht mit einer Menge von Energie schwanger und hat eben einen neuen Zyklus begonnen.

Diese Anfangsenergie hat etwas Frühlingshaft-Frisches, ungestüm nach vorne Drängendes. Dabei geht es, der Widderenergie entsprechend, besonders um die Entfaltung der Eigenpersönlichkeit, die sich freilich – da die Mondphase zu Beginn des III. Quadranten steht – nicht klammheimlich, sondern vor den Augen eines zahlreichen Publikums (starke Besetzung des 7. und 8. Hauses) abspielt. Man könnte auch sagen, daß die Umwelt hier Zeuge eines dynamischen persönlichen Selbstentfaltungsprozesses wird.

Bedeutsam an der Mondphase ist hier auch, daß sie – obwohl noch kaum entfaltet – schon alle schnellaufenden und damit persönlichen Planeten – in dem bereits entfalteten Teil enthält, so daß auf der weiteren Strecke, die der Mond in diesem Zyklus noch erfüllen soll, praktisch nur überpersönliche Bereiche verbleiben.

Die Reihenfolge dabei lautet: Konfrontation mit Verantwortung, Pflicht und »Rückgrat« (SA), mit Freiheit, Besonderheit und Außenseitertum (UR), mit Zwang, Schuld und Sühne (PL), mit Erfolg, Urvertrauen und Priestertum (JU) und schließlich mit Illusion, Hingabe und Meditation (NE).

10. Der Glückspunkt

Rechnet man die Mondphase von 27 Grad zum Aszendenten hinzu, so ergibt sich, wie aus der Horoskopzeichnung ersichtlich, der Glückspunkt bei 10,5 Grad Krebs in 2.

Darin kommt zum Ausdruck, daß der Horoskopeigner eine besonders starke Ausstrahlung in Gruppensituationen (2. Haus) entfalten kann, die familiären Charakter (Krebs) haben, daß er in seinem eigenen Revier (2. Haus) mütterlich-weiblichen Magnetismus (Krebs) entfalten kann und gerade darin sehr stimmig erscheint.

Für ihn selbst bedeutet das Vorfinden eines weiblichen Schutzraumes (Krebs in 2) ein großes Glücksgefühl, was besonders im Hinblick auf die gespannte Mondposition einleuchtet.

Schließlich könnte auch eine besondere Außenwirkung (Glückspunkt) durch Sammelleidenschaft bestehen, zumal sowohl das Tierkreiszeichen Krebs als auch das 2. Haus (Stier-Analogie) eine Neigung zu sammeln besitzen, die durch den in 2 stehenden Pluto ins Extrem getrieben werden kann.

11. Die Mondknotenachse

Der aufsteigende Mondknoten im Widder in 10 zeigt als noch zu integrierende Aufgabe couragiertes Auftreten (Widder) in der Öffentlichkeit (10. Haus), meint aber sicher nicht nur das Integrieren von Zivilcourage, sondern auch allgemeinverbindliche (10) Impulse durch eigenes Tun (Widder) zu setzen.

Der absteigende südliche Mondknoten in der Waage in 4 ist ein Hinweis darauf, daß alte Konditionierungen darin liegen, sich lauwarm diplomatisch (Waage) ins Privatleben zurückzuziehen (4. Haus) und eine Scheu vor entschiedenem (Ent-Scheidung meint: das Schwert des Mars/Widder aus der Scheide ziehen) Auftreten vor den Augen aller (nördlicher MK in Widder in 10) zu haben.

Auf einen kurzen karikaturistischen Nenner gebracht bedeutet diese Mondknotenachse: Bleibe nicht – wie immer schon gewohnt – Mamis Liebling (Waage in 4), sondern lerne dich mit Mut in der Öffentlichkeit zu profilieren.

Dabei wird sich der Horoskopeigner, wie das Quadrat des Mars auf die Mondknotenachse zeigt, sowohl Angriffen anderer (Mars in 7) ausgesetzt sehen, als auch selbst den seine Entwicklung störenden Reiz verspüren, anderen polemisch die Zähne zu zeigen.

12. Die Planetenrückläufigkeit

Die vier rückläufigen Planeten Jupiter, Uranus, Netpun und Pluto betonen die schon im Vorherrschen des Erdelementes angesprochene Introversionsneigung, da Rückläufigkeit ja – unter anderem – eine Nach-Innen-Wendung der entsprechenden Energien anzeigt.

Zum anderen ist damit angesprochen, daß vor allem in den Bereichen Religion (JU), geistige Freiräume (UR), Meditation und Gebet (NE), Metamorphose, »sex & crime« (PL) alte Erfahrungen (z. B. aus Vorleben) sehr präsent werden und als déjà-vu-Erlebnisse in der Gegenwart vorgefunden werden.

Gerade diese Planeten, die nach den vorangegangenen Untersuchungen eine so große Rolle für das Leben dieser Persönlichkeit spielen, bringen also lebhafte Vergangenheitserinnerungen mit, so daß bei Vorträgen über die genannten Bereiche beim Auditorium das Gefühl entstehen kann: Dieser Mann spricht aus eigener Erfahrung.

Die Kanäle, die rückläufige Planeten in die Vergangenheit herstellen, lassen eben oft etwas von der »Erfahrungssubstanz« mitklingen, wenn entsprechende Themen in den Raum gestellt werden. Rückläufigkeit als »Treibanker« stellt den Horoskopeigner allerdings auch vor die Aufgabe, wirklich neue Erfahrungen zuzulassen und nicht nur die Gegenwart dazu zu verwenden, bereits Erfahrenes zu wiederholen. Letzteres wird freilich nur dann Probleme bereiten, wenn das Wiederholte unerlöste Entsprechungen des betreffenden Planetenprinzips sind.

Bei diesem Horoskop handelt es sich, wie Sie vielleicht schon vermutet haben, um den indischen Guru Bhagwan Shree Rajneesh, der am 19. Januar 1990 in Poona gestorben ist.

Bei einem Vergleich der aus dem Horoskop gewonnenen Information mit den biografischen Tatsachen können wir wiederum die Aussagekraft der Astrologie selbst bei Individuen, die kosmisches Bewußtsein erfahren haben, erkennen.

So beschreibt Vasant Joshi in seiner Biographie über Bhagwan[55], daß Rajneesh schon in der zweiten Schulklasse Zeitungen und Zeitschriften zu lesen begann und jüngstes Mitglied der öffentlichen Bibliothek war: »In der Grundschule zeigte Rajneesh großes Talent im Schreiben von Gedichten, Kurzgeschichten, Artikeln und im Photographieren. In der sechsten Klasse gab Rajneesh eine handgeschriebene Zeitschrift unter dem Titel *Prayas* (Bemühung) heraus. Zu den Dingen, die den jungen Rajneesh beliebt machten, gehörte seine außergewöhnliche Begabung im Geschichtenerzählen . . .«[56], eine Kennzeichnung, wie sie nicht exakter die Zwillinge-Anlage umschreiben könnte.

Immer wieder finden wir in der Biographie deutlich den Zwillinge-Aszendenten beschrieben, wenn es etwa heißt: ». . . Schon in sehr jungen Jahren zeigte Rajneesh die Fähigkeit, rational zu denken und seine Ideen logisch und klar (Merkur im Steinbock!) zum Ausdruck zu bringen. In der sechsten Klasse fing er an, Reden zu halten und an Debatten teilzunehmen und war für seine Fähigkeit bekannt, in einer Debatte *beliebig Partei zu ergreifen* und seine jeweiligen Konkurrenten mit seinen Argumenten zu schlagen« (Merkur-Mars-Konjunktion!).[57]

Durch den gesamten Werdegang wird als roter Faden immer wieder seine klare, oft auch scharfzüngig-herausfordernde Intellektualität (Merkur als Herrscher von 1 in Steinbock in Konjunktion mit Mars) gleichsam als eines seiner »Markenzeichen« erwähnt.

Die Zwillinge-Anlagenentsprechung finden wir auch in dem geradezu rasenden Bücherhunger wieder (er soll nach Bekundung der Bibliothekarin der von ihm selbst angelegten Bibliothek oft hundert (!) Bücher pro Woche verschlungen haben[58]), der ihm den Schütze-Sonne-typischen lexikalischen »Breitbandüberblick« vermittelte.

Dennoch zeichnen sich seine Gedanken (deutlich an der Färbung der Steinbock-Mars-Konjunktion) nicht etwa durch die bei Schützen gefährliche Pauschalisierung und populärwissenschaftliche Vereinfachung (»Reader's digest-Syndrom«) aus, sondern bestechen durch ihre Tiefe und Durchdringung des Themas. Andernfalls wäre es ihm wohl auch kaum gelungen, eine Professur für Philosophie zu erhalten und unter seinen Schülern – gemessen an anderen Weisheitslehrern – einen signifikant hohen Anteil von Akademikern zu versammeln, die gerade durch seine brillante Intellektualität angezogen wurden.

Die Zwillinge-Symbolik wird auch durch seine Tätigkeiten für diverse Zeitungen und Zeitschriften, durch die Herausgabe eigener Zeitschriften und seine üppige Vortragstätigkeit belegt. Dabei war es immer schon typisch, daß seine Reden trotz der philosophischen Klarheit immer die Gemüter leidenschaftlich erhitzten, was nicht nur an der Mars/Merkur-Konjunktion liegen mag, sondern auch am herausfordernden Charakter eines Mars, der seine Wirkung im 7. und 8. Haus der Begegnung entfaltet. Die Konjunktion des Mars mit dem Geburtsherrscher Merkur macht auch den Ausspruch Bhagwans erklärlich, wenn er sagt: »Mut ist die wichtigste Eigenschaft im Leben überhaupt, weil es ohne Mut keine Freiheit gibt und ohne Freiheit keine Wahrheit...« An der oben angeführten Leidenschaftlichkeit seiner Rede ist darüber hinaus wesentlich auch die Halbsumme ME = MA/VE beteiligt. Diese Halbsumme zeigt die Leidenschaftlichkeit in der Sprache, eine geradezu erotische Ausstrahlung seiner Intellektualität, die sich auch in seinen verbalerotischen Exkursen und seinen herausfordernden Stellungnahmen zum Themenkreis Sexualität ausdrückt.

Inwieweit hierin eine Kompensation für Probleme mit der Neutralisierung (ME) der eigenen Erotik (MA/VE) liegt, die körperlich in seiner extremen Disposition zu Allergien zum Ausdruck kommt[59], mag hier dahingestellt bleiben.

In der Regel setzen sich vor allem diejenigen besonders ausführlich und kritisch mit den Problemen Bhagwans (oder anderer Menschen) auseinander, die damit von einer ähnlichen eigenen Problematik ablenken wollen und ihre Betroffenheit durch die inhaltliche Aussage damit abwehren wollen oder Erfolg neiden. Die Unsicherheit, ob die zahlreichen körperlichen Probleme Bhagwans, wie z. B. Asthma, Rückenbeschwerden (Steinbockbetonung), als Indiz gegen seine Erleuchtung sprechen, mag denen vorbehalten bleiben, die seinen Bewußtseinszustand nicht ermessen können. Gerade in diesen Kreisen spielt die Diskussion darüber eine große Rolle und lenkt damit von der dort besonders nötigen eigenen Entwicklung ab.

Häufig zeigt sich der Nichtesoteriker oder Pseudoesoteriker gerne bereit, andere anhand »esoterischer Gesetze« abwertig zu beurteilen, um sein schwaches Selbst-Bewußtsein dadurch aufzubessern. Bewußtheit kann es sich dagegen leisten, einem Menschen menschliche Schwächen (wie Krankheit) zu lassen und ihm dennoch für seine göttliche Inspiration zu danken. Sicher gehört viel Mut dazu zu akzeptieren, daß auch göttliches Bewußtsein nicht notwendigerweise vor Krankheit oder Kreuzigung (Jesus von Nazareth) bewahrt, da darin die Bereitschaft liegt, auch für sich selbst eine solche Perspektive zuzulassen. Sicher erschüttert es zu sehen, wie ein Mensch mit so unendlichem Weitblick in einem Glaskasten (wie ein Baby im Brutkasten) sitzen muß, um seinen Körper vor den Einflüssen dieser Welt zu schützen[60], und diese Erschütterung mag noch größer sein für diejenigen, die der Astrologie kundig sind und die deutliche Symbolentsprechung in der übermächtigen Steinbockbetonung im III. Quadranten, in Mond im Steinbock und dem Mond-Uranus-Quadrat erkennen können.

Dies alles legt den Gedanken sehr nahe, daß alle Weisheit uns nicht vor der Erfüllung der durch das Horoskop gestellten Aufgabe schützen kann, jedenfalls von außen betrachtet nicht. Ein Bewußtsein, welches transzendiert ist (lat. transcendere, die Begrenztheit der körperlichen Welt durchschreiten), befindet sich nicht im Widerstand zu irgend etwas, damit auch nicht zu Verfallsprozessen in der Körperlichkeit, und leidet damit nicht wirklich. Es betrachtet wertfrei, was auch immer geschieht.

Das Horoskop Bhagwans zeigt uns, daß auch er an kosmische Gesetzmäßigkeiten, wie wir sie anhand des Horoskopes erkennen können, gebunden ist.

Er hat die Lebensaufgabe, seine Zuständigkeit auf der Bühne dieser Welt ebenso erfüllt wie jeder andere auch. Er ist seiner Aufgabe gerecht geworden, ein Erzähler (Zwillinge/AC) zu sein. Er hat dies mit Nachdruck und Tiefe (Herrscher von 1 in Steinbock), mit Schärfe (Merkur als Herrscher von 1 in Konjunktion mit Mars) und Leidenschaftlichkeit (ME = MA/VE) getan, er hat dadurch die ihm Begegnenden angeregt (7. Haus) mit philosophischem und religiösem Weitblick (Schütze-Sonne) und sah sich als Schütze in seiner Freude an barokker Fülle (hundert Rolls-Royce; auch Pluto im 2. Haus) und seinem Produktivitätsbedürfnis (Mammut-Ashrams in Poona und Oregon/USA) herber Kritik ausgesetzt.

Er ist der Aufgabe, seine Schütze-Sonne zu verwirklichen, als Philosophieprofessor ebenso wie als religiöser Guru auf eine Weise nachgekommen, wie sie in einem Astrologiebuch formuliert sein könnte, und hat die starke Betonung des 8. Hauses nicht nur in seiner Leitbildfunktion, sondern in seinen vielen sehr intensiven Konfrontationen mit dem Tod erlebt: »Schon als Kind zeigte Rajneesh einen großen Wahrheitsdurst. Seine Suche wurde maßgeblich durch seine zahlreichen Begegnungen mit dem Tod beeinflußt...« ... »Rajneesh setzte sich außergewöhnlich intensiv mit dem Tod auseinander. Er hatte die Angewohnheit Leuten zu folgen, die einen Leichnam zum Verbrennungsplatz trugen. Als seine Eltern ihn fragten, warum er so oft bei der Verbrennung von Freunden dabei sei, sagte er: ›Es ist nicht der Mensch,

was mich daran interessiert, sondern der Tod – er ist etwas so Schönes und so geheimnisvoll. Man darf sich das nicht entgehen lassen.‹....«[61] Er suchte, der Betonung seines 8. Hauses entsprechend, aktiv die Begegnung mit der Todesangst und ging schließlich durch sie hindurch.[62]

Auch wird nicht nur aus seinen Worten, sondern durch seine Biographie die starke neptunische Komponente in seinem Horoskop belegt. Sie zeigt sich in seinen klaren und sehr differenzierten (Neptun in Jungfrau) Äußerungen zum Wesen der Meditation (Neptun Trigon Merkur) ebenso wie in der Tatsache, daß er die enorm starke emotionale Betroffenheit durch den Tod von Menschen (Mond in 8) mit Hilfe von Neptun-Entsprechungen (er-)löste.

So heißt es, er habe nach der Nachricht von Gandhis Tod zu seinen Freunden gesagt, er sei zu traurig, um auch nur eine Träne zu vergießen: »An jenem Abend gingen er und seine Freunde zum Fluß hinab und meditierten. Für Bhagwan waren der Fluß und seine Umgebung der ideale Ort, um in tiefe Meditation zu gehen.«[63]

Der Fluß, und noch deutlicher die Meditation am Fluß als Neptunentsprechungen zeigen, wie er – unter anderem – den stützenden Aspekt Neptun Trigon Mond erfuhr.

Die Nomadenkomponenten des Horoskopes (Zwillinge-AC, Schütze-Sonne, Mond-Uranus-Quadrat, Pluto in 2, Neptun in 4, Herrscher von 2 im 8. Haus) haben sich in seinem Leben immer wieder in den Schwierigkeiten bewahrheitet, die er damit hatte, eine Heimat für sich und seinen Ashram zu finden und auch zu behalten.

Als überdeutliche Analogie zu dem damals (1985/86) exakten Uranus-Transit über die Geburtssonne Bhagwans kann man die Odyssee Bhagwans nach dem Abbruch der Zelte in Oregon verstehen.

Deutlicher als durch den Zick-Zack-Kurs per Flugzeug mit dem stets fehlgeschlagenen Bemühen, eine Aufenthaltsgenehmigung in den verschiedensten Ländern zu erhalten, kann man einen Uranus-Transit über eine Schütze-Sonne kaum beschreiben.

Beispielhoroskop 5

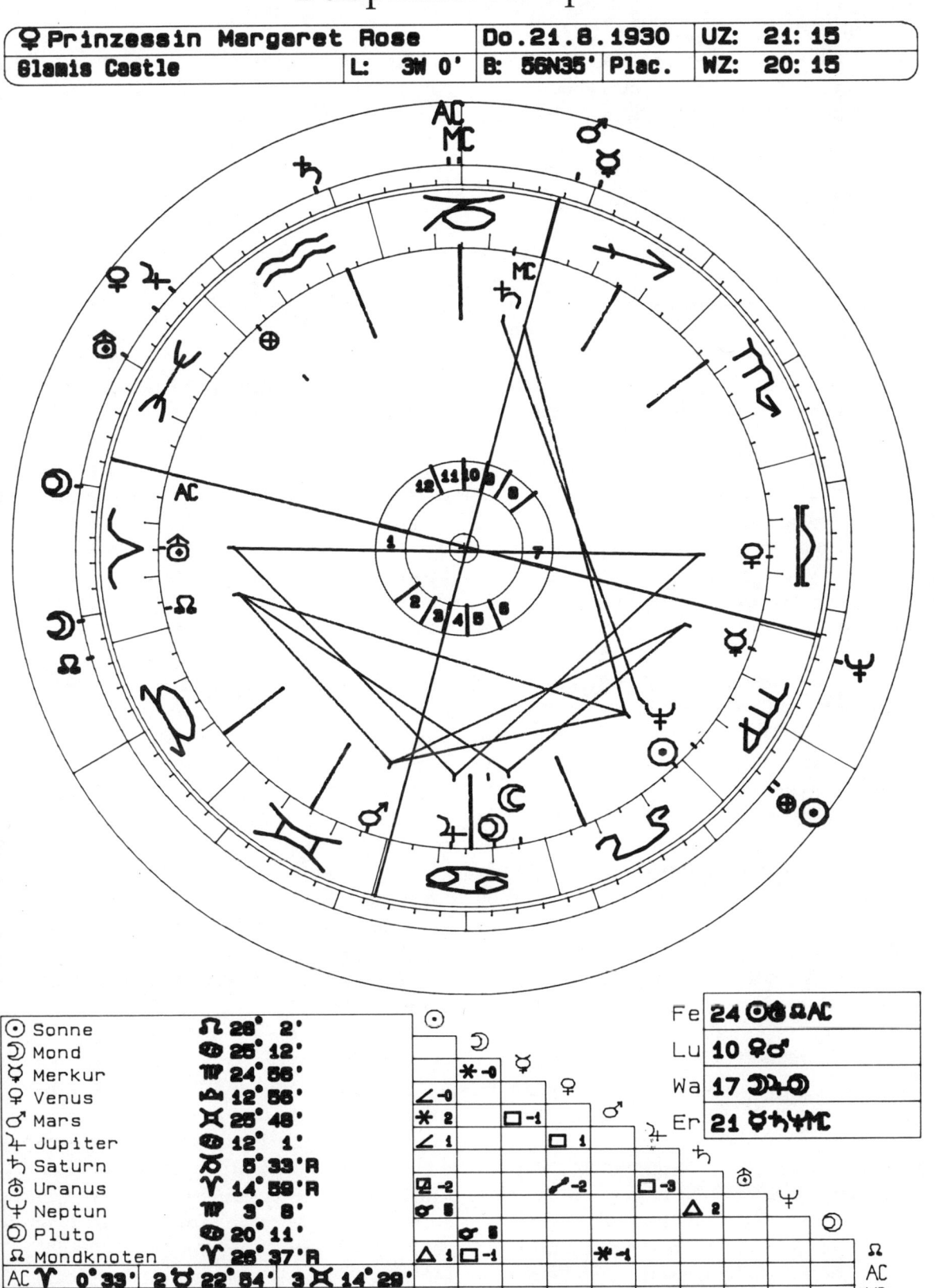

| ♀ Prinzessin Margaret Rose | | Do.21.8.1930 | UZ: 21:15 |
| Glamis Castle | L: 3W 0' B: 56N35' Plac. | WZ: 20:15 |

☉ Sonne	♌ 28° 2'	
☽ Mond	♋ 25° 12'	
☿ Merkur	♍ 24° 56'	
♀ Venus	♎ 12° 56'	
♂ Mars	♓ 25° 48'	
♃ Jupiter	♋ 12° 1'	
♄ Saturn	♑ 5° 33' R	
⛢ Uranus	♈ 14° 59' R	
♆ Neptun	♍ 3° 8'	
♇ Pluto	♋ 20° 11'	
☊ Mondknoten	♈ 26° 37' R	

| AC | ♈ 0° 33' | 2 ♉ 22° 54' | 3 ♓ 14° 29' |
| MC | ♑ 0° 10' | 11 ♑ 15° 52' | 12 ♒ 7° 37' |

Fe	24 ☉ ☽ ☊ AC
Lu	10 ♀ ♂
Wa	17 ☽ ♃ ☉
Er	21 ⛢ ♄ ♆ MC

Bei der Besprechung des Beipielhoroskopes möchte ich das bisher eingehaltene starre Deutungsschema verlassen und versuchen, Ihnen zu zeigen, wie man den roten Faden der Grundthematik im Leben eines Menschen durch ein Horoskop hindurch verfolgen kann.

Solange man sich in Symbolik und Deutung noch nicht so sicher fühlt, ist es sicherlich besser, sich an das Grundschema zu halten, wie es an den bisherigen Horoskopbeispielen gezeigt wurde. Auf diese Weise wird sich eine gewisse Gewähr dafür ergeben, daß es zu keiner falschen Schwerpunktsetzung und damit einer »Themaverfehlung« kommt.

Die eigentliche Kunst in der astrologischen Interpretation besteht darin, die Gesamtpersönlichkeit in ihren Schwerpunkten richtig zu erfassen und so zu einer Synthese zu gelangen, die über das Aneinanderreihen von Einzelaussagen hinausgeht.

»Das Ganze ist mehr als die Summe seiner Teile.« Dieser Satz gilt ganz besonders für die Persönlichkeit eines Menschen, und so ist es wichtig, den roten Faden, der sich durch ein Geburtsbild zieht und den besonderen Charakterzug, die Akzentuierung der Gesamtpersönlichkeit ausmacht, zu finden und weiter zu verfolgen.

Technisch gesehen muß man dabei so vorgehen, daß man in der Interpretation vom Allgemeinen ausgehend zunächst die für grundsätzlich befundenen Aussagen schon auf die Vereinbarkeit mit eigentlich im Schema erst später folgenden Detailaussagen vergleicht, auf Vereinbarkeiten hin überprüft und gemeinsame Nenner bildet.

Aus dem zuletzt – aus der Fülle der Einzelaussagen – gefundenen Nenner entwickelt sich dann die Grundfarbe des Charakters.

Wenden wir uns dazu dem Horoskop der englischen Prinzessin Margaret Rose, der Schwester von Königin Elizabeth II. zu.

Aus der grundsätzlichsten der astrologischen Betrachtungsweisen, der Elementverteilung (Feuer 24, Luft 10, Wasser 17, Erde 21) gewinnen wir hier den ersten Eindruck, daß es sich bei der Horoskopeignerin um eine Person handeln dürfte, deren Temperamentseigenart vor allem von cholerischer Willensbetonung (Feuer) und praktischer Nachdrücklichkeit (Erde) gefärbt ist.

Die Durchsetzungselemente Feuer und Erde zeigen, daß das Schwergewicht hier nicht auf geistiger (Luft) oder seelischer (Wasser) Anpassungsfähigkeit liegt, sondern das Temperament eher Selbstdurchsetzungsbestreben als Anpassungsverhalten zeigt.

Überprüfen wir diese bisher gefundene Aussage mit der Grundstruktur (Anlage/AC, Verhaltensweise/SO, Gefühlslage/MO, Finalität/MC), so müssen wir das Bild, das sich aus der Elementverteilung ergibt, ein wenig modifizieren.

Zwar sprechen der Widder-AC, die Löwe-Sonne und der Steinbock-MC klar für die bisher gewonnene Charakterisierung einer durchsetzungsstarken Persönlichkeit, doch weisen uns der Mond im Krebs – mit Pluto-Konjunktion – und die Sonne im 6. Haus – mit Neptun-Konjunktion – darauf hin, daß die Gefühlseinstellung, die Seelenhaltung, eine sehr verletzliche ist und dadurch das temperamentsbedingte Durchsetzungsbedürfnis ein eher äußerliches ist, hinter dem sich eine Seele (schuldbewußt = Pluto-Konjunktion) im »Krebsgang« bewegt. Andererseits sieht sich die »Löwin« im Verhalten in einen Bereich (6. Haus) gestellt, in dem vernünftige Anpassung und situationsadäquate Manieren verlangt sind.

Das »gebremste Feuer«, das wir aus der Dominanz von Feuer und Erde abgeleitet haben, können wir als Lebensklima in noch differenzierterer Form in dem Widerspruch finden, den eine Frau mit Widder-Aszendent, Uranus in 1, Herrscher von 1 in 3 und einer Löwe-Sonne erleben mag, wenn sie sich dem Klima des 6. Hauses ausgesetzt sieht und, wie ein »Damoklesschwert« über sich hängend, den höchst-

und besonders stark gestellten Saturn am MC fühlt.

Von ihrem Anliegen her wird sich Prinzessin Margaret Rose als »Amazone« (Widder) fühlen, die kampfbereit (Widder) für persönliche (1. Haus) Freiheit (UR) eintreten, mit ihren kämpferischen Bedürfnissen auch gewiß nicht im Hintergrund bleiben, sondern sich als mutig zeigen möchte (Mars als Herrscher von 1 im 3. Haus der »Demonstration nach außen«). Die Marsposition in Zwillinge in 3 ist Ausdruck für das Bedürfnis, verbal (Zw) Zähne (MA) zu zeigen (3), für eine Freude an spitzen (MA) Bemerkungen (Zw/3), an intellektuellem Kampf. Und auch die Löwe-Sonne zeigt die Freiheitsliebe der »Katze«, der das vernunftangepaßte 6. Haus wie ein – allenfalls goldener – Käfig erscheinen mag mit Saturn am MC wie »die Peitsche des Dompteurs«.

Die Tatsache, daß sich 80 Prozent der Planeten in der »Bauch«-Hälfte des Horoskopes befinden, zeigt durch den Substanzbezug der unteren Hälfte, daß es hier schwerpunktmäßig auch um praktische Auseinandersetzungen geht, sosehr sie auch bevorzugt mit dem Mittel des sprachlichen Floretts ausgefochten werden.

Nicht nur die Erdbetonung in den Elementen, auch die Bauchbetonung zeigen einen Menschen, der konkrete Erfahrungen braucht und als Widder-Aszendent auf Widerstandssuche geht, um diese zu machen. In Verbindung mit dem explosiv-sprunghaften, revolutionshungrigen Uranus in 1 hat diese Anlage sicherlich viel von einem »enfant terrible« an sich, welches sich frühlingshaft-unbekümmert (Widder) und auf Konfliktkurs mit Tradition und Norm (Uranus in 1) der Welt zeigen möchte.

Ein Löwe-Verhalten scheint sich da als geeignetes Instrument zur Durchsetzung des Anliegens ja geradezu anzubieten, wenn wir an das katzenhaft-eigenwillige, einzelgängerisch-streunende, Unabhängigkeit und Selbstbewußtheit ausstrahlende Löwe-Prinzip denken.

Den bei den Elementen gefundenen Widerspruch des *gebremsten* Feuers finden wir wieder im Persönlichkeitskern (SO) in einem Lebensbereich, der nicht nur vernünftige, sondern geradezu beamtenhaft-akkurate Anpassung an die Bedingungen der vorgefundenen Umwelt meint, wie das 6. Haus das ausdrückt.

Eine »Löwin« und freiheitsbetonte (Uranus) Amazone (Widder) muß sich hier ja geradezu wie im Käfig fühlen. Die 6.-Haus-Philosophie des »Ameisenstaates« zwängt die feurige Amazonenkönigin gleichsam in Korsett und Etikette. Kein Wunder, daß da die Neptun-Konjunktion mit der Sonne eine Verhaltenslähmung anzeigt oder die Tarnung der Wölfin (Löwin) im Schafspelz (Konjunktion Neptun in der Jungfrau) als Lösung nahelegt.

Mehr aber noch als die »Dienstbotenposition« der Sonne im 6. Haus (in der klassischen Astrologie ist das 6. Haus das Haus der Diener bzw. Bediensteten) bedrückt der wie unerreichbar erscheinende Saturn am MC die aspektvernetzte Bauchbetonung. Er mag sich wie ein drohendes Damoklesschwert anfühlen. Im eigenen Zeichen, im eigenen Haus, als höchststehender Planet dieses Horoskopes schwebt er hier, ungemein stark gestellt und fordert Disziplinierung.

»Das tut man und das tut man nicht« ist für diese freiheitsliebende »Amazonenkönigin« eine schmerzliche Bremsung ihrer feurigen und freiheitsliebenden Energien (Uranus in 1). Diese Grundspannung, die wir bis hierhin durch die Persönlichkeitsstruktur verfolgen konnten, ist ganz offensichtlich eine altbekannte, wie wir aus der Rückläufigkeit von Uranus und Saturn ersehen können. Daher ist es sogar wahrscheinlich, daß die derzeitige Rebellion auch noch zur Verarbeitung alter (aus Vorinkarnationen stammender) Probleme zum Thema Freiheit und Zwang mitbenutzt wird.

Man könnte also von einem Wiederaufleben der kompromißlosen Auseinandersetzung zwischen den ungestümen Eigenenergien und den (zwar in der Projektion, aber subjektiv doch als von außen kommend erfahrenen) Einschränkungen durch die Umwelt sprechen. Eine (alte) Kompromißschwäche, die wir auch schon in den nur zehn Luftpunkten angedeutet fanden.

Kein Wunder also und als roter Faden verständlich, wenn hier Ausgleich, Frieden, Harmonie und Kompromiß in der Partnerschaft gesucht werden (Venus in Waage in 7). Als Partner werden also vor allem Menschen als erotisch anziehend empfunden, die durch ihr ausgleichendes Wesen, durch ihre künstlerischen Ambitionen oder durch körperliche Ästhetik (Venus hat hier als Herrscherin über 2 auch starken Körperbezug) hervortreten.

Wenn der Aspekt der Freiheit in der Beziehung (Venus Opposition Uranus) freilich in Romanzen mit dem königlichen Stallmeister Peter Townsend gesucht wird (hier ist auch noch Jupiter als Zentaurensymbol/Pferd/Reiten im Quadrat Venus/Jupiter enthalten) und der Aspekt der Kunst und Erotik erst in der Ehe mit dem bürgerlichen Fotografen Antony Armstrong-Jones, und nach der Scheidung dieser Ehe in der Beziehung zu einem 18 Jahre jüngeren (damals 30jährigen) Popsänger (Rodney Llewelyn) zum Ausdruck kommt, macht man sich als Schwester der Königin von England zum schwarzen Schaf und entfant terrible der Familie.

Die persönliche (Uranus im 1. *Haus*) Freiheit trifft hier auf überpersönlich-gesellschaftliche Disziplin (Saturn im 10. *Haus*) und läßt so eine explosive (UR/SA) Spannung anwachsen.

Nicht zuletzt sind ja in der Persönlichkeit auch Spannungen zwischen den »mit der Muttermilch eingesogenen« Wertvorstellungen, dem herkunftsbedingten ethischen und moralischen Empfinden (beides Übersetzungen für Jupiter im 4. Haus) einerseits und dem Bedürfnis nach persönlich freier Entscheidung in Partnerschaftsangelegenheiten (Venus-Uranus-Opposition im Quadrat zu Jupiter) vorgegeben.

Bei einer solchen Persönlichkeitsstruktur liegt es natürlich – durch vordergründige sozialpsychologische Ursachenforschung gefördert – nahe, den Buhmann für die innerseelischen Konflikte auf die Umwelt zu projizieren und anstelle der Akzeptanz des eigenen Schicksals[64] sowohl der rigiden Gesellschaftsstruktur (Saturn in 10) als auch familiären Wertvorstellungen (Jupiter in 4) Schuld zuzuweisen.

Gerade dabei ist es wichtig, das esoterische Gesetz »Umwelt ist nichts anderes, als ein Spiegel zur Selbsterkenntnis« zu begreifen als ein für uns inszeniertes Schauspiel, in dem wir unser Inneres abgebildet finden. Erst dann nämlich kann die Unsinnigkeit von Schuldzuweisungen an »den Spiegel« klarwerden und das in der Außenwelt Vorgefundene als lehrreiche Selbsterkenntnismöglichkeit anerkannt werden.

Um so besser, wenn man dann selbst als Zusammenhang erkennen kann, daß das Unterbewußte in diesem Fall eine besondere Vorliebe für Military-Reiten entwickelt, um damit einen Teilbereich der Spannungskonstellation gleichsam durch »Symptomverschiebung« der Symbolik zu entspannen, denn wie könnte Uranus Quadrat Jupiter besser übersetzt werden als durch Spring(UR)-Reiten(JU) mit der »Militarykomponente« des Uranus im Widder.

Solche »Selbsterkenntnisspiele« mögen besonders für Menschen wie Prinzessin Margaret Rose eine echte Aufgabenstellung im Leben sein.

Der aufsteigende Mondknoten im 1. Haus im Widder weist auf die Aufgabe hin, den eigenen Willen zu erforschen (das Thema »Was will ich eigentlich auf dieser Welt?«), während die stark abnehmende Mondphase in Verbindung mit der Tatsache, daß sich keine Planeten mehr auf der Strecke des Mondes bis zur Sonne befinden, andeutet, daß nichts Besonderes mehr in diesem Lebenszyklus »vor einem liegt«.

Im Gegensatz zu frisch zunehmenden Mondphasen, wo der Druck noch groß ist, viel vollbringen zu wollen und viele Ziele vor sich zu sehen, wirken sich die letzten Strecken im Mondphasenzyklus auf das Lebensgefühl eher so aus, daß man nicht so recht weiß, was man hier (im Leben) überhaupt noch soll.

Vielleicht bleibt als Synthese dieser scheinbar widersprüchlichen Aussagen als Lebenszweck die intensive (Widder) Auseinandersetzung mit der eigenen Körperlichkeit (1. Haus) als Entsprechung für den nördlichen MK in 1, eine Art Existentialismus, dessen Sinn sich in der wachen Erfahrung offenbart, in einem Körper zu leben.

Auch hier können wir noch einmal das Grundthema des Horoskopes – Eigenwille und überpersönliche Aufgabe als Konflikt – wiederfinden.

Wenn der MK in 1 und die Mondphase einen gemeinsamen Nenner finden können im Sein um des Seins willen, so kontrastiert dazu Saturn in Steinbock in 10 als Symbol von Perspektive im Leben.

Ein Saturn in dieser Position ist ein mahnendes Zeichen dafür, daß man in dieser Existenz nach etwas streben soll, eine auf einen bestimmten Erfolg gerichtete Aufgabe zu übernehmen. Als Zeitsymbol kennt er vor allem Vergangenheit und Zukunft, weniger den augenblicklichen Moment. Damit bedeutet er gerade in dieser Position immer ein »Auf-etwas-gerichtet-Sein«, ein »Durch-Arbeit-Erreichen«.

Bloßes »Sein« kann nur in den höchsten Entsprechungen der Saturnsymbolik gefunden werden, wie etwa in dem, was der Zen-Meister Sosan auf die Frage eines Schülers, was Gott sei, geantwortet hat: »Hier sitze ich auf meinem Stein, ganz für mich allein« (ganz! – für mich! – All-ein!).

Solange die damit ausgedrückte Seinsqualität nicht verstanden (das heißt erfahren) wurde, bestehen Unruhe und Orientierungslosigkeit.

Auf dem Weg zur Ruhe, die die Erfahrung bloßen Seins vermittelt, kann ein erster und entscheidender Schritt die Selbsterkenntnis durch die astrologische Diagnose sein, ein durchdringendes Erkennen nach dem Motto »Das bin ich« und »Ich bin so in Ordnung«. Welches Selbsterkenntnissystem könnte einem Menschen mehr vermitteln »in Ordnung« zu sein, als ein System, das seine Aussagekraft aus der Ordnung des Kosmos (altgriech. Ordnung) bezieht.

So kann eine Ruhe entstehen, die nicht mehr kämpfen *muß* (Widder-Aszendent) um der Veränderung willen, sondern kämpfen *kann* als lebendigem Ausdruck der eigenen Persönlichkeit, um so zur erlöstesten aller Widderentsprechungen hinzufinden zum »absichtslosen Tun«.

Beispielhoroskop 6

♀ Königin Elizabeth II		Mi.21.4.1926	UZ:	2: 39
London	L: 0W 5'	B: 51N31' Plac.	WZ:	1: 39

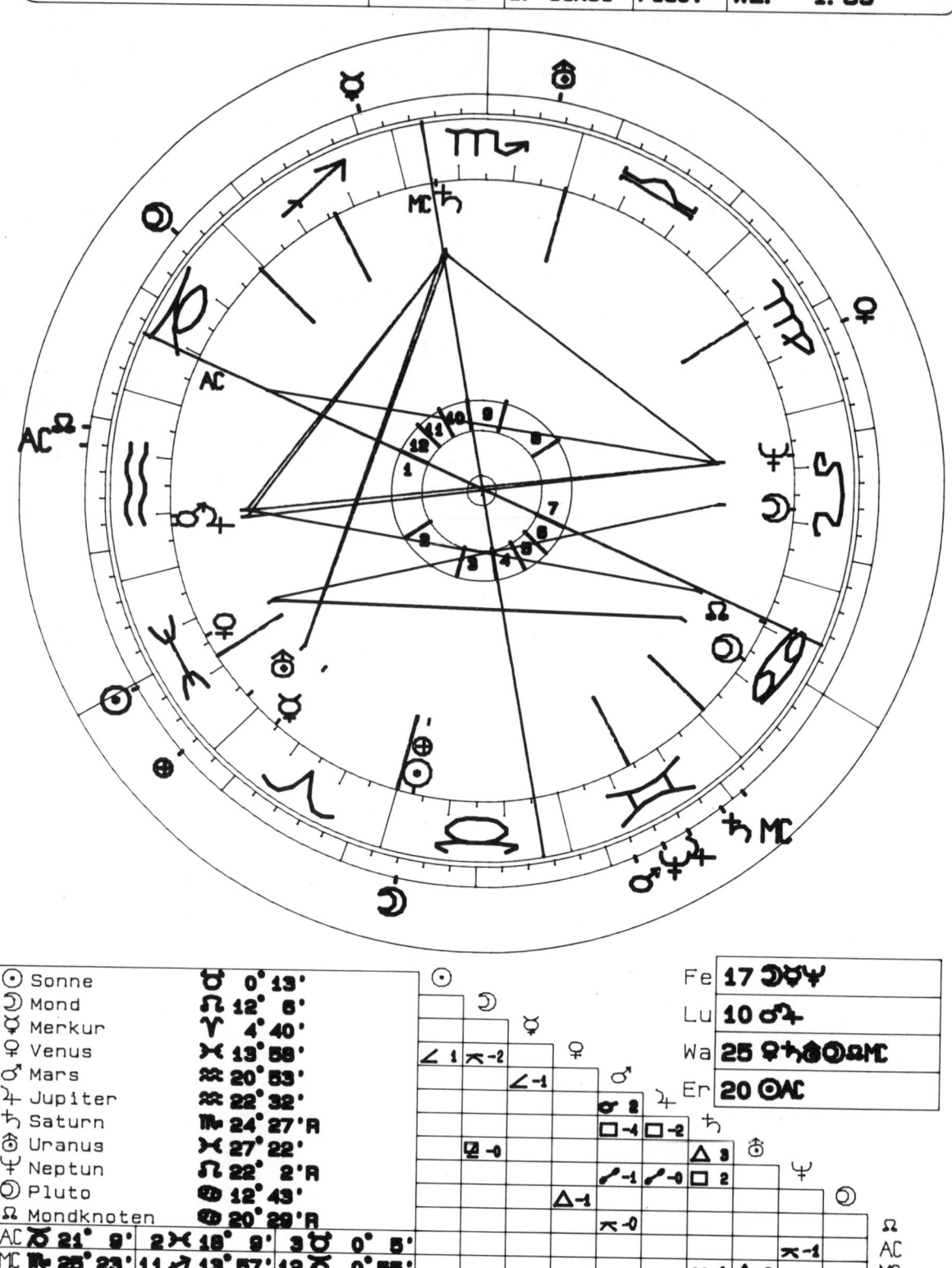

☉ Sonne	♉	0° 13'
☽ Mond	♌	12° 6'
☿ Merkur	♈	4° 40'
♀ Venus	♓	13° 58'
♂ Mars	♒	20° 53'
♃ Jupiter	♒	22° 32'
♄ Saturn	♏	24° 27' R
♅ Uranus	♓	27° 22'
♆ Neptun	♌	22° 2' R
♇ Pluto	♋	12° 43'
☊ Mondknoten	♋	20° 29' R

AC ♑ 21° 9'	2 ♓ 18° 9'	3 ♉ 0° 5'
MC ♏ 25° 23'	11 ♐ 13° 57'	12 ♑ 0° 55'

Fe	17 ☽☿♅♆
Lu	10 ♂♃
Wa	25 ♀♄☉☊MC
Er	20 ☉AC

Sehr aufschlußreich für das eben besprochene Horoskop ist auch der Vergleich mit dem Geburtsbild der Schwester von Prinzessin Margaret Rose, Königin Elizabeth II. von England.

Ich möchte dieses Horoskop nicht in der Ausführlichkeit und Systematik der anderen Beispiele besprechen, sondern es vor allem vergleichend neben dem vorigen Beispiel betrachten.

Wir können daraus viel über Familienähnlichkeiten und ihren astrologischen Ausdruck erkennen und die Lebensqualität noch deutlicher herausarbeiten, die sich im Vergleich der beiden Bilder ausdrückt.

Was im Vergleich der beiden Geburtsbilder spontan besonders auffällt, ist der in beiden Horoskopen dominant gestellte Saturn am MC.

Auch im Horoskop von Elizabeth II. finden wir diese herausragende Position am kulminierenden Punkt. Hier entfaltet Saturn seine Kraft nicht nur als höchststehender Planet und in einem Zeichen, das seinen disziplinierenden Charakter exzessiv zu unterstützen vermag (Skorpion), sondern zugleich als Herrscher der Anlage.

Disziplin, Treue, Maßhalten, Strenge, Klarheit, Norm, Prinzipien und Grundsätze gehören also nicht nur zu den bestimmenden Qualitäten des Anliegens (Steinbock-AC), mit dem Königin Elizabeth an das Leben herantritt, sondern werden als Eigenschaften sprichwörtlich sehr hochgehalten (Saturn als Herrscher von 1 an der Spitze des 10. Hauses). Das ureigene (AC) Anliegen soll also hier gesellschaftsverbindlich (10. Haus) werden.

Die in der eigenen Person angelegte Strenge und Disziplin möchte hier also der Gesellschaft prägend mitgegeben werden, was die traditionsbewußte Stier-Sonne als Verhaltensprinzip recht reibungslos unterstützt.

Am Mitherrscher von 1 (eingeschlossener Wassermann), Uranus, ist zu sehen, daß auch bei der Queen durchaus ein revolutionäres, freiheitsbedürftiges Moment im Anliegen enthalten ist. Im Gegensatz zu

ihrer Schwester ist diese Komponente aber sprichwörtlich »eingeschlossen«.

Wie bereits erwähnt können eingeschlossene Zeichen als »verkapselte« Qualitäten angesehen werden, als zwar potentiell vorhandene Eigenarten, die aber aufgrund ihres eingeschlossenen Status' nur sehr langsam und, gemessen an nicht eingeschlossenen Zeichen, abgeschwächt und mit Verzögerung in Erscheinung treten.

Achsen, die durch ein Tierkreiszeichen laufen, stellen gleichsam Ausflußmöglichkeiten für die entsprechende Zeichenqualität dar, die bei eingeschlossenen Zeichen fehlen.

So bleibt bei eingeschlossenen Zeichen (und den in solchen Zeichen stehenden Planeten) nur die Möglichkeit, die Zeichenqualität über Aspekte zu äußern, die von den in eingeschlossenen Zeichen stehenden Planeten ausgehen.

In diesem Beispielhoroskop bedeutet das, daß in erster Linie, und damit frei entäußerbar, die Steinbock-Qualität in der Anlage gegeben ist.

Potentiell zwar vorhanden, aber als eingeschlossenes Zeichen abgeschwächt und gebremst liegt die freiheitliche Wassermann-Qualität vor, die sich durch die Aspekte, die von Mars und Jupiter in Wassermann ausgehen, äußern muß.

Die Art der Aspekte (keine impulsgebenden) weist aber darauf hin, daß diese Möglichkeit ebenfalls nur eingeschränkt existiert, da sich hier die Mars- und Jupiterenergien, wie wir aus dem Impuls/Repuls-Gesetz der Aspektlehre wissen, nicht vollständig (wie bei impulsgebenden Aspekten), sondern nur reflexartig äußern kann. Diese beiden ebenfalls sehr freiheitsbezogenen Planeten (MA/JU) erhalten ihrerseits vom dominant stehenden Saturn ein Impulsquadrat, worin sich die Disziplinierung (SA) der Eigenwilligkeit (MA in 1) nochmals sehr deutlich zeigt. Hier haben spontaner Eigenwille (MA in 1) und persönliches Entwicklungsbedürfnis (JU in 1) gemessen an der überpersönlichen Disziplin (SA in 10) keine Chance, können sich bestenfalls reflexartig und nur mit einem Teil ihrer Energie (als Repulsaspekt) gegen die Beeinflussung (Flußrichtung von SA zu MA/JU) wehren.

Dasselbe gilt für Uranus, der im Fische-Zeichen allenfalls still und geheim rebellieren kann und durch das Trigon zu Saturn ebenfalls »zur Ordnung gerufen« wird.

Im Gegensatz zu dem Geburtsbild Prinzessin Margarets, wo der Saturn wie ein Fremdkörper fast isoliert am MC steht und keine impulsgebenden Aspekte als »Einflußmöglichkeiten« zur Verfügung hat, steht im Horoskop der Königin Saturn als Herrscher der Anlage stark aspektiert und dreifach impulsgebend.

Im Vergleich könnte man demnach davon sprechen, daß im Leben beider Persönlichkeiten der Aspekt der Disziplin eine hervorragende (MC) Rolle spielt. Während die eine der Schwestern (Margaret) sich aber diesem Disziplinanspruch fast hilflos wie einem Fremdkörper in ihrer ganz auf Freiheit ausgerichteten Persönlichkeit ausgesetzt sieht, macht die andere (Elizabeth) denselben Anspruch gleichsam zu ihrem Markenzeichen. Das Aspektgefüge im Horoskop der Königin spitzt sich – grafisch sichtbar – auf den höchststehenden Saturn zu.

Andererseits hat im Rahmen einer solcherart kontrollierten Persönlichkeit der persönliche Freiheitsanspruch, wie wir oben sehen konnten, keinen oder fast keinen Raum mehr.

Die gesamte Temperamentslage, wie sie sich in der Elementverteilung äußert, weist im Horoskop von Elizabeth II. ja auch auf einen ruhigeren, rezeptiveren Typus hin, da Wasser und Erde betont sind. Doch trotz der Beherrschtheit und Formentreue, die in diesem Geburtsbild aufscheint, wird es nicht immer so einfach sein, Klarheit und Kontrolle zu wahren, wie es nach der bisherigen Darstellung erscheinen mag.

Wir wissen ja, daß das Thema des Aszendenten erst im Laufe eines Lebens zur Bewußtheit hin erarbeitet wird. Mond und Neptun im 7. Haus zeigen hier darüber

hinaus, daß die Königin sich geradezu einer Eindrucks- und Bilderflut ausgesetzt sieht, gegen deren Beeinflussung sie sich – sosehr sie sich das dem Anlagethema entsprechend wünschen mag – kaum abgrenzen kann.

Das in dieser Konstellation zum Ausdruck kommende Bedürfnis nach Mitgefühl und Identifikation mit dem Leid anderer fließt über den impulsgebenden Neptun im Quadrat zu Saturn hin und »erweicht« so sicherlich manchen der ausschließlichen (Skorpion) Grundsätze (SA).

Auch die Stiersonne, die hier bezeichnenderweise als *persönlicher* Planet unaspektiert steht, weist auf ein lange Zeit »gutmütig-schluckendes« Verhalten hin, bis das Faß überläuft und dann entsprechend hartnäckig das Eigenbedürfnis verfolgt wird.

Den roten Faden, den wir in diesem Horoskop in der dominanten Disziplinierung und einer Ausrichtung auf die überpersönliche gesellschaftliche Aufgabenstellung finden konnten, sehen wir bestätigt darin, daß nicht nur die Sonne, sondern auch noch alle anderen sonnennahen und damit persönlichen Planeten wie Venus, Merkur und in der schwachen Aspektierung wohl auch der Mond un- oder schwachaspektiert »in der Luft hängen«.

Darin kommt zum Ausdruck, daß Persönliches hier wenig gelebt werden kann bzw. in ähnlicher Weise als Fremdkörper in der Gesamtpersönlichkeit empfunden wird, wie in Prinzessin Margarets Horoskop das unpersönliche Moment des Saturn.

Vergleichen wir die Geburtsbilder unter dem Aspekt der Ähnlichkeit der Anlagen miteinander, so sind familiäre Gemeinsamkeiten vor allem in folgenden Konstellationen ausgedrückt:

Prinzessin Margaret	*Königin Elizabeth*
Uranus in Widder im 1. Haus	Mars in Wassermann im 1. Haus
Uranus/Jupiter-Quadrat	Jupiter im Wassermann

Eine Regel der Astrologie besagt, daß ein Planet in einem Zeichen so zu deuten ist, als stünde er mit dem Herrscher des Zeichens in Konjunktion. Damit ergibt sich für obige Konstellationen folgendes:

Uranus Konjunktion Mars in 1   Mars Konjunktion Uranus in 1

Uranus Quadrat Jupiter   Jupiter Konjunktion Uranus

Die Freude an amazonenhaft-kämpferischer (MA) Freiheit (UR), wie sie sich rudimentär in der gemeinsamen Vorliebe für das Military-Reiten (miltary = MA; Sprung = UR; Reiten = JU) offenbart, ist also eine der astrologisch sichtbaren Familienähnlichkeiten, ebenso wie der gemeinsame Saturn am MC.

Auch bei einer Überprüfung der beiden Geburtsbilder nach der Dominationslehre finden wir Ähnlichkeiten, wie etwa den Schlüssel Herrscher von 7 in 7, der bezüglich des Umgangs mit anderen auf eine gewisse Distanziertheit hinweist. Vereinfacht ausgedrückt meint diese Symbolfarbe bezogen auf den Partner, der einem entgegentritt: »Bleib, wo du bist und tritt mir nicht zu nahe!«

Ich hoffe mit diesen Beispielhoroskopen Ihre Freude an der Interpretation von Geburtsbildern ein wenig angeregt zu haben. Ständige Übung, besonders anhand von Horoskopen persönlich nahestehender Menschen, die auf Rückfrage zu bestimmten Konstellationen und deren Deutung auch persönliche und intimere Fragen ehrlich beantworten, ist hier oft lehrreicher, weil lebendiger als die ausschließliche Lektüre von astrologischer Literatur.[65]

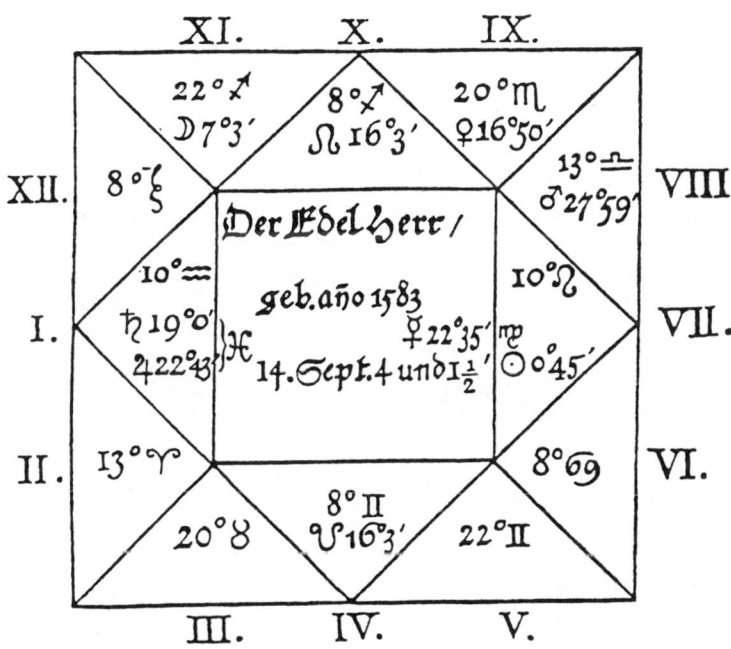

155

Anhang   Anmerkungen

1 Vgl. zum Thema »Erlöst/Unerlöst« die ausführlichen Ausführungen in *Der wunderbare Kreis* (Heinrich Hugendubel Verlag, München 1988), wo ich auf den Entwicklungsgrad von Horoskopfaktoren am Beispiel des Häusersystems eingegangen bin.

2 Zur Natur des Lichts lassen sich sowohl dafür Beweise erbringen, daß Licht Korpuskelnatur und gleichzeitig Wellennatur besitzt als auch – aller wissenschaftlicher Logik zum Trotz – dafür, daß es entweder nur Korpuskel- oder Wellennatur haben kann.

3 Manchem mag es hier verwunderlich erscheinen, daß ich keine Auszählung verwende, die auf insgesamt 100 Punkte kommt, so daß man zu Prozentverteilungen käme. Dies hat aber seine guten Gründe einmal in der symbolischen Bedeutung der Zahl 72, und zum anderen in Erwägungen, die wir bei den Aspektorben bestätigt finden werden.

4 Vgl. zur Quadranten- und Häuserlehre: Nicolaus Klein, *Der wunderbare Kreis,* Heinrich Hudendubel Verlag, München 1988.

5 Vgl. Nicolaus Klein/Rüdiger Dahlke, *Das senkrechte Weltbild,* Heinrich Hugendubel Verlag, 3. Auflage 1990, S. 292 ff.: Analogien im Bereich der Medizin.

6 Wolfgang Döbereiner, Astrologisches Lehr- und Übungsbuch, Band 1–6. Selbstverlag, München 1981–1987, Vertrieb: Heinrich Hugendubel Verlag, München.

7 Die Sonne wird als Symbol für Bewußtheit grafisch ja auch als Kreis mit Mittelpunkt dargestellt. Der Kreis beschreibt als Symbol die Ganzheit, die Bewußtheit, die Geistigkeit.

8 Hier sei nur auf die Erkenntnisse aus der Traumforschung hingewiesen, die die Traumtätigkeit als lebenswichtig nachgewiesen haben. Nimmt man einem Menschen die Möglichkeit zu träumen – ohne ihn am Schlafen zu hindern –, so kommt er sehr schnell in zunächst neurotische, später psychotische und schließlich lebensbedrohliche Situationen.

9 Ich werde dem allgemeinen astrologischen Sprachgebrauch folgend von »dem« MC sprechen, obwohl es eigentlich richtiger wäre, dem lateinischen Begriff »medium« entsprechend »das« MC zu sagen.

10 Vgl. dazu die Abhängigkeit der Menschen mit Betonung von Steinbock, Saturn und 10. Haus von Titeln oder Markenzeichen und allem anderen, was sich »etablieren« konnte und damit »nachweisbaren Werdegang« hat.

11 Vgl. dazu *Der wunderbare Kreis,* S. 42 ff.

12 Alle Planeten setzen sich aus den drei Grundbausteinen für Geist, Seele und Körper zusammen, nämlich Kreis für Geist, Halbkreis für Seele und Kreuz für Materie (Körper):

Sonne: Prinzip des Geistes: ☉
Mond: Prinzip der Seele: ☽
Merkur: Vereinigung der drei Prinzipien: ☿
Venus: Geist erhebt sich über Materie: ♀
Mars: Materie erhebt sich über Geist: ♂
Jupiter: Seele erhebt sich über Materie: ♃
Saturn: Materie lastet auf Seele: ♄
Uranus: »geronnene Geistigkeit«, »dezentrierter Geist«: ♅
Neptun: »Auf den Flügeln der Seele entschwebende Materie«: ♆
Pluto: In der Geistigkeit eingeschlossene Seele: ♇

13 Dieser Begriff geht auf Thomas Ring (vgl. *Astrologische Menschenkunde,* Bd. 3, Hermann Bauer Verlag, Freiburg, 3. Aufl. 1984) zurück, der in analytische und synthetische Aspekte unterteilt.

14 Vgl. ebd.

15 Vgl. z. B. Reinhold Ebertin in fast allen seinen Veröffentlichungen.

16 Karma ist hier im Sinn der Unterscheidung in Jñāna-Yoga (Lernen durch reine Erkenntnis), Bhakti-Yoga (Lernen durch gläubige Hingabe) und Karma-Yoga (Lernen durch selbstloses Handeln) zu verstehen.

17 Walter A. Koch, *Aspektlehre nach Johannes Kepler,* Rohm Verlag, Freiburg, 2. Aufl. 1979.

18 Vgl. Reinhold Ebertin, *Kombination der Gestirneinflüsse,* Ebertin Verlag, Hamburg, 13. Aufl. 1986.

19 Vgl. ebd., S. 157 ff.

20 Vgl. zum Thema Mondphasenastrologie: Dane Rudhyar, *The Lunation Cycle,* Aurora Press, Santa Fé, 1986.

21 ebd.

22 Vgl. dazu die berühmten Verhaltensforschungsversuche des Russen Pawlow. Er ließ über einen längeren Zeitraum hinweg während der Fütterungszeit von Schäferhunden jeweils ein Klingelzeichen ertönen, so daß ein Gewöhnungseffekt eintrat. Als er später nur noch das Klingelzeichen ertönen ließ, ohne Futter bereitzustellen, sonderten die Hunde trotzdem Speichel, der zur Nahrungsaufnahme nötig ist, ab. Pawlow wollte auf diese Art und Weise zeigen, daß wir alle über ent-

sprechende Gewöhnungen »konditioniert« sind, und daher häufig inadäquat reagieren.

23 Vgl. Martin Schulman, *Karmische Astrologie, Bd. 1: Mondknoten und Astrologie*. Urania Verlag, München 1982.

24 Vgl. ders., *Karmische Astrologie, Bd. 2: Rückläufige Planeten und Reinkarnation*. Urania Verlag, München 1983.

25 Zur Systematik des inneren Zusammenhanges der Häuser untereinander Näheres in Nicolaus Klein, *Der wunderbare Kreis*. Heinrich Hugendubel Verlag, München 1988.

26 Die Position von Planeten in einem Haus gibt deren Bedeutung und ihre zeitliche Abfolge im Erleben wieder. Stehen mehrere Planeten in einem Haus, so wird derjenige, der der Häuserspitze am nächsten steht, als der in der Wirkung stärkste Planet erlebt, und als derjenige, der in der zeitlichen Abfolge als erster ausgelöst wird. In unserem Beispiel ist Neptun der, der im 8. Haus am nächsten der Häuserspitze steht; er ist der für das Erleben der 8. Haus-Thematik bedeutsamste Planet, gefolgt von Venus an zweiter und Saturn an dritter Stelle. In dieser Reihenfolge geschieht auch die zeitliche Abfolge des Geschehens, so daß der erste Eindruck der Schwund oder Verlust (Neptun) fester Beziehung sein wird, der zweite das »Angezogenwerden« (Venus) und der dritte das Bedürfnis nach Halt und Stabilität (Saturn) in diesem Bereich.

27 Das 8. Haus als 2. Haus des 7. Hauses ist in seiner Bedeutung auch das Haus der »verfestigten« (2. Haus) »Idee« (7. Haus), und damit von Leitbildern und Modellvorstellungen. Vgl. dazu auch Anm. 25.

28 Dies nur, um Sie daran zu erinnern, daß die Wertung eines Geburtsbildes oft mehr über den wertenden Astrologen als über den Analysierten aussagt.
Astrologen, die sich – aus Unkenntnis – anmaßen, das Entwicklungsniveau des Horoskopeigners aus dessen Horoskop ablesen zu können, gehören meist zu der bemitleidenswerten Gruppe von Wichtigtuern, die ihr pseudo-okkultes »Wissen« dazu einsetzen, ihr eigenes Minderwertempfinden zu »therapieren«. Dieser Denkansatz ist vergleichbar mit dem Versuch, aus einer dem Schüler gestellten Schulaufgabe (das Horoskop) auf die Note schließen zu wollen. Schüler, die dieselbe Aufgabe (Horoskop) gestellt bekommen, schreiben nicht immer dieselben Noten, wie man daran ablesen kann, daß »astrologische Zwillinge« (d. h. Menschen mit identischen oder fast identischen Horoskopen) nicht exakt dieselben Erlebnisse oder identische Lebenswege haben. Was jemand aus seinem Horoskop (seiner Aufgabenstellung) macht, hängt – obwohl die Aufgabenstellung sehr individuell und spezifisch sein mag – weitgehend vom Betreffenden ab.
So ist es bestenfalls möglich, aus dem Umgang eines Menschen mit seinem Horoskop Rückschlüsse auf sein Entwicklungsniveau zu ziehen, nicht aber aus dem Horoskop selbst.

29 Diese Umwandlung erfolgt so, daß alles Tierkreiszeichen, beginnend beim Widder mit 0 Grad, in Gradwerten dargestellt werden, nämlich folgendermaßen:

Widder	=	0 Grad,
Stier	=	30 Grad,
Zwillinge	=	60 Grad,
Krebs	=	90 Grad,
Löwe	=	120 Grad,
Jungfrau	=	150 Grad,
Waage	=	180 Grad,
Skorpion	=	210 Grad,
Schütze	=	240 Grad,
Steinbock	=	270 Grad,
Wassermann	=	300 Grad,
Fische	=	330 Grad.

Die Gradposition innerhalb des Tierkreiszeichens muß dann nur noch zu dem Wert für das entsprechende Zeichen hinzugezählt werden, um den gesuchten Gradwert zu erhalten.

30 Der Wassermanntyp in der Mondphasenbetrachtung beginnt mit 300 Grad Abstand zwischen Sonne und Mond (vgl. dazu den Abschnitt »Die Mondphase«, S. 69 ff.).

31 Der Begriff »Spitze 7. Haus« besagt in diesem Zusammenhang, daß der Mars, obwohl er rein rechnerisch noch im 6. Haus steht, doch schon als »7. Haus-Mars« gedeutet werden muß. Man spricht von einem Planeten als an der »Spitze« eines Hauses stehend, wenn er bereits eine Konjunktion mit der entsprechenden Häuserspitze eingeht.
In unserem Beispiel steht Mars auf 19 Grad 50 Min. in Zwillinge, DC (7. Haus) bei 21 Grad 11 Min. in Zwillinge. Da der DC – wie alle Häuserspitzen – keinen eigenen Orbis hat, Mars dagegen einen Orbis von 5 Grad, haben beide zusammen einen gemeinsamen Orbis von 2,5 Grad, d. h. der Mars dürfte bis zu 2,5 Grad vor der Häuserspitze stehen, um noch als 7. Haus-Mars gedeutet zu werden.

32 Hier sehe ich auch den wichtigsten Anwendungsfall für die astrologische Prognostik, denn die für den astrologischen Laien und Anfänger oft besonders faszinierende Prognose birgt sonst die nicht zu unterschätzende Gefahr in sich, sich am Entwicklungsweg des Horoskopeigners dadurch schuldig zu machen, indem man ihn durch die Prognose und die damit verbundene Erwartungshaltung aus der Bewußtheit des Augenblicks zieht. Es gibt aber keine wichtigere Aufgabe in dieser Existenz, als klar bewußt im Augenblick (der Ge-

genwart) zu leben. Alles, was dies verhindern könnte, ist letztlich Raubbau an optimaler Entwicklung.

33 Nähere Informationen über das Leben Hermann Gmeiners können Sie nachlesen in *Hermann Gmeiner – Abenteuer Nächstenliebe* von Hans Heinz Reinbrecht, erschienen im Österreichischen Bundesverlag, Wien 1988.

34 Vgl. zu diesem Themenkreis auch: James Hillman, *Pan und die natürliche Angst. Über die Notwendigkeit der Alpträume für die Seele.* Verlag Schweizer Spiegel, Zürich 1981.

35 Eingeschlossene Zeichen sowie die in diesen Zeichen stehenden Planetenprinzipien können als latente Kräfte im Menschen verstanden werden, die sich wesentlich langsamer als die in nichteingeschlossenen freisetzen lassen. Die durch ein Zeichen laufenden Häuserachsen wirken wie Ausflußmöglichkeiten für die Zeichenenergie, und diese »Kanäle« stehen bei eingeschlossenen Zeichen nicht zur Verfügung.

Ein – freilich sekundärer – Weg zur Freisetzung der in eingeschlossenen Zeichen stehenden Planetenenergien besteht im »Abfluß« der Energien über Aspekte, die von solchen Planeten ausgehen, und zwar verständlicherweise vor allem über Impulsaspekte, bei denen die Flußrichtung der Energie vom eingeschlossenen Planeten zu dem anderen hin läuft.

36 Darin besteht ja gerade der kreative Spielraum, der dem Menschen innerhalb seiner Persönlichkeitsstruktur bleibt, daß er die vorgegebenen Symboliken innerhalb der durch das Symbol vorgegebenen Grenzen auf verschiedenen Ebenen leben kann. So kann Mars als Aggression oder als Ritterlichkeit gelebt werden, mit dem zerstörenden Schwert ebenso wie mit dem heilenden Skalpell des Chirurgen oder dem schöpferischen Meißel des Bildhauers (als »rudimentären Schwertern«); Neptun kann ebenso als Mitgefühl, Mitleid und Phantasie wie auch als Täuschung, Sucht und Lähmung gelebt werden. Nicht die Symbolik setzt hier die eigentliche Grenze, sondern das Niveau des Horoskopeigners und damit dessen Fähigkeit, aus der »Schulaufgabe« Horoskop Entsprechendes zu machen (mehr zur Frage des Entwicklungsniveaus und seinen Auswirkungen in: *Der wunderbare Kreis*, vgl. Anm. 25).

37 Mutter Theresa ist eine Ordensschwester, die ihr Leben ganz der Betreuung der Ärmsten in den Slums von Kalkutta geweiht hat, sie wurde für den Friedensnobelpreis vorgeschlagen.

38 Bei einer Tätigkeit, die das Fische-Thema weniger gut »abdecken« würde wie die aufopferungsvolle »Hilfe nach drüben«, würde es sicherlich starke Konflikte zwischen dem Fische-

Bedürfnis nach »Unsichtbarkeit« und dem der Sonne im 5. Haus nach persönlichem Ausdruck und Beachtung geben.

39 Bei den Aspekten empfiehlt sich immer auch ein Blick auf das ganzheitliche Aspektgefüge und etwa deutlich werdende Aspektfiguren wie z. B. »Drachenfiguren« aus einer Oppositionsachse und einem Quadrat als »Drachenkreuz« und damit verbundenen Sextil- und Trigon-Paaren, durchlaufenden Quadraten etc. oder auch nur Zentrierungen der Aspektlinien in eine bestimmte Richtung des Horoskopes wie in diesem Beispiel.

Eine solche bildliche Betrachtung setzt freilich voraus, daß die Aspekte grafisch eingezeichnet werden und nicht nur im Aspektarium rechnerisch ausgeworfen werden.

40 Das 3. Haus entspricht bei der Entwicklung des Kleinkindes bezeichnenderweise dem 3. Monat nach der Geburt, in dem in aller Regel die erste Lächel-Reaktion des Kleinkindes auf das ihm frontal dargebotene Gesicht erfolgt. Dies ist ein Anzeichen für die erste Kontaktaufnahme nach draußen, so wie es der Symbolik des »Erkundens des näheren, an das Eigenrevier (2. Haus) anschließenden Umraumes« des 3. Hauses entspricht.

41 Um an diesem Beispiel noch ein wenig Technik einzuüben sei darauf hingewiesen, daß es sich hier um einen Applikationsaspekt handelt, d. h. daß der Aspekt unmittelbar nach der Geburt exakter wird; die schneller laufende Sonne nähert sich mit Zeitverlauf dem exakten Trigonaspekt zu Saturn, der bei 19 Grad 37 Min. liegt. Der hier rückläufige Saturn tut das Seinige zur Applikation (= Annäherung), da er der Sonne in seiner Rückläufigkeit »entgegenkommt«.

In der Deutung besagt dies, daß sich die symbolische Aussage des Aspektes im Laufe des Lebens verdeutlicht und intensiviert im Gegensatz zu einem Separationsaspekt.

42 Das »Balsamische« ruft beispielsweise Assoziationen an das christliche Fußwaschungs- und Salbungsritual hervor (die Fußregion wird in der Astromedizin ebenso dem Demutszeichen Fische zugeordnet wie der Akt der Waschung und Salbung als religiöses Ritual).

43 In diesem Begriff klingt auch der für das Fische-Zeichen so typische religiöse Charakter der Gemeinschaftsverbundenheit an, im Gegensatz etwa zu dem daran gemessen sehr oberflächlichen Status der »Kommunikation«.

44 Maria Szepes, *Der rote Löwe.* Wilhelm Heyne Verlag, München 1984.

45 Oft finden wir dagegen Situationen vor, in denen das Anliegen des Betreffenden auf eine ganz andere Verwirklichungsebene abzielt, als das Verhalten zu verwirklichen vermag.

Bei den beiden vorher besprochenen Horoskopen ließen sich Anliegen und Verhalten auch noch recht gut auf einen Nenner bringen, hieß doch die »Formel« bei Hermann Gmeiner: Herrscher von 1 in 7 und Sonne in 7 (also auf derselben Ebene der Begegnung) und bei Frau Dr. Kübler-Ross: Herrscher von 1 in 6, Sonne in 5, wo auch nur ein Entwicklungsschritt (= Haus) zwischen dem Anlagebedürfnis und der Umsetzung durch das Verhalten lag.

Je größer dagegen die Häuserdifferenz zwischen Anliegen (Herrscher von 1) und Verhalten (Sonne), desto größer die Spannung in der Persönlichkeit. Sie können sich sicher vorstellen, daß sich ein Anliegen, das »hoch hinaus will« (etwa überpersönliche Zielsetzungen mit dem Herrscher von 1 in 10), durch ein dahinter weit zurückbleibendes, etwa sehr auf die Eigenperson bezogenes Verhalten (etwa Sonne in 2, also acht Entwicklungsschritte Differenz) nur schwer oder nur zum Teil umsetzen läßt.

Auch der umgekehrte Fall, daß das Verhalten eigentlich mehr zulassen würde (z. B. mit Sonne in 10), die Anspruchshaltung bzw. das Anlagematerial recht anspruchslos ist (z. B. Herrscher von 1 in 1) führt zu Diskrepanzen, die bei einem Löwe-Aszendenten oder so »direkten« Geburtsbildern wie in unserem Beispielshoroskop, wegfallen.

46 Vgl. dazu Anm. 5.

47 Der Mythos des Prometheus hat enge Verwandtschaft mit der Wassermann- bzw. Uranus-Symbolik.

48 An diesem Beispiel können wir den Energiefluß innerhalb von Aspekten wiederfinden, der im gegenläufigen Uhrzeigersinn vom impulsgebenden Faktor hin zum anderen läuft. So strömt die Energie mit Hilfe der Aspekte links herum durch den Tierkreis. Nur ein Teil der fließenden Energie wird als Repuls vom Faktor, der den Impuls erhält, auf den impulsgebenden Faktor zurückgegeben.

49 Venus wird in der Astromedizin unter anderem dem venösen Blut, Mars dem arteriellen zugeordnet. Der symbolische Zusammenhang wird deutlich, wenn man sich Verletzungen der entsprechenden Blutgefäße betrachtet und bei arteriellen Verletzungen die Mars-Symbolik im druckvoll hervorspritzenden hellroten Blut wiederfindet, dem man die energetische Ladung nicht nur am explosiven, vital-pulsierenden Hervorbrechen ansieht, sondern auch an der grellen Rotfärbung, die vom Sauerstoffreichtum herrührt (Sauerstoff entspricht Mars).

Venenverletzungen dagegen werden sichtbar im dunkelblau träge hervorsickernden Blut, in dem sich die Energiearmut nicht nur in der ruhigen Blaufärbung und im kraftlosen Sickern des Blutes, sondern auch inhaltlich in seiner Sauerstoffarmut zeigt (Kohlendioxyd entspricht Venus).

Noch klarer wird die Tiefe der symbolischen Entsprechungen, wenn man mit einbezieht, daß die Waage-Venus einer Jahreszeit entspricht, in der sich im ästhetisch modellierenden schrägen Herbstlicht die Blätter färben, um ihren letzten Tanz anzutreten. Die Färbung der Blätter rührt her von einem Verlorengehen des »Blutfarbstoffes« der Pflanze, dem Chlorophyll. So wie im »Kreislauf« des Jahres der grüne Blutfarbstoff im Pflanzenbereich sich vermindert, so nimmt im menschlichen Blutkreislauf der rote Blutfarbstoff, das Hämoglobin, ab. Betrachtet man sich die chemische Zusammensetzung von Chlorophyll und Hämoglobin, so handelt es sich um sehr ähnliche Moleküle mit dem wesentlichen Unterschied, daß das Zentralatom beim Chlorophyll Kupfer ist (das seit alters her der Venus zugeordnete Metall), während der menschliche Blutfarbstoff Hämoglobin Eisen (Mars-Symbolik) als Zentralatom hat.

Das »Blaublütige« im Menschen entspricht also dem »Braunblättrigen« in der Pflanzenwelt und weist auf eine Tendenz zur triebenergiearmen oder antriebsarmen ästhetischen Dekadenz (= lat. Herunterfallen), wie wir sie in der Natur in der Waage-Zeit Oktober gespiegelt finden.

50 Mehr über den Zusammenhang zwischen dem »Meßinstrument für die Zeitqualität, Horoskop, und den sogenannten morphogenetischen Feldern in: Rupert Sheldrake, *Das schöpferische Universum. Die Theorie des morphogenetischen Feldes*«. München 1983 und *Der wunderbare Kreis*, vgl. Anm. 4.

51 Vgl. Epitket, *Handbüchlein der Ethik*. Reclam Verlag, Ditzingen 1986.

52 Vgl. zu den »Tierkreiszeichen« das spiralförmige Entwicklungsmodell des Tier- bzw. Häuserkreises, *Der wunderbare Kreis*, siehe Anm. 4.

53 Nach buddhistischer Philosophie, besonders deutlich in ihrer tibetischen Ausprägung, besteht die Urangst des Menschen darin zu erkennen, daß er eigentlich nicht existiert, daß das Ich ein willkürliches, ständiger Veränderung unterworfenes Kunstgebilde ist.

54 Böse Zungen werfen dem Horoskopeigner hier eine andere Neptunentsprechung vor, nämlich die »Vergiftung« des Unterbewußten. Inwieweit Neid oder Eigenprojektionen hier eine Rolle spielen oder ein Funke Wahrheit enthalten sein mag, muß jeder für sich entscheiden.

55 Joshi Vasant, *Der Erwachte. Leben und Werk von Bhagwan Shree Rajneesh*. Synthesis Verlag, Essen 1983.

56 ebd., S. 37.

57 ebd., S. 49.

58 ebd., S. 166.

59 Allergische Dispositionen haben wie alle Krankheitssymptome Bedeutung und Aussage für den Erkrankten; vgl. Thorwald Dethlefsen/ Rüdiger Dahlke, *Krankheit als Weg.* C. Bertelsmann Verlag, München, Neuauflage 1986. Dabei läßt ein allergisches oder asthmatisches Geschehen häufig den Rückschluß auf die Verdrängung sexueller oder als »dunkel« tabuisierter Themenkreise zu.

60 Die allergische Disposition hat sich bis heute so verstärkt, daß Bhagwan sich nur noch auf diese Weise geschützt vor sein Auditorium begeben kann.

61 Joshi Vasant, *Der Erwachte. Leben und Werk von Bhagwan Shree Rahneesh.* Synthesis Verlag, Essen 1983, S. 31 und 39 ff.

62 ebd., S. 41 ff.

63 ebd., S. 39.

64 Damit meine ich – um Mißverständnissen vorzubeugen – nicht etwa resignatives Sichabfinden mit dem Schicksal, sondern eine der Bedeutung des Begriffes (Schicksal = das zum sal, althochdeutsch Heil Geschickte) angemessene positive Einstellung zu den Gegebenheiten. Freiwillige Akzeptanz meint gerade nicht duckmäuserisches Übersichergehenlassen, sondern Erlösung des Leides durch einsichtiges Einverstandensein.

65 Falls Sie sich Horoskope nach dem hier vorgestellten Formular zeichnen lassen wollen, so können Sie diese unter folgender Adresse bestellen:

KENSHO-INSTITUT. Nicolaus Klein, Gewürzmühlstr. 17, 8000 München 22, Tel.: 089/22 20 96.

Information zu Kursen (astrologische Ausbildung etc.) erhalten Sie ebenfalls unter dieser Adresse.